2024

天津调查年鉴

Tianjin Survey Yearbook

国家统计局天津调查总队　天津市统计局　编
Compiled by NBS Survey Office in Tianjin Tianjin Municipal Bureau of Statistics

中国统计出版社
China Statistics Press

图书在版编目（CIP）数据

天津调查年鉴. 2024 = Tianjin Survey Yearbook 2024 : 汉英对照 / 国家统计局天津调查总队，天津市统计局编. -- 北京 : 中国统计出版社，2024.5
ISBN 978-7-5230-0431-9

Ⅰ. ①天… Ⅱ. ①国… ②天… Ⅲ. ①统计资料－天津－2024－年鉴－汉、英 Ⅳ. ①C832.21-54

中国国家版本馆 CIP 数据核字（2024）第 103596 号

天津调查年鉴 2024

作　　者 / 国家统计局天津调查总队　天津市统计局
责任编辑 / 李　冲
执行编辑 / 吕仁睿
封面设计 / 李雪燕
出版发行 / 中国统计出版社
通信地址 / 北京市丰台区西三环南路甲 6 号　邮政编码 /100073
电　　话 / 邮购（010）63376909　书店（010）68783171
网　　址 / http://www.zgtjcbs.com/
印　　刷 / 鑫艺佳利（天津）印刷有限公司
经　　销 / 新华书店
开　　本 / 880mm×1230mm　1/16
字　　数 / 262 千字
印　　张 / 12.5　0.5 彩页
版　　别 / 2024 年 5 月第 1 版
版　　次 / 2024 年 5 月第 1 次印刷
定　　价 / 280.00 元　280.00yuan(RMB)

本书附同版本 CD-ROM 一张，光盘内容以书面文字为准。
如有印装差错，由本社发行部调换。

2023 年全市居民人均可支配收入构成

2023 年全市居民人均消费支出构成

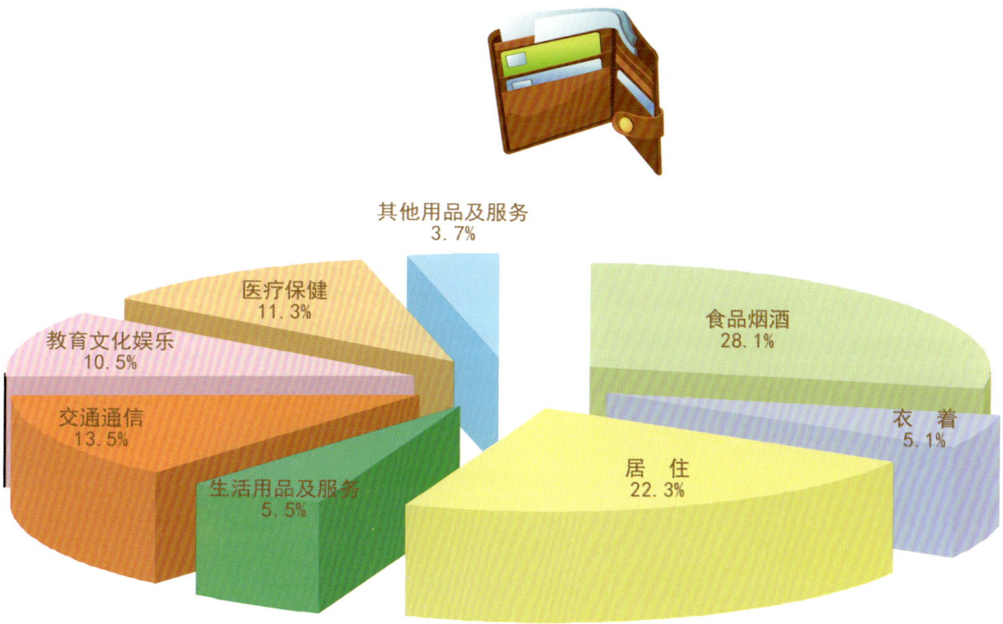

2023年城镇居民人均可支配收入构成

2023年城镇居民人均消费支出构成

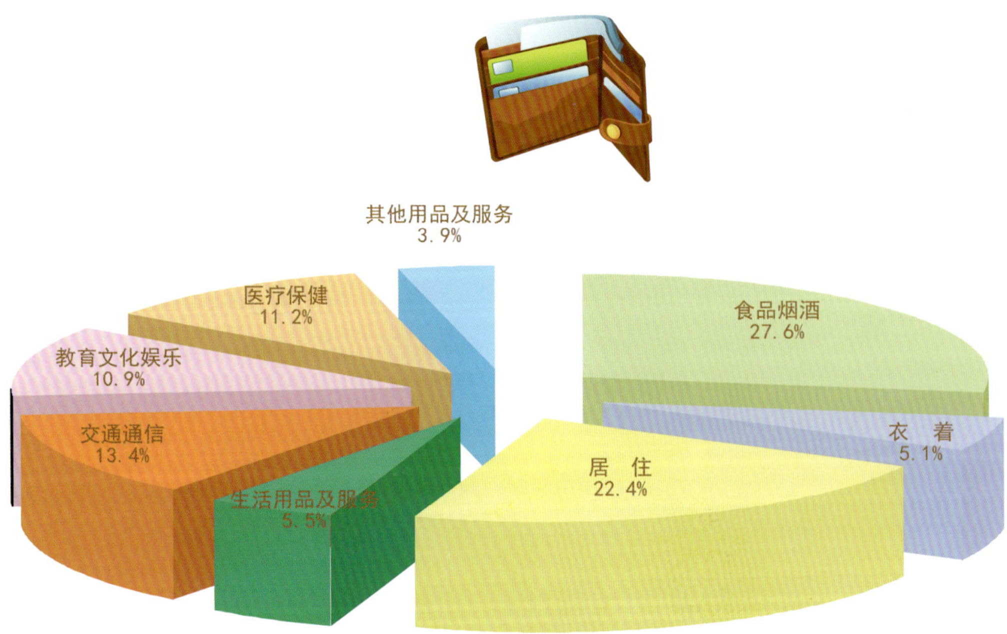

2023 年农村居民人均可支配收入构成

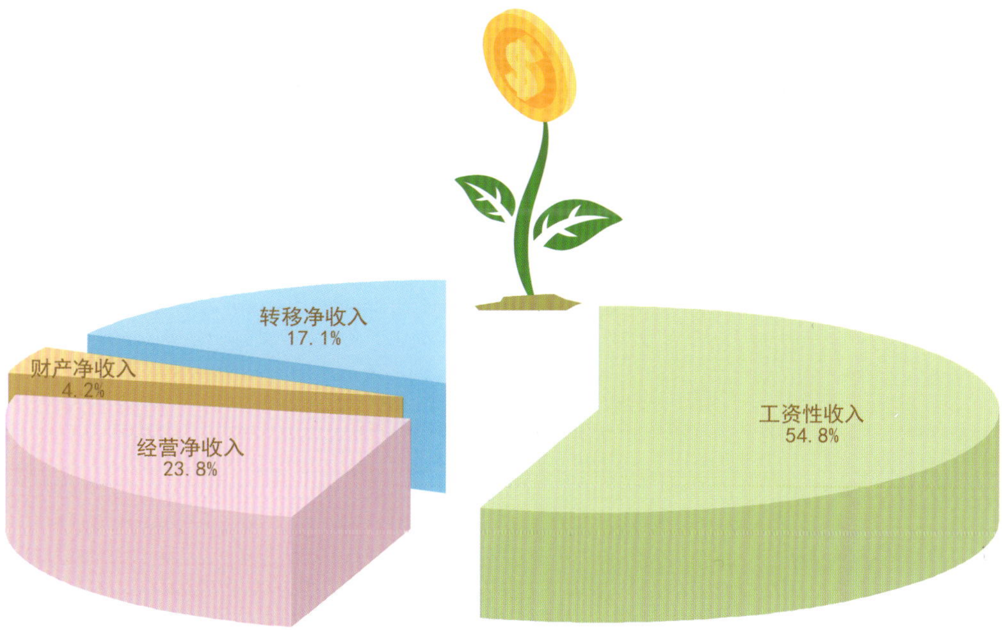

2023 年农村居民人均消费支出构成

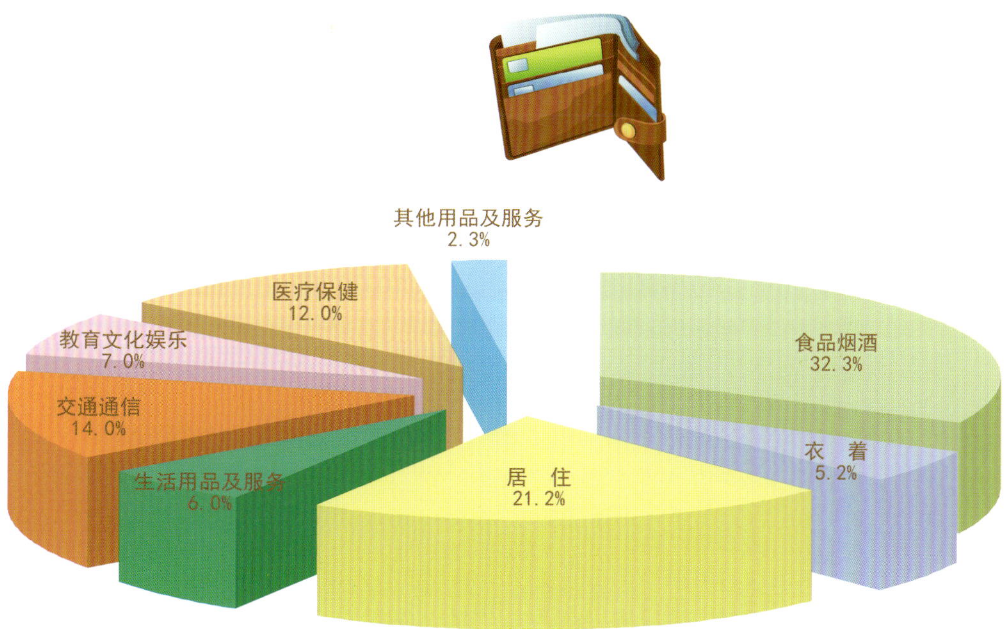

2013-2023年工业生产者出厂价格指数和购进价格指数

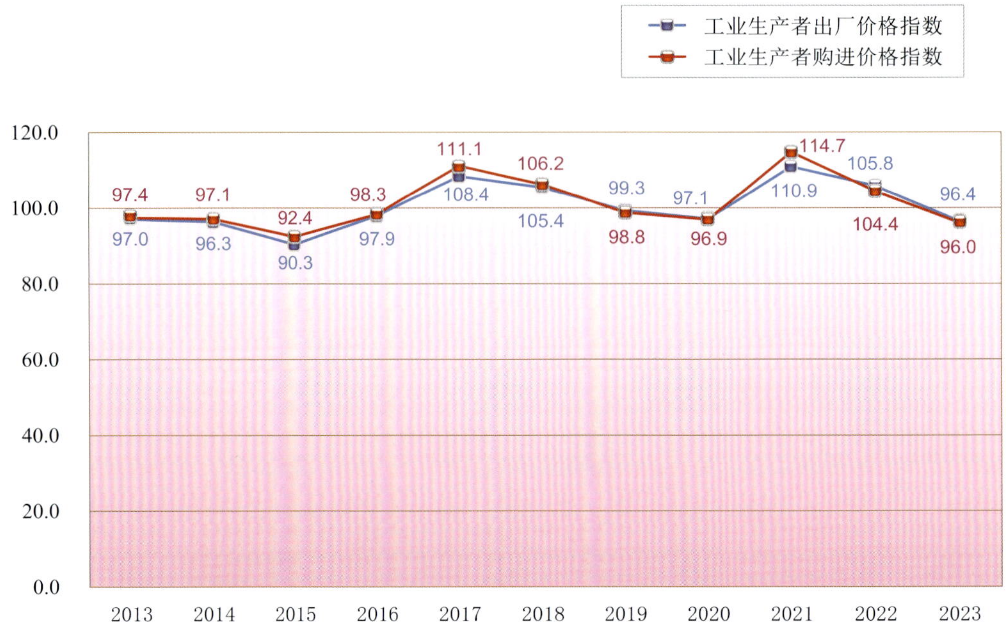

2013-2023年居民消费价格指数

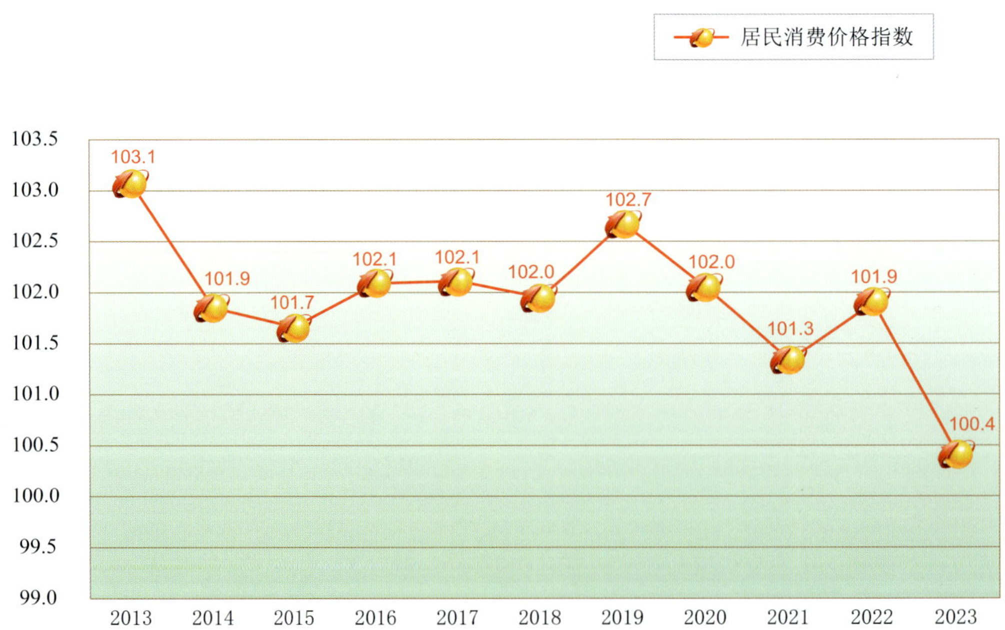

2023 年 1-12 月住宅销售价格指数（二手住宅）

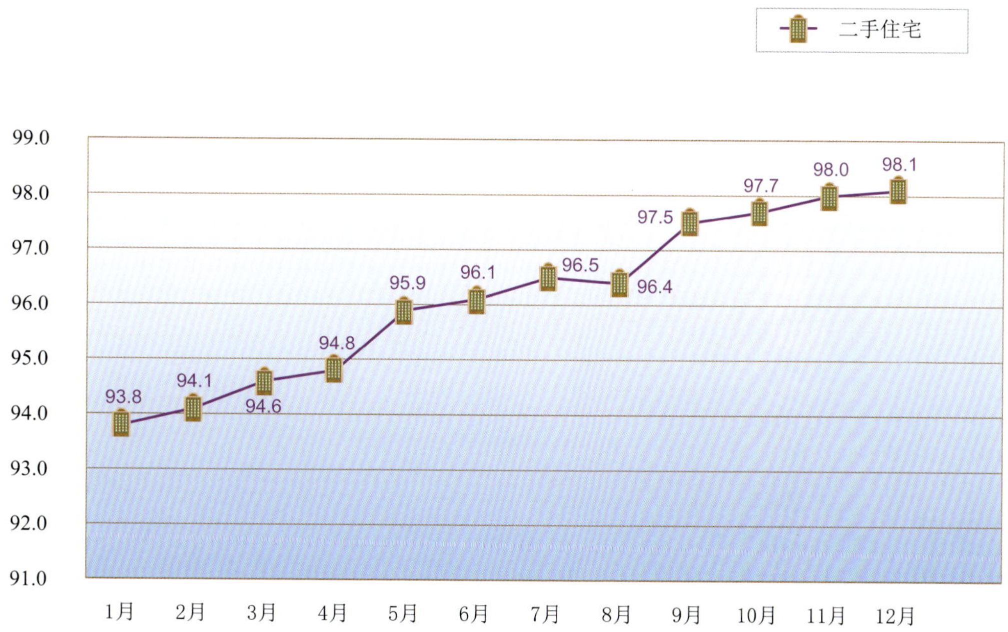

2023 年 1-12 月住宅销售价格指数（新建商品住宅）

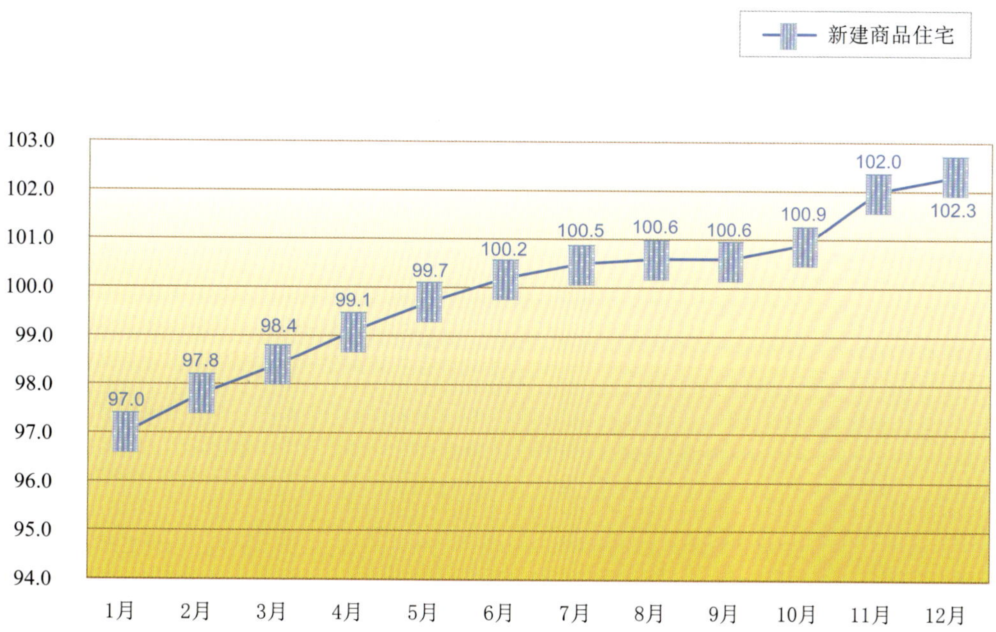

天津调查年鉴 2024

编辑委员会

Tianjin Survey Yearbook 2024
Editorial Board and Staff

编者说明

一、《天津调查年鉴》是一部反映天津城乡居民生活、居民消费价格、工业生产者价格、房地产价格、农村与农业发展情况的统计资料工具书，创刊于2006年，逐年出版。本书以翔实的抽样调查资料与统计资料向社会各界展现天津经济与民计民生发展状况，成为社会各界了解天津、认识天津和分析研究天津经济和社会发展的权威性资料工具书。

二、《天津调查年鉴2024》载有综合、居民生活、价格指数、农业四个篇目。为方便读者使用，在书中每篇后注明统计指标解释。

三、本年鉴数据资料所使用的计量单位，除部分面积单位使用亩或万亩外，其他均为国际统一标准计量单位。

四．本年鉴统计图表中，“#”表示其中的主要项，“空格”表示统计指标无数据，“…”表示数据不足本表最小计量单位数。

五、由于与不同年份有关专业的普查结果相衔接，以及国家统计制度变化等原因，年鉴中部分指标的历史年度数据会有变动。读者在使用历史资料时，凡以前的年鉴与本年鉴数据有出入的，均以本年鉴为准。

六、感谢广大读者对《天津调查年鉴》编辑出版工作的支持和帮助，欢迎继续提出宝贵意见，使《天津调查年鉴》的形式和内容更趋完善。

EDITOR'S NOTES

Ⅰ.*Tianjin Survey Yearbook* is a statistics publication, which reflects various aspects of the livelihood of urban and rural Tianjin residents, consumer prices, industrial producer prices, real estate price, , rural and agricultural development. It was created in 2006 and published annually ever since. Possessing plentiful and detailed Sampling survey and statistical materials to reflect various aspects of Tianjin's economic and the development of people's livelihood, the yearbook has become the most authoritative statistics publication for various circles to get to know Tianjin and to analyze Tianjin's economic and social development.

Ⅱ. There are four chapters in *Tianjin Survey Yearbook 2024*, including General Survey, People's Living Conditions, Price and Price Indices, Agriculture. To facilitate and ensure comprehension, there are explanatory notes attached after each chapter.

Ⅲ. The units of measurement used in this yearbook are internationally standard measurement units except for partial area units which used mu or million mus.

Ⅳ. In the charts of this yearbook: "#" indicates a major breakdown of the total; (blank space) indicates the data is not available; and "…" indicates the figure is not large enough to be measured with the smallest unit in the table.

Ⅴ. Some data in this yearbook is different from former yearbook for the reason of keeping consistent with data of census as well as changes of national statistics system. The data of this yearbook should be considered as authoritative.

Ⅵ. The readers' support and help during the editing and publishing work of Tianjin Survey Yearbook is very much appreciated. And we hope for your valuable suggestions to make the form and content of *Tianjin Survey Yearbook* more perfect.

目 录

Contents

一、综合
GENERAL SURVEY

二、居民生活
PEOPLE'S LIVING CONDITIONS

三、价格指数
PRICE INDICES

四、农 业
AGRICULTURE

一、综　合

Chapter 1

GENERAL SURVEY

2023年天津市国民经济和社会发展统计公报

2023年是全面贯彻党的二十大精神的开局之年，是三年新冠疫情防控转段后经济恢复发展的一年。面对多重困难挑战叠加的复杂局面，天津市坚持以习近平新时代中国特色社会主义思想为指导，全面贯彻落实党的二十大和二十届二中全会精神，认真落实习近平总书记对天津工作的一系列重要指示要求，按照党中央、国务院决策部署，在市委、市政府坚强领导下，坚持稳中求进工作总基调，完整、准确、全面贯彻新发展理念，深入实施推动高质量发展“十项行动”，全市经济运行整体向好，发展质效稳步提升，城市活力持续增强，民生福祉不断增进，各项事业取得新进展新成效。

一、综合

初步核算，全市地区生产总值16737.30亿元，按不变价格计算，比上年增长4.3%，增速比上年加快3.3个百分点。其中，第一产业增加值268.53亿元，比上年增长1.2%；第二产业增加值5982.62亿元，增长3.2%；第三产业增加值10486.15亿元，增长4.9%。三次产业结构为1.6:35.7:62.7。全市人均地区生产总值122752元，比上年增长4.6%。

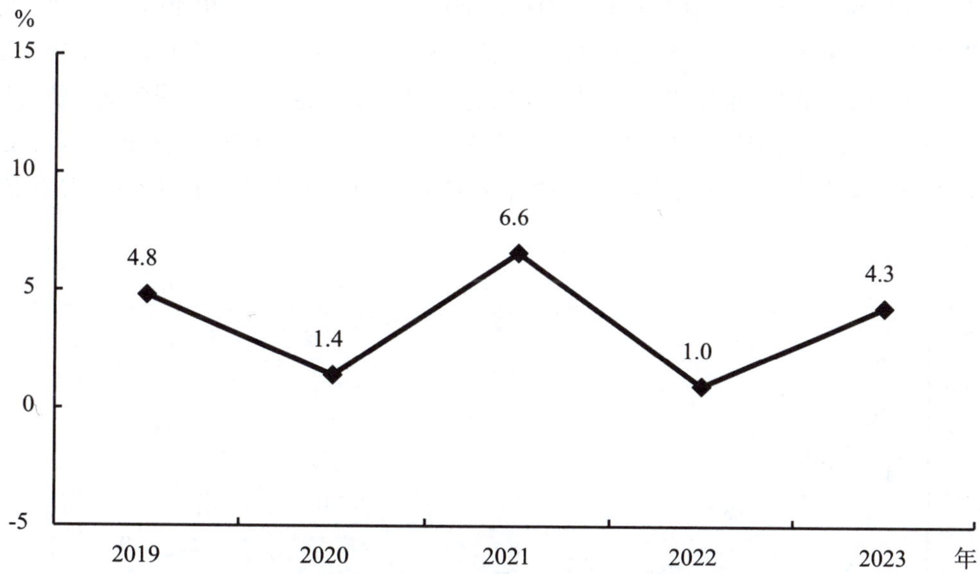

图1 2019—2023年天津市地区生产总值增长速度

财税收入较快增长。全年一般公共预算收入2027.34亿元，比上年增长9.8%；其中税收收入1578.96亿元，增长17.2%，占一般公共预算收入的比重为77.9%，比上年提高5.0个百分点。从主体税种看，增值税720.06亿元，企业所得税289.41亿元，个人所得税113.80亿元。全年一般公共预算支出3280.45亿元，增长20.2%。其中，社会保障和就业支出667.29亿元，增长22.1%；教育支出491.79亿元，增长2.7%；卫生健康支出211.48亿元，增长19.7%。

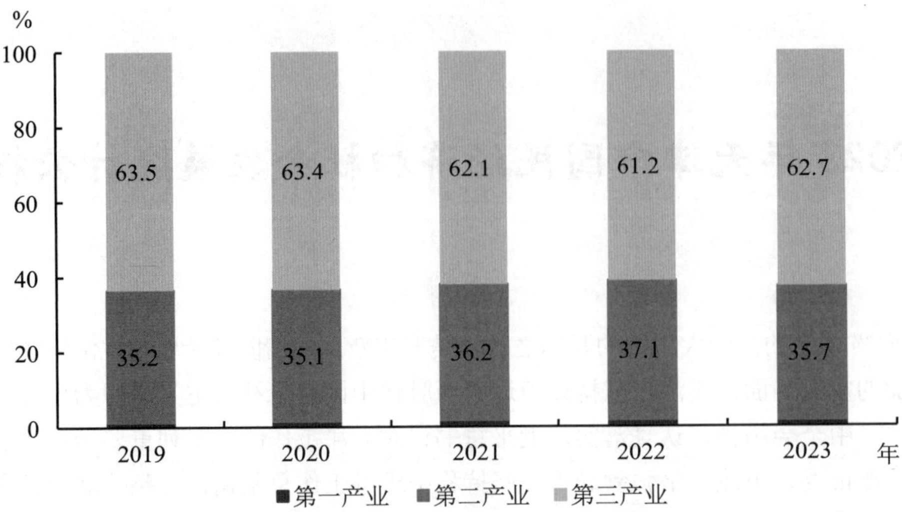

图 2　2019—2023 年天津市三次产业结构

新兴动能成长壮大。新产业活力不断释放，战略性新兴产业增加值占规模以上工业的比重达到 24.5%；高技术服务业、战略性新兴服务业、科技服务业营业收入比上年分别增长 9.8%、14.3%和 13.6%，均快于规模以上服务业平均水平。新产品产量快速增长，新能源汽车、城市轨道车辆、服务机器人产量分别增长 1.9 倍、81.3%和 11.8%。创新投资持续增加，工业技术改造投资增长 11.9%；高技术产业投资增长 5.9%，其中高技术服务业投资增长 19.3%。

营商环境不断改善。持续深入推进“双万双服促发展”活动，推出 56 项“免申即享”政策和 285 项“四免”事项清单，“减证便民”取消证明事项 189 项，160 个高频政务服务事项实现“跨省通办”，“稳经济运行 33 条”等惠企政策落地见效。经营主体数量较快增长，全年新登记经营主体 30.40 万户，比上年增长 13.8%，其中新登记民营经营主体 30.09 万户，增长 13.3%。年末实有经营主体 177.77 万户，比上年末增长 7.9%。国企发展提质增效，新一轮国企改革深化提升行动扎实实施，国企改革连续三次获国务院国资委评估 A 级，市管企业利润增长 14.4%，上缴税费等增长 8.3%。民营经济活力增强，出台实施“支持民营经济发展 17 条”“民营经济发展壮大 29 条”等措施，全年民营经济增加值 6236.77 亿元，比上年增长 4.3%，占全市地区生产总值的比重为 37.3%。

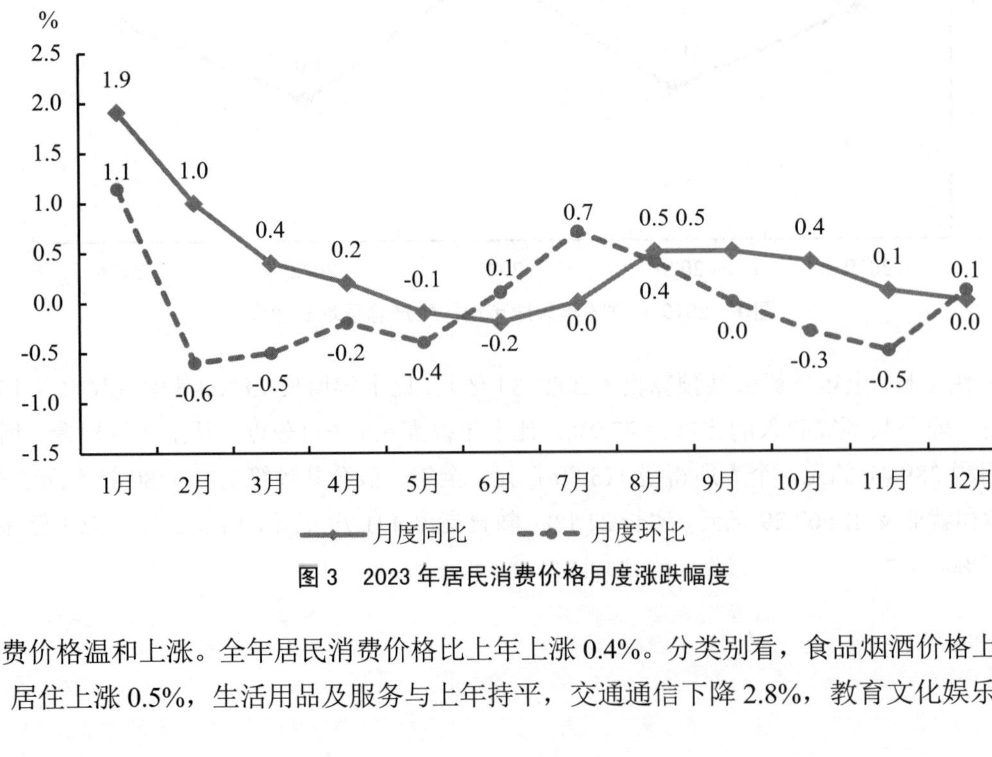

图 3　2023 年居民消费价格月度涨跌幅度

居民消费价格温和上涨。全年居民消费价格比上年上涨 0.4%。分类别看，食品烟酒价格上涨 0.5%，衣着上涨 1.0%，居住上涨 0.5%，生活用品及服务与上年持平，交通通信下降 2.8%，教育文化娱乐上涨 3.1%，医疗保健上涨 0.4%，其他用品及服务上涨 3.6%。

表 1 2023 年天津市居民消费价格涨幅

指标	比上年上涨（%）	指标	比上年上涨（%）
居民消费价格	0.4	交通通信	-2.8
其中：食品烟酒	0.5	教育文化娱乐	3.1
衣 着	1.0	医疗保健	0.4
居 住	0.5	其他用品及服务	3.6
生活用品及服务	0.0		

工业生产者价格下降。全年工业生产者出厂价格比上年下降 3.6%，其中生产资料出厂价格下降 3.9%，生活资料出厂价格下降 2.3%；全年工业生产者购进价格下降 4.0%。

二、农业

农业生产总体稳定。全年农林牧渔业总产值 511.26 亿元，按可比价格计算，比上年增长 1.3%。克服旱情洪灾不利影响，全年粮食总产量 255.73 万吨，连续 8 年保持在 200 万吨以上，蔬菜产量 253.75 万吨。生猪出栏量 205.37 万头，增长 2.4%；牛出栏量 16.93 万头，增长 8.0%；羊出栏量 46.21 万只，增长 11.8%。猪牛羊禽肉产量 31.37 万吨，增长 6.8%；禽蛋产量 23.17 万吨，增长 14.6%；牛奶产量 54.12 万吨，增长 5.8%。

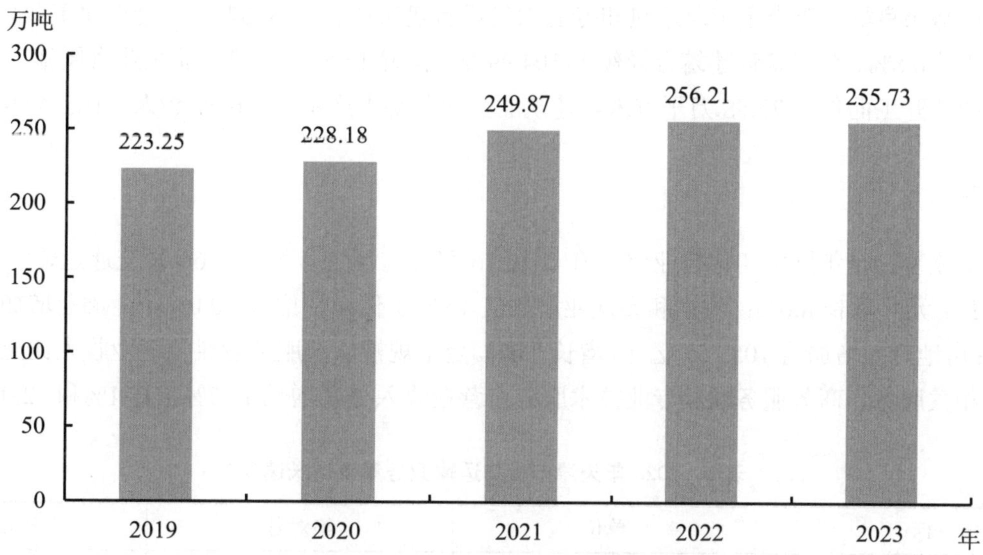

图 4 2019—2023 年天津市粮食产量

都市型农业加快发展。新创建乡村振兴示范村 30 个，新型农业经营主体突破 2 万家，“津农精品”增加到 225 个，年销售额突破 100 亿元，品牌影响力和市场竞争力不断提升。全年新建和改造提升高标准农田 32.6 万亩，小站稻产业集群入选国家级优势特色产业集群。渔业设施养殖推广力度加大，海、淡水工程养殖达到 21.28 万立方水体。

三、工业和建筑业

工业生产稳定增长。全年全市工业增加值 5359.01 亿元，比上年增长 3.6%，规模以上工业增加值增长 3.7%。规模以上工业中，分门类看，采矿业增加值增长 3.9%，制造业增长 2.7%，电力、热力、燃气及水生产和供应业增长 11.1%。分经济类型看，国有企业增加值增长 5.0%，民营企业增长 2.4%，外商及港澳台商企业增长 3.5%。

分企业规模看，大型企业增加值增长 3.0%，中型企业增长 2.9%，小微型企业增长 5.9%。从主要行业看，汽车制造业增加值增长 11.1%，电气机械和器材制造业增长 5.0%，石油和天然气开采业增长 4.3%。规模以上工业企业利润总额下降 9.4%，营业收入利润率为 6.01%。

表 2　2023 年天津市主要工业产品产量及增长速度

产品名称	单位	产量	比上年增长（%）
天然原油	万吨	3769.12	5.4
天然气	亿立方米	41.67	1.2
发电量	亿千瓦时	808.15	6.5
钢　材	万吨	5991.86	7.1
医疗仪器设备及器械	万台	1286.68	25.6
新能源汽车	辆	63372	191.3
城市轨道车辆	辆	435	81.3
服务机器人	万套	46.55	11.8
电子元件	亿只	6863.32	24.6

重点产业链支撑作用显著。全年全市 12 条重点产业链增加值合计占规模以上工业的 79.8%，比上年提高 1.9 个百分点，其中集成电路、车联网、航空航天、中医药、高端装备产业链增加值均实现两位数增长，分别增长 32.7%、19.2%、17.8%、14.6%和 13.5%。

建筑业发展势头良好。年末全市总承包和专业承包资质建筑业企业 3567 家，全年建筑业总产值 5072.26 亿元，比上年增长 6.8%。全年签订建筑合同额 17504.99 亿元，增长 5.8%。建筑业企业房屋施工面积 17766.37 万平方米，其中新开工面积 3773.58 万平方米。建筑业企业劳动生产率 64.96 万元/人，比上年增长 11.7%。

四、服务业

服务业加快恢复。全年批发和零售业增加值 1412.16 亿元，比上年增长 1.6%；交通运输、仓储和邮政业增加值 1157.31 亿元，增长 8.6%；住宿和餐饮业增加值 154.83 亿元，增长 20.0%；金融业增加值 2249.80 亿元，增长 6.0%；房地产业增加值 1057.55 亿元，增长 3.0%。全年规模以上服务业企业营业收入比上年增长 5.5%，其中互联网和相关服务、商务服务业和专业技术服务业营业收入分别增长 16.7%、15.1%和 12.0%。

表 3　2023 年天津市货物运输业务量及增长速度

指　标	单位	绝对数	比上年增长（%）
货运量	万吨	57145.31	5.9
# 铁　路	万吨	11673.00	-0.7
公　路	万吨	33741.86	11.1
水　运	万吨	10658.52	-1.0
货物周转量	亿吨公里	2790.91	4.6
# 铁　路	亿吨公里	566.62	-1.3
公　路	亿吨公里	690.04	14.1
水　运	亿吨公里	1529.18	2.9
机场货邮吞吐量	万吨	12.68	-3.6

客货运输畅通有序。全年全市货运量 57145.31 万吨，货物周转量 2790.91 亿吨公里，分别比上年增长 5.9%

和4.6%；客运量14634.28万人次，旅客周转量458.40亿人公里，分别比上年增长66.9%和1.8倍。

表4 2023年天津市旅客运输业务量及增长速度

指 标	单位	绝对数	比上年增长（%）
客运量	万人次	14634.28	66.9
# 铁 路	万人次	4969.00	279.0
公 路	万人次	8056.23	15.8
旅客周转量	亿人公里	458.40	177.2
# 铁 路	亿人公里	178.84	208.8
公 路	亿人公里	47.39	19.8
机场旅客吞吐量	万人次	1847.25	216.2

截至年末，全市民用汽车拥有量418.66万辆，比上年增长7.6%，其中私人汽车拥有量368.25万辆，增长8.6%；民用轿车256.31万辆，增长6.1%，其中私人轿车238.80万辆，增长6.5%。

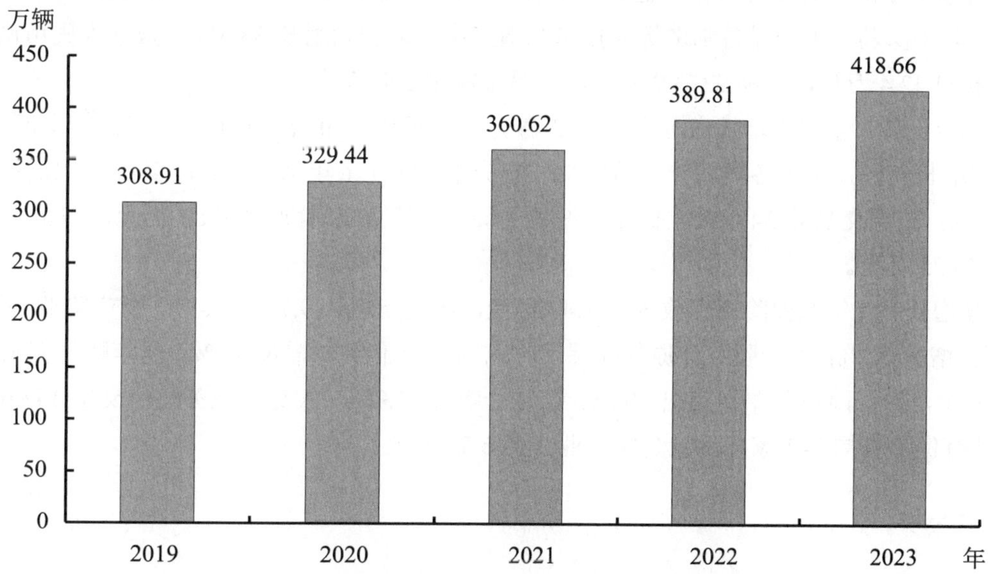

图5 2019—2023年天津市民用汽车拥有量

邮电业务快速增长。全年邮电业务总量370.69亿元，比上年增长16.0%。其中，电信业务总量206.28亿元，增长15.6%；邮政业务总量164.41亿元，增长16.6%。全年快递业务量14.50亿件，增长19.3%。年末固定电话用户321.6万户，移动电话用户1883.4万户，固定互联网宽带接入用户673.4万户。

五、国内贸易

国际消费中心城市建设扎实推进。成功举办夏季达沃斯论坛、第七届世界智能大会、中国旅游产业博览会、中国（天津）国际汽车展览会、第二届全国职业技能大赛等展会赛事，密集举办大型演唱会等文娱活动，促进消费需求加快释放，全年社会消费品零售总额比上年增长7.0%，其中限额以上社会消费品零售总额增长7.0%。和平印象城、杉杉奥特莱斯、中海环宇城等一批高品质商业载体建成开业，佛罗伦萨小镇入选首批全国示范智慧商圈，购物中心和百货店零售额分别增长37.6%和12.6%。

新兴消费较快增长。限额以上单位商品零售额中，服装、鞋帽、针纺织品类增长14.5%，家用电器和音像器材类增长33.1%，金银珠宝类增长26.4%，新能源汽车增长41.3%，智能手机增长31.5%。限额以上单位通过公共网络实现的商品零售额增长13.9%，占限额以上社会消费品零售总额的比重为33.0%，比上年提高1.6

个百分点。

六、固定资产投资

固定资产投资承压。受房地产开发投资下降影响，全年固定资产投资（不含农户）比上年下降 16.4%。分产业看，第一产业投资下降 14.0%，第二产业投资增长 5.9%，第三产业投资下降 25.2%。分领域看，工业投资增长 5.4%，占全市投资比重为 35.1%，比上年提高 7.3 个百分点；基础设施投资下降 8.1%，占全市投资比重为 26.9%，比上年提高 2.4 个百分点；房地产开发投资下降 42.1%，下拉全市投资 17.0 个百分点。

商品房销售较快增长。全市新建商品房销售面积增长 20.9%，其中住宅销售面积增长 23.9%；商品房销售额增长 24.9%，其中住宅销售额增长 27.3%。

七、金融

金融存贷稳健运行。全年全市社会融资规模增量 5417 亿元，比上年多增 1988 亿元，创历史新高。年末中外金融机构本外币各项存款余额 44520.56 亿元，比年初增加 4022.04 亿元，比上年末增长 9.9%；各项贷款余额 44765.03 亿元，比年初增加 2190.10 亿元，增长 5.1%。金融服务实体经济成效明显，年末制造业贷款余额增长 13.9%，其中医药、电子设备制造等高技术制造业中长期贷款增长 33.5%。数字人民币试点有序开展，全市累计支持商户 42.4 万户，交易 2373.9 万笔，交易金额 185.4 亿元。

证券市场稳定发展。全年新增境内上市公司 3 家，年末境内上市公司共有 72 家。年末证券账户 692.06 万户，比上年末增长 5.9%。全年各类证券交易额 72626.62 亿元，比上年增长 6.4%。其中，股票交易额 31912.32 亿元，下降 9.9%；债券交易额 34885.88 亿元，增长 25.2%；基金交易额 5414.87 亿元，增长 17.4%。期货市场成交额 103445.25 亿元。

保险业持续增长。全年原保险保费收入 731.41 亿元，比上年增长 9.1%。其中，财产险业务原保险保费收入 167.26 亿元，增长 6.5%；人身险业务原保险保费收入 564.15 亿元，增长 9.9%。全年赔付支出 250.41 亿元，增长 24.5%。其中，财产险业务赔付支出 106.81 亿元，增长 11.7%；人身险业务赔付支出 143.60 亿元，增长 36.1%。年末共有保险机构 347 家，保险公司从业人员 6.33 万人。

八、开发开放

贸易结构持续优化。全年外贸进出口总额 8004.74 亿元，比上年下降 3.4%。其中，进口 4373.04 亿元，下降 4.1%；出口 3631.70 亿元，下降 2.6%。从贸易方式看，一般贸易出口 2140.71 亿元，下降 5.8%；加工贸易出口 1121.52 亿元，下降 0.3%。从出口产品看，机电产品出口 2318.36 亿元，增长 3.9%，占出口总额的比重为 63.8%，比上年提高 3.2 个百分点；太阳能电池、锂离子蓄电池、电动载人汽车“新三样”产品出口分别增长 14.0%、14.2%和 2.4 倍。从贸易伙伴看，对“一带一路”沿线国家出口增长 3.3%，占出口总额的比重为 36.1%，比上年提高 1.9 个百分点。

招商引资扎实推进。全年共引进国内招商引资项目 3588 个，实际利用内资 4017.97 亿元，比上年增长 8.6%。其中，引进服务业项目 2344 个，到位资金 2939.78 亿元，增长 4.7%，占比 73.2%；引进制造业项目 1121 个，到位资金 939.28 亿元，增长 24.0%，占比 23.4%。全市新批外商投资企业 614 家，合同外资额 122.63 亿美元，实际使用外资 57.75 亿美元。

对外合作持续深化。全年新设境外企业机构 148 家，中方投资额 10.35 亿美元。对外承包工程新签合同额 71.51 亿美元，完成营业额 50.99 亿美元，增长 11.1%，年末在外劳务人员 0.70 万人。深度融入共建“一带一路”，累计建成鲁班工坊 22 个，国际友城增至 99 个。

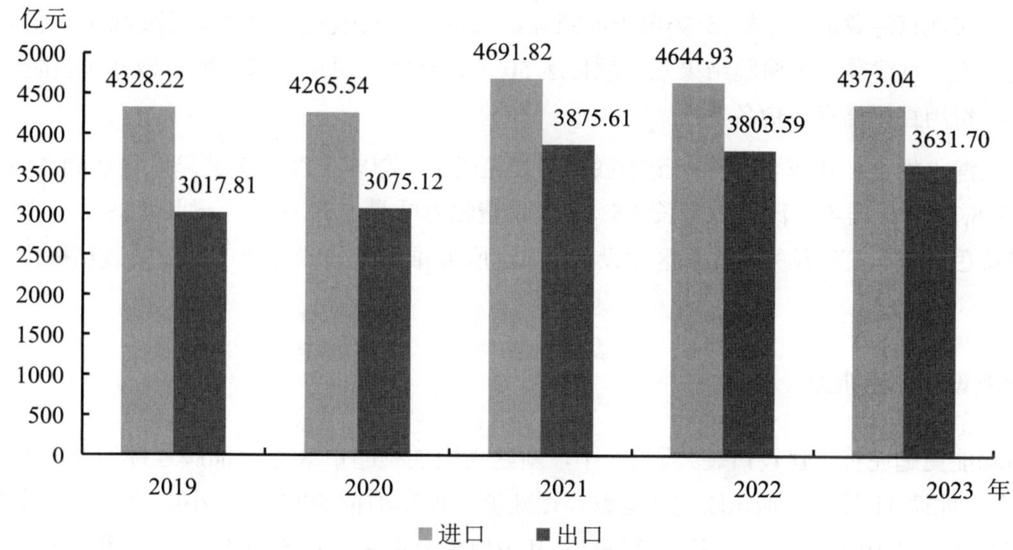

图 6　2019—2023 年天津市外贸进口与出口

制度型开放步伐加快。对接国际高标准推进自贸试验区建设，累计实施 615 项制度创新举措，39 项试点经验和实践案例在全国复制推广。平行进口汽车业务量保持全国第一，占比近 80%，商业保理公司资产总额和保理融资余额、绿色租赁资产均位居全国第一，飞机租赁规模位居全球第二。

九、京津冀协同发展

产业协作和协同创新成效明显。市场化机制引进疏解功能资源在津新设机构 1793 家，中海油新能源等 40 家央企二三级公司在津布局。全年全市引进北京、河北在津投资 2305.56 亿元，占实际利用内资的比重达到 57.4%。重点承接平台加快建设，滨海—中关村科技园累计注册企业近 5000 家，宝坻京津中关村科技城累计注册企业超 1500 家，武清京津产业新城、京津冀同城商务区建设方案获批实施。共同绘制 6 条重点产业链图谱，天津共纳入上下游企业 705 家。构建协同创新“一张网”，天开高教科创园加强与北京创新资源对接，累计注册企业超 1200 家，天津大学、南开大学等与清华大学、河北英利集团等联合建设 6 家全国重点实验室，京津冀国家技术创新中心与南开大学、清华大学天津高端装备研究院等共建 7 个创新平台。

重点领域协同发展硕果累累。交通一体化建设持续提速，津兴城际通车运营，京津塘高速改扩建工程开工建设，开通武清至北京“定制快巴”、宝坻至河北香河跨省公交。建立泛京津冀交通运输政务服务协同发展

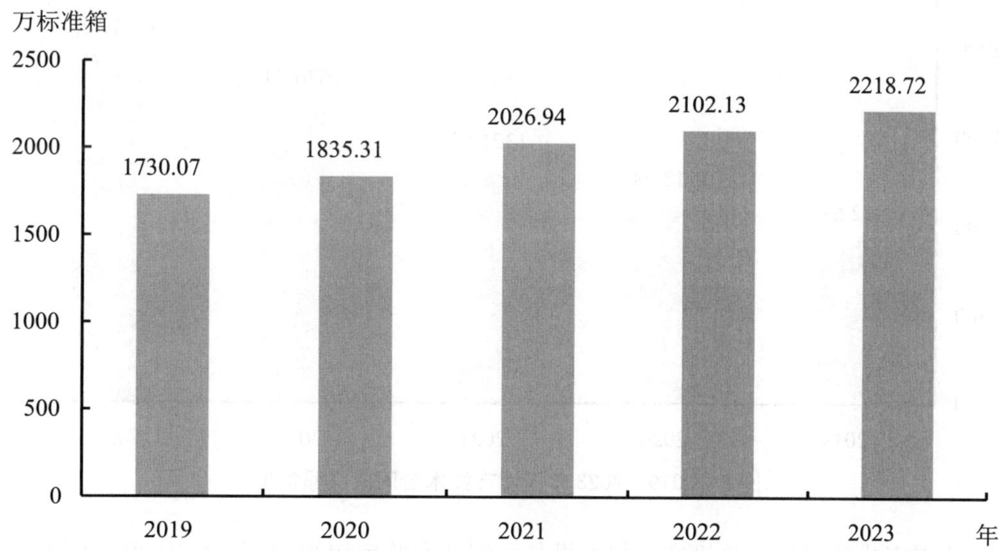

图 7　2019—2023 年天津市集装箱吞吐量

区域合作机制，实现京津冀道路运输 5 类电子证照互认共享。公共服务共建共享持续深化，北京协和医学院天津医院一期投用，京津冀临床检验结果互认项目达 50 个，全面实现京津冀区域异地就医住院、普通门诊和门诊慢特病医疗费用直接结算“免备案”。

港产城融合发展深入推进。建成全球首个全物联网集装箱码头，年末天津港集装箱航线达到 145 条，集装箱吞吐量达到 2218.72 万标准箱，比上年增长 5.5%，港口货物吞吐量 5.59 亿吨，增长 1.8%，规划打造 20 个港产城融合发展特色片区。主动服务雄安新区建设，天津港服务雄安新区绿色通道完成集装箱操作量超 1.1 万标准箱。

十、城市建设和公用事业

城市载体功能更趋完善。建设口袋公园 56 个，新建大型连锁超市 8 个、品牌连锁便利店 69 个，新建改造菜市场 21 个。地铁 11 号线一期东段建成运营，增建城市停车泊位 5000 个、小区公共充电桩 2.1 万台。全年城市公共交通客运量 10.44 亿人次，增长 37.6%，其中轨道交通客运量 5.71 亿人次，增长 78.9%。年末全市公路里程 15221 公里，其中高速公路里程 1358 公里。

城市更新稳妥有序实施。持续推进城镇老旧小区改造，全年改造老旧小区 275 个，惠及居民 12.9 万户。改造完成燃气管网 637 公里、供热管网 136 公里、供水管网 135.9 公里。棚改安置房稳步建设，基本建成 1087 套，面积 14.33 万平方米。提升改造农村公路 251 公里、农村户厕 8985 座。

十一、教育和科学技术

教育事业均衡发展。全国基础教育综合改革实验区启动建设，新增普惠性民办园 37 所、义务教育学位 2.85 万个、普通高中学位 1 万余个。巩固提升“双一流”高校建设成果，深入实施优先发展学科和顶尖学科培育计划，深化职业教育创新改革，推出首批 26 个产教融合专业。年末全市共有研究生培养机构 25 所，普通高校 56 所，中等职业教育学校 59 所，普通中学 551 所，小学 873 所。全年研究生招生 3.29 万人，在校生 9.84 万人，毕业生 2.62 万人。普通高校招生 17.47 万人，在校生 59.66 万人，毕业生 16.89 万人。中等职业教育招生 2.80 万人，在校生 8.27 万人，毕业生 3.03 万人。普通中学招生 20.76 万人，在校生 60.32 万人，毕业生 18.16 万人。小学招生 15.57 万人，在校生 81.84 万人，毕业生 12.46 万人。幼儿园 2127 所，在园幼儿 29.01 万人。

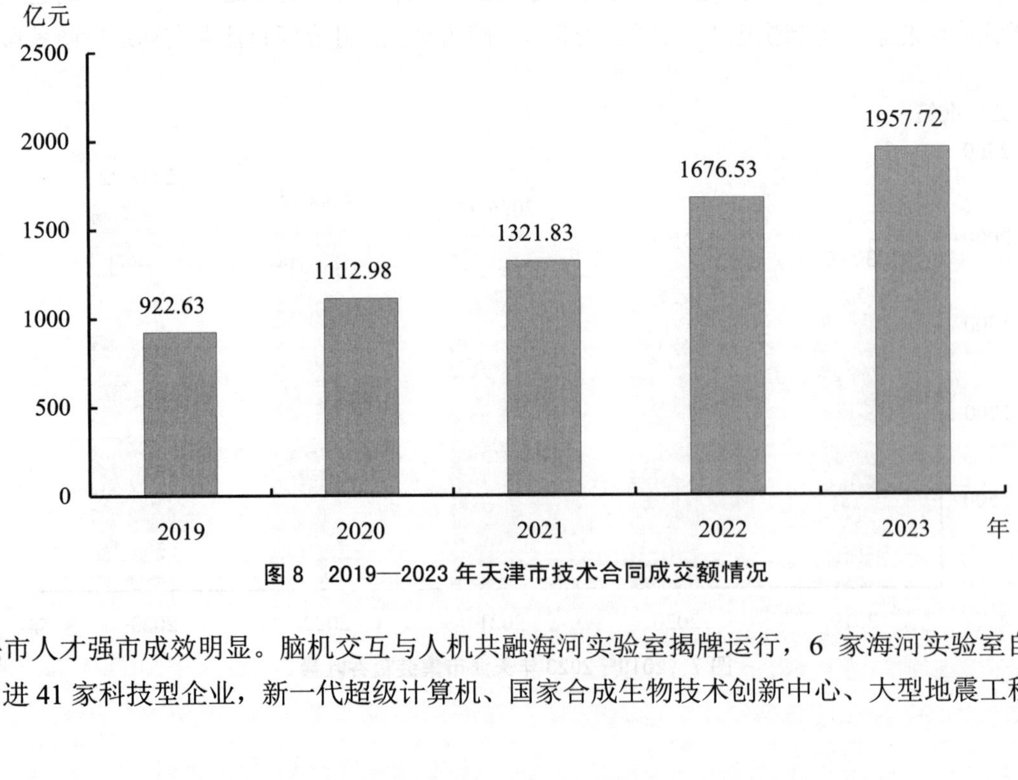

图 8　2019—2023 年天津市技术合同成交额情况

科教兴市人才强市成效明显。脑机交互与人机共融海河实验室揭牌运行，6 家海河实验室自主立项 140 项，孵化引进 41 家科技型企业，新一代超级计算机、国家合成生物技术创新中心、大型地震工程模拟研究设施等平台处于国际先进水平。有效期内国家级专精特新“小巨人”企业累计 253 家，市级专精特新中小企业累计 1579 家。国家科技型中小企业、市级雏鹰企业、市级瞪羚企业分别达到 11710 家、6230 家和 460 家。全年签订技术合同 15107 项，比上年增长 20.7%；合同成交额 1957.72 亿元，增长 16.8%；技术交易额 811.04 亿元，增长 2.3%。举办第四届天津市“海河英才”创新创业大赛，“海河英才”行动计划累计引进人才 47.9 万人。新建博士后科研工作站 33 个，新招收博士后 655 人，比上年增长 3.6%。全市具备科学素质的公民比例为 19.93%。

创新产出成果丰硕。全年市级科技成果登记数 2018 项，比上年增长 18.5%，其中属于国际领先水平 156 项，达到国际先进水平 230 项。全年专利授权 5.92 万件，其中发明专利 1.43 万件，增长 21.9%。PCT 专利申请受理量 597 件，增长 3.5%。年末有效发明专利 6.38 万件，增长 24.6%。

十二、文化旅游、卫生健康和体育

文化事业繁荣发展。创作精品不断涌现，原创群舞《凝•芳》入围第十四届全国舞蹈展演，交响乐《长城》成功入选第十五届全国声乐展演暨全国交响乐作品展演，现代评剧《刘胡兰》在第十二届中国评剧艺术节上荣获优秀剧目奖。群众文化活动丰富多彩，举办首届天津音乐节、2023 海河戏剧节和 200 余场名家经典惠民演出，开展第八届市民文化艺术节，推出 2023 年阅读文化年系列全民阅读推广活动。截至年末，全市共有艺术表演团体 286 个，文化馆 17 个，博物馆 76 个，公共图书馆 20 个，街乡镇综合文化站 257 个。全市电影放映单位 115 个，放映场次 112.86 万场，观影人数 1910 万人次，实现票房收入 8.3 亿元。

旅游市场强劲复苏。持续开展“邂逅•天津”创意城市发展计划，实施大运河海河文化旅游带拓展提升改造工程。升级推出十大主题 42 条“津牌”精品旅游线路，东方邮轮“梦想号”、爱达邮轮“地中海号”在津首航，天津港文化旅游区成功创建国家 4A 级景区，解放桥开启“光影音乐汇”主题灯光秀、于家堡激光投影秀和无人机表演、东疆港观日出、西北角品美食等文旅场景不断丰富。全年全市共接待国内游客 2.36 亿人次，国内旅游收入 2215.41 亿元，比上年分别增长 1.1 倍和 1.9 倍。

卫生健康服务水平不断提升。海河医院、市中心妇产科医院等新建改扩建项目投入使用，截至年末，全市共有各类卫生机构 6801 个，其中医院 459 个。卫生机构床位 7.25 万张，比上年增长 5.8%，其中医院床位 6.67 万张，增长 7.3%。卫生技术人员 13.37 万人，增长 7.4%，其中执业（助理）医师 5.65 万人，注册护士 5.21 万人。医疗卫生机构诊疗人数 11871.62 万人次，其中医院诊疗人数 7183.29 万人次。

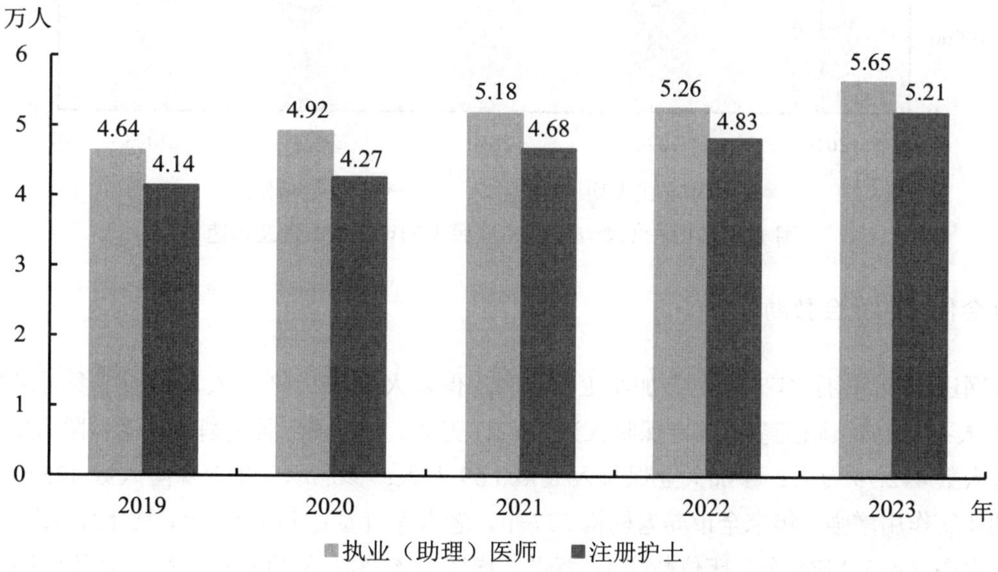

图 9 2019—2023 年天津市执业（助理）医师和注册护士情况

体育事业蓬勃发展。全年天津市体育健儿在国际国内高水平体育赛事中共获得 112 枚金牌、41 枚银牌、

54 枚铜牌，其中在杭州第 19 届亚运会上，天津运动员勇夺 10 金 4 银 5 铜。竞技排球水平不断提升，天津女排在 2023 年世界女子排球俱乐部锦标赛中获得季军。高水平举办 2023 年世界斯诺克国际锦标赛、全国室内田径锦标赛、全国冰壶锦标赛、2023 天津马拉松等赛事。积极打造全民健身场景，新建"海河蓝丝带"自行车骑行道 15.8 公里、健身步道（登山步道）24 条、足篮排球场 74 处、社区户外微场地 103 处、群众滑冰场 10 个，更新社区健身园 400 余处，为 23 个健身中心、120 个乡村健身广场配建体育设施器材。举办各级各类全民健身赛事活动 5000 余个，60 余万群众参与。

十三、人口、就业和人民生活

城镇化水平持续提升。年末全市常住人口总量 1364 万人，比上年末增加 1 万人，其中城镇常住人口 1166 万人，乡村常住人口 198 万人。城镇化率为 85.49%，比上年末提高 0.38 个百分点。常住人口出生率为 4.47‰，死亡率为 7.04‰，自然增长率为-2.57‰。

就业形势总体稳定。优化调整稳就业政策措施，全力支持企业稳岗扩岗，推进创业带动就业，扎实推动高校毕业生、农民工等重点群体就业。全市城镇新增就业 35.69 万人，全年城镇调查失业率均值为 5.4%。

居民收入稳步增加。全年全市居民人均可支配收入 51271 元，比上年增长 4.7%。其中，工资性收入 32361 元，增长 4.3%；经营净收入 3458 元，增长 11.3%；财产净收入 4577 元，增长 6.8%；转移净收入 10875 元，增长 3.0%。按常住地分，城镇居民人均可支配收入 55355 元，增长 4.4%；农村居民人均可支配收入 30851 元，增长 6.3%，快于城镇居民增速 1.9 个百分点。城乡居民人均可支配收入之比为 1.79，比上年缩小 0.04。

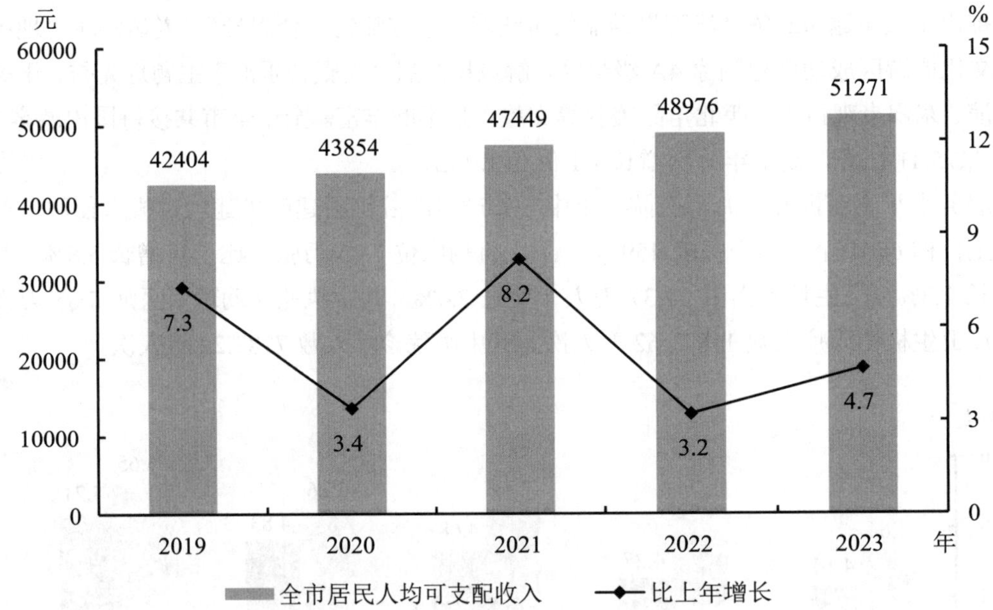

图 10　2019—2023 年天津市居民人均可支配收入及增速

十四、社会保障和社会救助

社会保障网进一步织密。年末全市参加职工基本医疗保险人数 659.18 万人，参加城乡居民基本医疗保险人数 524.46 万人；参加城镇职工基本养老保险人数 826.21 万人，参加城乡居民基本养老保险人数 172.17 万人；参加工伤保险人数 412.79 万人；参加失业保险人数 403.59 万人；参加职工生育保险人数 425.69 万人。

社会救助兜底作用增强。年末全市养老机构 377 个，老人家食堂达到 1887 个，比上年末增长 9.5%。老年日间照料服务中心（站）1374 个，床位数 1.37 万张，均增长 5.3%。提供住宿的社会服务机构拥有床位 5.89 万张，增长 1.1%。全市低保对象 11.95 万人，特困供养人员 1.19 万人，各类福利机构年末收养人员 2.32 万人。完成困难残疾人家庭无障碍改造 5293 户，举办第二届全国残疾大学生创新创业竞赛，线上线下组织残疾人专场招聘会54场，全年新安置残疾人就业5501人。全年社会救助总支出22.70亿元。全年医疗救助总人数14.55万人，医疗救助支出2.76亿元。

十五、生态环保和安全

生态环境质量稳步提升。持续深入打好蓝天、碧水、净土保卫战，全年PM2.5平均浓度41微克/立方米，空气质量优良天数232天；地表水国控断面优良水质占比58.3%，无劣Ⅴ类水质断面，12条入海河流稳定消劣，近岸海域优良水质比例70.9%；农耕地、建设用地保持安全利用。

“871”重大生态工程深入实施。持续推进绿色生态屏障建设，植树造林1753亩，一级管控区林木绿化覆盖率达到28%以上，蓝绿空间占比达到65.6%。积极开展湿地保护修复工作，湿地生态功能持续提升。中新生态城岸段获评全国美丽海湾优秀案例。

防汛抗洪救灾取得全面胜利。有效应对海河流域性特大洪水，及时转移安置受灾群众近9.2万人，实现人员无伤亡、水库无垮坝、重要堤防未决口、重要基础设施未受冲击，灾后恢复重建扎实推进。

注：1. 本公报中数据均为初步统计数。部分数据因四舍五入的原因，存在总计与分项合计不等的情况。

2. 地区生产总值、各产业和行业增加值、人均地区生产总值绝对数按现价计算，增长速度按不变价格计算。

3. 规模以上工业企业是指年主营业务收入2000万元及以上的全部法人工业企业。

4. 12条重点产业链包括生物医药产业链、中医药产业链、新能源产业链、新材料产业链、高端装备产业链、汽车和新能源汽车产业链、绿色石化产业链、航空航天产业链、轻工产业链、信创产业链、车联网产业链和集成电路产业链。

5. 规模以上服务业统计范围包括：年营业收入2000万元及以上的交通运输、仓储和邮政业，信息传输、软件和信息技术服务业，水利、环境和公共设施管理业，卫生行业法人单位；年营业收入1000万元及以上的房地产业（不含房地产开发经营），租赁和商务服务业，科学研究和技术服务业，教育行业法人单位；以及年营业收入500万元及以上的居民服务、修理和其他服务业，文化、体育和娱乐业，社会工作行业法人单位。

6. 社会消费品零售总额统计范围包括：从事商品零售活动或提供餐饮服务的法人企业、产业活动单位和个体户。其中，限额以上单位是指年主营业务收入2000万元及以上的批发业企业（单位）、500万元及以上的零售业企业（单位）、200万元及以上的住宿和餐饮业企业（单位）。

7. 固定资产投资（不含农户）统计口径范围为计划总投资500万元及以上的固定资产项目投资及全部房地产开发项目投资。

8. 邮电业务总量按2020年价格计算。

9. 中等职业教育包括普通中专、成人中专、职业高中，不包含技工学校。

10. 公民具备科学素质比例数据是面向18—69岁公民开展抽样调查获得。

资料来源：

本公报中财政数据来自天津市财政局；经营主体数据来自天津市市场监督管理委员会；国资监管企业数据来自天津市人民政府国有资产监督管理委员会；现代都市型农业数据来自天津市农业农村委员会；交通运输数据来自天津市交通运输委员会；机动车数据来自天津市公安局；邮政数据来自天津市邮政管理局；电信数据来自天津市通信管理局；社会融资、金融支持制造业、数字人民币试点数据来自中共天津市委金融委员会办公室；存贷款数据来自中国人民银行天津市分行；上市企业数据、证券期货数据来自中国证券监督管理委员会天津监管局；保险数据来自国家金融监督管理总局天津监管局；进出口数据来自天津海关；利用内资数据来自天津市投资促进局；国际消费中心城市建设、利用外资、境外投资、对外承包工程数据来自天津市商务局；自贸试验区数据来自中国（天津）自由贸易试验区管理委员会；京津冀协同发展情况来自天津市推进京津冀协同发展领导小组办公室；老旧小区改造、棚改安置房数据来自天津市住房和城乡建设委员会；教育数据来自天津市教育委员会；科技创新数据来自天津市科学技术局、天津市工业和信息化局；人才、新增就业、养老保险、工伤保险、失业保险数据来自天津市人力资源和社会保障局；公民具备科学素质比例数据来自天津市科学技术协会；专利数据来自天津市知识产权局；文化事业、旅游数据来自天津市文化和旅游局；电影数据来自天津市委宣传部；医疗卫生数据来自天津市卫生健康委员会；体育事业数据来自天津市体育局；医疗保险、生育保险、医疗救助数据来自天津市医疗保障局；社会救助服务数据来自天津市民政局；残疾人事业数据来自天津市残疾人联合会；生态环保数据来自天津市生态环境局、天津市规划和自然资源局；其他数据来自天津市统计局、国家统计局天津调查总队。

2023年天津居民收支情况分析

2023年，天津坚持稳中求进工作总基调，扎实推进高质量发展“十项行动”，着力推进稳经济政策措施落地显效，立足国际消费中心城市建设，发展高品质商圈、举办各类促消费活动，全市经济运行整体向好，消费场景不断丰富拓展，为居民收支增长奠定基础。

一、居民收支总体情况

国家统计局天津调查总队抽样调查结果显示，2023年，天津居民人均可支配收入51271元，比上年增长4.7%；人均消费支出34914元，比上年增长11.5%。天津居民人均可支配收入突破五万元，收入水平迈上新的台阶，居民消费支出提振复苏。

从全国对比看，天津居民人均可支配收入水平在31个省区市由高到低的排位中居第5位，排在前四位的分别是上海、北京、浙江和江苏。居民人均消费支出水平在31个省区市由高到低的排位中同样居第5位，排在前四位的分别是上海、北京、浙江和江苏。

二、居民收入与经济同步增长，城乡居民收入相对差距缩小

（一）居民收入增长与经济增长基本同步

2023年，天津居民人均可支配收入51271元，比上年增长4.7%。天津居民人均可支配收入突破五万元，收入水平迈上新的台阶。按不变价格计算，全市地区生产总值比上年增长4.3%，居民收入增长实现与经济增长基本同步。

（二）城乡居民收入相对差距继续缩小

分城乡看，城镇居民人均可支配收入55355元，增长4.4%；农村居民人均可支配收入30851元，增长6.3%，农村居民收入增速快于城镇居民1.9个百分点。城乡居民收入比由上年的1.83降至1.79，城乡居民收入相对差距继续缩小。

（三）工资性收入加快增长

居民人均工资性收入32361元，增长4.3%，比前三季度加快0.5个百分点；占人均可支配收入的比重为63.1%，拉动人均可支配收入增长2.7个百分点，增收贡献稳居四项收入首位。主要是全市上下更加突出就业优先导向，及时兑现一次性吸纳就业补贴、社保补贴等支持政策，鼓励企业稳岗扩岗；持续加强就业服务保障，推进创业带动就业，支持多渠道灵活就业，稳定重点群体就业；全市就业稳定形势不断巩固，2023年城镇调查失业率均值同比回落0.4个百分点，农民工月均收入水平保持增长；11月起，月最低工资标准由2180元上调至2320元；发布2023年全市企业工资指导线和部分行业工资指导线，多重因素支撑工资性收入保持增收主动力地位。

（四）经营净收入回升向好

居民人均经营净收入3458元，增长11.3%，增速保持两位数，拉动人均可支配收入增长0.7个百分点。天津市持续优化民营经济发展环境，促进经营主体活力进一步增强，因疫情受到抑制的家庭非农经营活动逐渐恢复、活跃向好，加之上年基数较低的影响，居民非农经营净收入呈现恢复性增长态势。

（五）财产净收入保持增长

居民人均财产净收入 4577 元，增长 6.8%，拉动人均可支配收入增长 0.6 个百分点。随着疫情平稳转段，人员流动性不断增强，带动居民出租房屋收入增加。但受银行存款利率下调、居民投资分红收益减少等因素影响，财产净收入亮点不多，增收贡献最低。

（六）转移净收入小幅增长

居民人均转移净收入 10875 元，增长 3.0%，拉动人均可支配收入增长 0.7 个百分点。其中，受医疗需求增加、便民医疗服务和医保待遇提升等因素影响，人均报销医疗费收入增长 10.2%。市委市政府坚决兜牢民生底线，精准落实惠民利民举措，提升居民基本养老和医保待遇水平，提高失业保险金标准等，有力保障转移净收入实现持续稳定增长。

三、居民消费支出提振复苏，服务性消费需求快速释放

（一）消费支出提振步伐加快

2023 年，天津居民人均消费支出 34914 元，增长 11.5%，分别比一季度、上半年、前三季度加快 4.0、1.8 和 1.3 个百分点。随着收入稳步增长、消费场景拓展，在“消费年”一系列促消费政策作用下，居民消费支出加快恢复。分城乡看，城镇居民人均消费支出 37586 元，增长 11.1%；农村居民人均消费支出 21553 元，增长 13.8%。

（二）八大类消费支出全面增长

教育文娱、交通通信等支出恢复较快，居民人均教育文化娱乐支出 3673 元，增长 44.3%；人均交通通信支出 4698 元，增长 20.8%；人均其他用品及服务支出 1296 元，增长 14.4%。吃住用等基础消费平稳增长，居民人均食品烟酒支出 9815 元，增长 5.4%；人均居住支出 7772 元，增长 4.1%；人均生活用品及服务支出 1927 元，增长 7.7%。

（三）服务性消费支出占比回升

居民人均服务性消费支出 16860 元，增长 17.8%，快于人均消费支出 6.3 个百分点；占人均消费支出的比重为 48.3%，比上年回升 2.6 个百分点，与 2019 年相比略有提高。随着经济社会全面恢复常态化运行，餐饮、文娱等需求明显增加，居民服务消费需求得到快速释放。居民人均饮食服务支出 3127 元，增长 28.0%；人均文化娱乐服务支出 954 元，增长 2.4 倍，特别是用于团体旅游、购买景点门票和电影话剧演出票等方面的支出涨势强劲。

（四）恩格尔系数继续下降

居民恩格尔系数（食品烟酒支出占消费支出的比重）为 28.1%，比上年下降 1.6 个百分点。分城乡看，城镇居民恩格尔系数为 27.6%，农村居民恩格尔系数为 32.3%，分别比上年下降 1.6 和 2.2 个百分点。同时，居民膳食结构也在进一步优化，全市居民人均粮食消费量为 98.1 公斤，比上年下降 3.1%；人均肉类消费量为 29.1 公斤，增长 2.7%；人均鲜瓜果类消费量为 79.7 公斤，增长 6.0%。

（五）部分耐用消费品拥有量持续增加

在增加小客车个人摇号指标、搞活汽车流通、扩大汽车消费等各项政策带动下，汽车消费提质扩容，居民每百户家用汽车拥有量达到 67.3 辆，比上年增长 8.8%。强化家电消费扶持力度，开展家电家居促销活动等，居民每百户空调拥有量达到 186.3 台，增长 5.6%；每百户热水器拥有量为 97.7 台，增长 1.1%；每百户排油烟机拥有量为 94.0 台，增长 1.1%；每百户微波炉拥有量为 74.1 台，增长 2.9%。

四、居民收支增长面临的形势与建议

（一）巩固增强经济整体向好态势，夯实居民持续稳定增收基础

2023 年是三年新冠疫情防控转段后经济恢复发展的一年，全市聚力推动各项稳增长政策措施落地见效，经济运行中的积极因素不断累积，呈现整体向好态势，但天津市主要经济指标增速在全国排位不高，居民

持续稳定增收的基础仍不够坚实。需持续聚焦经济建设和高质量发展，推动经济实现质的有效提升和量的合理增长，大力发展经济提供更多就业岗位，实现经济发展和民生改善良性循环。

（二）促进更加充分、更高质量就业，改善居民收入预期和信心

稳定的收入来源是提升居民消费能力和改善生活品质的基础保障，三年疫情导致作为增收主动力的工资性收入增速明显放缓，居民收入增长的信心减弱。据国家统计局天津调查总队相关民生调研显示，在调研涉及的 24 项民生工作内容中，居民对“关注低收入群体，增加低收入群体收入”“多举措推动就业，增加就业岗位，促进城乡居民增收”的期盼度位列前两位。需更加突出就业优先导向，持续关注高校毕业生、农民工、就业困难家庭等重点群体就业，通过职业技能培训、宣讲等就业服务保障活动，助力青年就业群体合理规划职业选择，促进人岗精准对接，提高人岗适配度，确保更多群体获得稳定的薪资收入来源。

（三）持续深入推进乡村全面振兴，提高基本公共服务城乡均等化水平

在推进共同富裕政策措施保障下，天津市城乡居民收入比呈现逐年下降的良好态势，但也要看到，城乡居民在享受到的基础设施、公共保障和人居环境等方面仍存在不平衡，共同富裕重点仍在农村区域。需加大力度有效推进乡村全面振兴，建设宜居宜业和美乡村，加快高标准农田建设，盘活农村闲置资源，多渠道拓宽农民收入来源，激发乡村振兴内生动力，持续改善农村水电路气房讯等设施条件，提升农村地区教育、医疗、养老等公共服务水平，让农民有更多的获得感和幸福感。

（四）聚焦消费新需求、新动向，推动消费从疫后恢复转向持续扩大

促消费政策举措持续发力，2023 年居民消费增速达两位数，呈现加快恢复的态势，但从两年平均增速看，增速仅为 2.6%，仍明显低于疫情前水平。需更好满足人民群众对高品质生活的需要，把握建设国际消费中心城市机遇，扩大城市影响力和消费带动力，打造更多商旅文体融合的消费新场景，聚焦智能适老等方向扩展家居消费，开辟拓展银发经济新赛道，加快推进生活服务数字化赋能，积极培育新的消费增长点，促进居民消费潜力进一步释放。

2023 年天津城镇居民收支情况分析

2023 年，天津市委市政府坚持以习近平新时代中国特色社会主义思想为指引，认真贯彻落实党中央、国务院各项决策部署，围绕党的二十大部署的目标任务，大力推进落实高质量发展“十项行动”各项举措，全市经济持续恢复向好，稳经济提消费政策成效持续显现，城镇居民收入稳步增长，消费全面提振复苏。国家统计局天津调查总队调查数据显示，2023 年天津城镇居民人均可支配收入 55355 元，比上年增长 4.4%；人均消费支出 37586 元，比上年增长 11.1%。

一、城镇居民收入稳步增长

（一）城镇居民收入总体情况

2023 年城镇居民人均可支配收入的增速为 4.4%，比上年提高 1.5 个百分点。在全国 31 省（区、市）中，城镇居民收入绝对值水平位居第 7 位，排在上海、北京、浙江、江苏、广东和福建之后，比全国平均水平高 3534 元；居民收入增速位居第 20 位。

四大项收入实现不同程度的增长，经营净收入增速最快；从收入构成看，工资性收入和转移净收入占比居前两位。

（二）城镇居民收入增长特点

工资性收入为增收主动力。城镇居民人均工资性收入为 35451 元，比上年增长 4.3%，增速较上年加快 0.3 个百分点，占人均可支配收入的比重为 64.0%，拉动人均可支配收入增长 2.7 个百分点，对人均可支配收入增长的贡献率为 61.6%，是拉动城镇居民增收的主动力。稳就业、稳工资，对推动可支配收入持续增长具有显著的支撑作用。2023 年市人社部门出台相关政策措施，千万百计促进重点群体就业，提高最低工资标准等一系列稳岗政策托底，为工资性收入增长提供了坚实保障。

经营净收入增速领跑。城镇居民人均经营净收入 2678 元，比上年增长 12.3%，对人均可支配收入增长的贡献率为 12.5%。其中，第二产业经营净收入为 393 元，增长 20.9%；第三产业经营净收入为 2184 元，增长 11.2%。天津市聚焦个体工商户贷款融资、招工用工、经营成本等“堵点”“难点”问题，制定普惠精准帮扶措施，靶向打出“组合拳”，全力提振工商户信心。随着疫情影响消退，2023 年文旅、餐饮消费迎来井喷式恢复增长，消费场景不断拓展，助力经营性收入实现快速增长。

财产和转移净收入稳步增长。城镇居民人均财产净收入为 5234 元，比上年增长 6.4%，对人均可支配收入增长的贡献率为 13.3%；人均转移净收入为 11992 元，比上年增长 2.5%，对人均可支配收入增长的贡献率为 12.6%。财产净收入的增长得益于餐饮、零售、文旅消费快速恢复，市场经营主体增多，房屋需求随之增加。转移净收入得益于人均寄带回收入较快增长；退休人员养老待遇持续增加；医疗保障待遇不断提高；政府财政在困难救助、失业补助、政策性生产补贴等领域投入持续加大。

二、城镇居民消费快速提振复苏

（一）城镇居民消费支出总体情况

2023 年城镇居民消费支出的增速为 11.1%，比上年提高 17.3 个百分点。在全国 31 省（区、市）中，城镇居民消费支出绝对值水平位居第 7 位，排在上海、北京、浙江、江苏、广东和福建之后，比全国平均水平高4592元；消费支出增速位居第10位。

与2019年相比，消费支出增长8.0%，且全年各季度的消费水平均超过2019年同期水平，表明居民消费已全面提振复苏。从八大类消费看，医疗保健、其他用品及服务、交通通信、居住和食品烟酒支出较2019年均实现较大增长；教育文化娱乐和生活用品及服务支出小幅增加或基本持平；衣着消费近年来始终呈下降走势。

（二）城镇居民消费特点

消费支出结构持续优化。人均交通通信、医疗保健、教育文化娱乐和生活用品及服务支出分别为5036元、4205元、4108元和2054元，增幅分别为20.9%、10.3%、44.7%和6.6%，四者占人均消费支出的比重为41.0%，比上年提高3.3个百分点。随着城镇居民收入稳步增长，发展享受型消费比重不断上升，城镇居民的生活质量持续提高。

教育文化娱乐支出增速最快。人均教育文化娱乐支出为4108元，比上年增长44.7%，比2019年增长1.1%。音乐节、名家经典惠民演出季、市民文化艺术节、中华戏曲精品邀请展等各类演出活动火热举行，为居民提供了丰富的文娱消费选择；居民对休闲旅游、体育健身、观影看剧等文娱消费更加注重；家长在学生研学活动、艺体培训等方面投入加大，助推教育文化娱乐支出快速增长。

交通通信、其他用品及服务、医疗保健支出快速增长。2023年旅游市场持续火爆，居民"走出去"意愿强烈，人均交通通信支出为5036元，比上年增长20.9%。疫情防控优化转段，居民消费信心恢复，一些非基本生活必需的产品和服务，如首饰等珠宝饰品、手表、旅行用品和美容美发等消费支出快速上升，带动人均其他用品及服务支出比上年增长14.4%，达到1454元。随着居民寻求医疗服务的需求增加以及就医费用的提高，人均医疗保健消费支出达到4205元，比上年增长10.3%。

服务性消费活力持续释放。2023年全市居民生产生活秩序不断恢复，消费需求逐渐释放，聚集型、接触型服务性消费加快恢复，人均服务性消费支出达到18647元，比上年增长17.0%，增速高于人均消费支出5.9个百分点，占城镇居民消费支出的比重为49.6%，比上年提高2.5个百分点。其中人均教育文化娱乐服务支出增长57.2%，人均交通通信服务支出增长44.1%，人均饮食服务支出增长27.4%。

三、对策建议

提高就业质量，完善工资增长机制。一是深入实施就业优先战略，围绕京津冀协同发展、"津城""滨城"双城发展等重点任务，建立项目建设与就业服务联动机制，培育数字经济、新业态就业等新动能，实现更加充分、更高质量的就业。二是持续做好就业服务工作，完善公共就业服务保障体系，为各行业劳动者提供更加完善的就业咨询、职业指导及技能培训，提高城镇居民就业技能水平，继续发挥工资性收入"压舱石"作用。

持续优化经营环境，激发市场活力。一是落实好有关优惠扶持政策，确保小微企业和家庭经营户用足用活政策，保证政策应享尽享，完善中小企业融资机制，落实减税降费政策，减轻经营负担，提高经营效益。二是鼓励自主创业，提供创业帮扶，推动创业带动就业。三是畅通政企沟通渠道，提高政务服务效能，科学引导企业规范经营和持续健康发展，构建经营收入稳定增长机制。

多措并举，进一步释放消费潜能。一是坚定实施扩大内需战略，打造"多元融合、联动京冀、模式创新"的促消费平台，推出更多促消费活动。二是全面营造良好消费环境。完善消费领域市场主体及其从业人员信用记录和信用档案，推行行业信用分级分类监管；持续推动扩大服务性消费供给，激发居民消费活力。三是不断完善收入分配制度，优化社会保障和公共服务体系。扩大中等收入群体，增加低收入者收入，提升居民消费潜力。

2023 年天津农村居民收支情况分析

2023 年随着天津市扎实推进高质量发展“十项行动”，全面乡村振兴战略深入实施，农村经济活力进一步增强，农村居民收入实现稳步增长，消费快速提振复苏。农村居民人均可支配收入 30851 元，比上年增长 6.3%，首次突破 3 万元大关；人均消费支出 21553 元，比上年增长 13.8%，首次突破 2 万元。

一、农村居民收入稳步增长

（一）农村居民收入总体情况

2023 年农村居民收入增速为 6.3%，增速较前三季度加快 0.2 个百分点。在全国 31 省（区、市）中，农村居民收入绝对值水平位居第 4 位，排在上海、浙江和北京之后，比全国平均水平高 9160 元；居民收入增速位居第 30 位。城乡收入比为 1.79∶1，比上年缩小 0.03。

四大项收入实现全面增长，经营净收入增速最快；从收入构成来看，工资性收入和经营净收入占比居前两位。

（二）农村居民收入变动特点

稳岗促就业，工资性收入平稳增长。农村居民人均工资性收入为 16912 元，比上年增长 3.9%，拉动人均可支配收入增长 2.2 个百分点。随着农村经济活力的持续恢复，加之“春风行动”“春暖农民工专项行动”以及以工代赈等政策的持续助力，农村就业岗位不断释放，就业时长增加，带动农村居民工资性收入稳步增长。

经营净收入增速居首位。农村居民人均经营净收入为 7356 元，比上年增长 10.1%，拉动人均可支配收入增长 2.3 个百分点，对收入增长的贡献率最高。经济活力的恢复带动经营环境持续向好，居民经营信心增加，市场主体以及经营规模不断扩大。其中，家庭经营制造业表现强劲，住宿餐饮业、居民服务业及批发零售业均呈现良好恢复态势。

收入来源多元，财产净收入较快增长。农村居民人均财产净收入为 1293 元，比上年增长 12.8%。财产净收入的增长主要在于：一是受益于持续多年的结对帮扶困难村政策带动，农村集体经济不断壮大，农村居民人均集体分配的红利收入大幅增长；二是市场活力的逐步恢复以及房地产新政的持续落地，带动房屋租赁市场活跃，人均出租房屋收入较快增长。

民生保障有力，转移净收入平稳增长。农村居民人均转移净收入为 5290 元，比上年增长 7.7%，拉动人均可支配收入增长 1.3 个百分点。退休人员养老待遇持续增加，带动人均养老金或离退休金收入增长。农村青壮年劳动力外出务工增加，人均寄回带回收入较快增长。医疗保障待遇不断提高，人均报销医疗费增长 29.2%。

二、农村居民消费快速增长

（一）农村居民消费支出总体情况

2023 年农村居民消费支出增速为 13.8%，整体消费水平已超过 2019 年疫情前的水平。在全国 31 省（区、市）中，农村居民消费支出绝对值水平位居第 7 位，排在上海、浙江、北京、江苏、广东和福建之后，比全国平均水平高 3378 元；消费支出增速位居第 4 位。

八大类消费全面增长，教育文化娱乐、交通通信与生活用品及服务支出增长最快；从消费支出构成看，食品烟酒、居住及交通通信支出占比居前三位。

（二）农村居民消费变动特点

消费结构持续优化。人均交通通信、医疗保健、教育文化娱乐和其他用品及服务等发展享受型支出分别为3010元、2596元、1498元和505元，增幅分别为19.4%、13.5%、37.5%和13.4%，这四者占人均消费支出的比重为35.3%，比上年提高1.8个百分点。随着居民生活秩序恢复如常，发展享受型消费支出占比持续提升。

教育文化娱乐支出增速居首位。人均教育文化娱乐支出为1498元，比上年增长37.5%。其中人均教育支出为1048元，比上年增长29.3%；人均文化娱乐支出为450元，比上年增长61.4%，2023年全国各地各类演出、旅游网红打卡地等娱乐项目众多，带动居民文娱消费热情显著高涨。

医疗保健、交通通信、生活用品及服务支出快速增长。居民出行畅通，出行意愿增强，人均交通通信支出为3010元，比上年增长19.4%。人均生活用品及服务支出为1289元，比上年增长16.6%。人均医疗保健支出为2596元，比上年增长13.5%。

服务性消费活力释放。各种接触性服务行业恢复正常，居民表现出较强的消费意愿，服务性消费支出涨势强劲，人均支出为7921元，比上年增长26.7%。其中人均饮食服务支出增长34.6%，人均医疗保健服务支出增长22.8%，人均生活用品及服务支出增长59.5%，人均教育文化娱乐服务支出增长44.3%，人均交通通信服务支出增长28.9%。

三、提收入促消费的建议

（一）实现收入来源多元化，畅通收入增长渠道

农村居民人均可支配收入实现稳定增长，但增速较疫情前有所放缓，加快实现较快增速还需多方助力。一是加大农村就业创业的扶持力度。做实做好农民职业技能培训，提供低息贷款支持创业，加快农村产业发展，吸引年轻劳动力回流，稳岗促就业，为农村地区发展增活力。二是稳定农产品市场，提高农业经营收入。2023年粮食处于增产不增收、畜牧业养殖保本或亏损状态。要稳定农产品价格，调控农产品供需市场，引导农民积极投保农业险，最大程度保护农民群众利益，如启用蓄滞洪区行洪后，农业保险及时赔偿到位，保障了农民利益。三是繁荣资本市场，提高居民财产性收入。通过提高上市公司质量，稳定房地产市场，规范理财产品市场，加大投资者保护，提高居民投资信心，从而增加财产性收入。四是继续提高兜底保障力度，从社会保障和社会救济方面着手，让老百姓得到看得见的实惠。

（二）提振消费信心，扩大消费场景，打造国际消费中心城市

受上年低基数的影响，2023年居民消费实现了较快增速，但消费支出特别是服务性消费支出的恢复还需进一步发力。一是提高消费的最终落脚点还是增加居民收入，通过稳就业扩就业的一系列措施，提高居民收入预期，让居民敢消费、愿消费。二是扩大消费场景，加大对接触性行业的扶持力度，帮助其逐步恢复市场活力和市场认可度，减少干预。三是积极引导居民消费，通过发放消费券、举办消费节等活动精选优质产品服务引导居民消费。四是规范消费市场，加强对消费市场的监管，提高服务水平和质量，保障消费者权益。

2023 年天津市居民消费价格运行分析

2023 年，天津市委市政府认真贯彻落实党中央、国务院决策部署，经济运行回升向好，出行、文娱等服务市场稳步恢复，消费需求持续改善，市场运行总体平稳，居民消费价格呈现低位上涨态势。

一、2023 年居民消费价格总体运行情况

2023 年天津市 CPI 累计上涨 0.4%，比 2022 年回落 1.5 个百分点，处于近十年来最低水平。其中食品价格下降 0.2%，非食品价格上涨 0.5%，均处于近年来较低水平；服务价格上涨 1.5%，消费品价格下降 0.3%。扣除食品和能源价格的核心 CPI 上涨 0.9%，涨幅与上年持平。

（一）CPI 涨幅排位居全国上游

天津市全年 CPI 涨幅高于全国平均水平 0.2 个百分点，在 31 个省（区、市）中与北京、江苏、广东和宁夏并列第 6 位。从直辖市对比看，天津与北京持平，高于上海 0.1 个百分点，高于重庆 0.7 个百分点。从京津冀对比看，天津与北京持平，低于河北 0.2 个百分点。具体来看，31 个省（区、市）中，全年 CPI 上涨的有 21 个，其中河北、内蒙古和黑龙江涨幅最大，均为上涨 0.6%；持平的有 3 个，分别是福建、四川和新疆；下降的有 7 个，分别是山西、河南、吉林、广西、重庆、贵州和西藏，降幅在 0.1%—0.3%之间。

2023 年全年，天津市 CPI 月度同比有 2 个月呈现下降态势。从全国其他省份看，山西、河南和贵州 9 个月下降，吉林、广西、重庆和西藏 8 个月下降，辽宁、福建、湖北和湖南 7 个月下降，浙江和四川有 6 个月呈现下降。

（二）八大类商品及服务价格“六涨一降一平”

构成居民消费的八大类商品及服务价格呈现“六涨一降一平”的运行态势。其中，其他用品及服务、教育文化娱乐、居住和医疗保健类价格分别上涨 3.6%、3.1%、0.5%和 0.4%，涨幅分别比上年扩大 3.3、1.3、0.2 和 0.2 个百分点；衣着、食品烟酒价格分别上涨 1.0%、0.5%，涨幅分别比上年回落 0.4、1.7 个百分点；受汽油、燃油小汽车等价格下行影响，交通通信类价格由上年上涨 5.9%转为下降 2.8%；生活用品及服务价格持平，比上年回落 1.6 个百分点。

（三）月度同比涨幅前高后低、环比季节性波动

从同比看，各月 CPI 同比呈现前高后低态势。1 月份受节日效应、翘尾因素等叠加影响，CPI 同比上涨 1.9%，为全年最高水平。随着节日效应减退，CPI 涨幅逐月回落并转为下降，5、6 月份同比降幅分别为 0.1%和 0.2%。三季度出行和租赁需求旺盛，带动相关服务价格上行，7 月份 CPI 同比结束阶段性下行态势，转为持平，8、9 月份涨幅扩大至 0.5%。四季度鲜活食品和服务价格回落，拉动同比涨幅从 10 月份的 0.4%逐月回落到 12 月的持平。

从环比看，受春节因素影响，1 月份 CPI 环比上涨 1.1%，涨幅为全年最高；2 月份环比下降 0.6%，降幅全年最大。除 1 月份外，其余各月 CPI 环比涨降幅均在 1.0%以内平稳运行。2—5 月份均在负增长区间，降幅在 0.2%—0.6%以内；6—8 月份重新恢复为上涨态势，9 月份转为持平；10—11 月份，猪肉、鲜菜等食品价格下行，带动环比下降；12 月份在降雪寒潮天气推动蔬菜价格上涨影响下，CPI 环比上涨 0.1%。

二、主要商品和服务价格变动特点

2023 年天津市居民消费价格累计涨幅比上年明显回落，呈低位运行态势。从构成价格领域的结构看，食品价格的平稳运行和工业品价格的明显回落是拉动 CPI 涨幅回落的主要因素，服务价格的温和上涨是总指数上行的主要原因。

（一）食品价格由涨转降，价格总体平稳

2023 年，食品价格由上年上涨 2.4%转为下降 0.2%，主要是受输入性、周期性、季节性等因素叠加影响，猪肉和鲜菜价格较低。从猪肉看，2022 年下半年生猪价格处于周期高位，产能明显增加，2023 年处于周期下行阶段，生猪、猪肉市场供应充足，价格低位运行，猪肉价格同比自 5 月份起连续下降，全年平均下降 12.4%，降幅比上年扩大 7.6 个百分点，影响 CPI 下降约 0.1 个百分点。从鲜菜看，2022 年冬季受运输物流不畅影响，鲜菜价格上涨较多，导致上年基数较高，2023 年菜农扩大种植面积，叠加全年天气整体好于往年，鲜菜供给充足，价格下降 3.1%，降幅比上年扩大 1.9 个百分点，影响 CPI 下降约 0.06 个百分点。其他分类中，牛羊肉价格分别下降 4.5%和 2.3%，合计影响 CPI 下降约 0.03 个百分点；鲜果、粮食、食用油和调味品价格涨幅在 0.1%—4.3%之间，涨幅比上年均有回落；其他食品价格基本稳定。

（二）工业品价格回落，能源价格降幅较大

受国际大宗商品价格波动及促消费政策影响，天津市工业品价格由上年上涨 3.1%转为下降 1.0%，与食品价格共同拉低全年 CPI 同比涨幅。其中，能源价格下降 2.9%，扣除能源的工业品价格下降 0.3%。分月看，工业品价格月度同比 9 个月呈下降趋势，其中 6 月份下降 3.3%，为全年最大降幅；1、2 月份分别上涨 1.2%和 0.3%，10 月份同比与上年同期持平。

受国际价格传导作用影响，汽柴油和金饰品价格涨跌互现。全年国内成品油累计开启 25 轮调价窗口，呈现出“10 涨 12 跌 3 搁浅”格局，汽、柴油价格分别下降 5.6%和 6.0%，比上年同期分别回落 27.1 个和 29.4 个百分点，成为工业品价格涨幅明显回落的主要因素。与之相反，国际金价上涨带动金饰品价格持续上行，全年金饰品价格累计上涨 16.3%，9 月份同比涨幅高达 24.0%。2023 年上半年，汽车行业出现降价潮，多个品牌百余款车型宣布降价，叠加汽车消费券活动，天津市燃油小汽车和新能源小汽车价格累计分别下降 5.3%和 7.1%。

（三）服务消费稳步恢复，价格上涨拉升 CPI

随着疫情防控政策调整优化，文旅行业复苏向好，服务消费持续恢复，一些领域服务价格上涨明显，但需求不足制约部分服务价格仍未恢复至疫情前水平。2023 年服务价格同比上涨 1.5%，影响 CPI 上涨约 0.6 个百分点，比 2020—2022 年平均水平扩大 0.3 个百分点，低于 2019 年 1.1 个百分点。从各月同比看，服务价格持续上涨但涨幅比较温和，各月同比涨幅在 0.9%—1.9%之间，其中，受假期出行需求增加影响，7 月份服务价格涨幅为年内最高值。

分类看，一是出行类服务价格明显回升。旅游、飞机票和在外住宿价格同比分别上涨 11.2%、6.2%和 4.4%，分别高于 2020—2022 年平均涨幅 7.6、9.0 和 6.0 个百分点。二是劳务型服务价格持续上涨。中介服务、家庭维修服务、装潢维修费、家政服务和宠物服务价格分别上涨 7.3%、3.4%、2.9%、2.9%和 2.0%。三是价格改革稳步推进。受政策影响，医疗服务价格上涨 0.3%，涨幅比上年扩大 0.2 个百分点。5 月份天津市调整贴敷疗法等 29 项中医医疗服务价格，影响中医治疗类价格累计上涨 9.8%；8 月末部分超声诊断类医疗项目价格进行调整，影响影像学诊断类价格累计上涨 1.0%。

三、2024 年物价走势预测

回顾 2023 年的物价涨幅回落，主要是猪肉、鲜菜等食品和能源价格下行影响，服务价格虽然有所上涨，但尚未恢复到疫情前水平。2024 年，随着政策的持续发力、经济的进一步复苏和有效需求的增加，一季度物价水平或将稳步回升。

（一）价格保持总体稳定具有良好基础

2023 年我国粮食实现增产丰收，主要农产品市场供应充裕，产销衔接畅通，市场秩序良好，为食品价格平稳运行打下坚实基础。市委市政府紧盯猪肉、蔬菜、鸡蛋等重要民生商品价格变化，强化风险预警预判，加大重要时间节点生活必需品货源的组织调度，全力保障市场供应，各项保供稳价调控政策的持续实施，将为市场价格平稳运行提供有利保障。

（二）推动价格上涨的因素仍需关注

一是部分食品价格或将上涨。受 2023 年四季度生猪存栏处于较高水平影响，生猪出栏量短期内或将仍处于高位，2024 年上半年养殖端仍处于去产能阶段，但下半年随着市场供应减少，预计年内猪肉价格先降后涨。二是消费需求逐步释放将拉动部分服务价格上行。随着扩大就业、增加收入、促进消费等政策的持续发力，文旅、餐饮、居住等消费将进一步恢复，加之医疗服务价格政策性调整及生活类服务价格刚性上涨，服务价格将呈现持续上涨态势。三是输入性压力犹存。受国际局势复杂多变的影响，金饰品、汽油以及其他基础产品价格将延续震荡走势，对 CPI 运行增添不稳定因素。有机构预计，油价将在 2024 年年内开始逐步复苏，且季节性强劲的需求会进一步增大价格压力，2024 年国内油价上涨的可能性较大。

2023 年年末召开的中央经济工作会议强调，做好 2024 年经济工作要着力扩大国内需求，激发有潜能的消费，扩大有效益的投资，形成消费和投资相互促进的良性循环。伴随上述政策利好的持续释放，经济增长将不断提速，在消费需求提振和消费价格低基数效应影响下，预计 2024 年天津市 CPI 将呈现温和回升态势。

2023年天津市工业生产者价格运行分析

2023 年全球经济低迷，地缘政治格局重组加速进行，外部环境复杂性、严峻性、不确定性上升，大宗商品价格从峰值大幅下跌。同时，国内有效需求不足，部分行业产能过剩导致钢材、有色、汽车等工业行业产品价格走低，叠加去年高基数影响，天津市工业生产者出厂价格和购进价格同比均持续低位运行。

一、全年工业生产者价格运行情况

据国家统计局反馈资料显示：2023 年，天津市工业生产者出厂价格同比下降 3.6%，与去年相比由涨转跌，涨跌幅相差 9.4 个百分点；购进价格同比下降 4.0%，与去年相比由涨转跌，涨跌幅相差 8.4 个百分点。生产资料价格下降是影响天津市工业生产者出厂价格指数负区间运行的主要因素。

（一）月度环比价格震荡后冲高回落

从各月出厂价格环比数据来看，天津市工业生产者出厂价格一季度走势平缓，二季度先涨后降，三季度环比转涨并持续冲高，9 月到达年内峰值，环比上涨 1.1%，四季度逐渐回落。购进价格环比波动幅度略高于出厂价格，其中 6 月份下降幅度最大，环比下降 1.7%，9 月到达年内峰值，环比上涨 1.2%。

（二）月度同比价格呈深 V 走势

从各月同比数据来看，天津市工业生产者出厂价格上半年整体呈下跌走势，6 月跌至年内最低值，降幅达 8.2%，之后降幅逐渐收窄，9 月同比下降 1.7 个百分点，四季度维持窄幅区间震荡。购进价格与出厂价格运行轨迹相似，7 月份开始回升，12 月份同比降幅收窄至 1.9%。

（三）生产资料出厂价格降幅明显

2023 年生产资料价格同比下降 3.9%，与上年相比由涨转降，涨跌幅相差 10.5 个百分点，生产资料产品价格下跌是影响工业生产者价格持续负区间运行的主要因素。其中，采掘、原料和加工业价格分别下降 10.9%、3.5%和 2.6%。从各月同比来看，生产资料出厂价格与总指数走势趋同。

（四）生活资料出厂价格小幅下降

2023 年生活资料出厂价格下降 2.3%，与上年相比由涨转降，涨跌幅相差 4.7 个百分点。其中食品、一般日用品和耐用消费品价格分别下降 1.0%、1.5%和 3.7%，衣着价格上涨 1.8%。

（五）九大类购进价格“八降一平”

2023 年九大类原材料购进价格与上年相比八降一平。其中，建筑材料及非金属类价格下降 10.8%，农副产品类价格下降 8.0%，燃料、动力类价格下降 7.0%，化工原料类价格下降 7.0%，黑色金属材料类价格下降 6.9%，木材及纸浆类价格下降 5.7%，有色金属材料及电线类价格下降 2.5%，纺织原料类价格下降 1.0%，其他工业原材料及半成品类价格与上年持平。

二、工业生产者价格区域比较

（一）降幅高于全国平均水平

据国家统计局反馈数据资料显示：2023 年全国工业生产者出厂价格比上年下降 3.0%，天津市低于全国 0.6 个百分点，在 31 个省、区、直辖市排位中，天津市居第 22 位；全国购进价格比上年下降 3.6%，天津市低于全国 0.4 个百分点，在 30 个省、区、直辖市（不含西藏）排位中，天津市居第 15 位。

（二）京津冀地区天津市指数居中位

比较 2023 年京津冀三地的工业生产者出厂价格，北京市下降 0.8%，河北省下降 5.3%，天津市指数低于北京市，高于河北省。

三、影响工业生产者价格上涨的主要因素

（一）石油及其下游行业产品价格同比明显下降

2023 年，原油价格受到宏观经济的压力，供应中断的风险以及需求下降预期的制约，呈现大幅波动走势，整体重心下移。上半年受欧美银行业危机影响，全球需求前景渺茫，经济衰退风险加大，国际原油价格宽幅震荡走跌；进入三季度，OPEC+持续减产，叠加需求进入旺季，国际油价呈现单边上涨态势；9 月中下旬以后，随着美联储加息预期升温，高利率环境对经济带来实质性的压力，以及需求预期下降，市场进入下跌通道；虽然 10 月份以来，国际地缘政治冲突频发，在供应中断的风险下，油价短期小幅上涨，但依然没有挽回颓势。受此影响，全年天津市石油和天然气开采业价格同比下降 13.5%（其中，石油开采业价格下降 14.0%），其下游的精炼石油产品（汽油、柴油、润滑油、重石脑油）受石油价格下降影响降幅明显，石油、煤炭及其他燃料加工业价格比上年下降 5.5%。

（二）部分化工产品价格触底反弹

年初，欧美银行业危机逐步发酵，原油出现恐慌性下跌，叠加房地产、汽车等化工产品终端消费市场的复苏情况并不乐观，多数化工产品价格持续回落。三季度以来，国际原油价格上涨对化工行业在成本端形成支撑，前期部分地区装置检修造成部分基础化学原料供给回落，同时宏观环境改善以及消费旺季来临对下游需求端有所提振，化工原料价格上涨势头延续至 10 月。年末，在石油价格快速走低的背景下，碱类检修普遍结束，原材料供应量大幅上涨，与此同时部分化工产品刚性需求回落，价格出现回落。受此影响，全年天津市化学原料和化学制品制造业价格比上年下降 6.2%。

（三）黑色金属行业价格低位震荡

全年来看，钢材的现实需求始终处于较弱的状态，淡旺季切换并不显著，受汇率波动、地产政策以及海外加息等宏观预期影响，钢材价格整体表现为下行流畅、上行谨慎。一季度，伴随楼市小阳春，地产销售逐步回暖，基建投资及项目开工均维持韧性，钢材价格环比上涨。进入二季度，海外衰退风险加剧，国内需求出现下降，钢厂利润持续下行，开启主动减产，钢材市场进入负反馈周期。三季度，原料现实需求偏强，钢厂生产维持高位，成本支撑钢价，钢材价格环比小幅上涨。进入四季度部分钢铁企业减产，供给收缩，成本端铁矿石价格上涨，粗钢和压延均有小幅上涨。叠加去年同期价格高位运行的基数影响，2023 年，天津市黑色金属冶炼和压延加工业价格较上年下降 7.8%。

（四）汽车制造业价格小幅下降

一季度，国 6B 标准实施将近，且汽车行业供需矛盾凸显，出现供大于求的局面，汽车市场出现降价潮，天津市部分车型出厂价格下调。4 月份在各类政策刺激下，汽车销售市场明显活跃，价格出现回升，5—12 月价格基本维持稳定，偶有小幅波动。主要受一季度降价潮影响，2023 年，天津市汽车制造业价格比上年下降 3.1%。

（五）有色金属价格震荡走低

年初，国内防控放开后刺激政策频出，经济复苏预期浓厚，助推铜价上行，一度攀升至年内高位。进入二季度，世界经济运行偏弱，欧美出现衰退预期，国内社融、房地产等多项经济数据疲软，刺激铜价跌至年内新低。下半年，铜价虽有攀升之势，运行重心逐步下移。整体来看，2023 年铜价变化较前两年有明显减弱，呈现震荡偏弱的趋势。在消费韧性持续而动力不足的背景下，全年铝价呈现震荡下行走势。上半年，受春节期间累库幅度超预期，消费偏弱影响，铝价持续在负区间震荡。三季度，国内传统消费淡季表现好于预期，库存持续去化，现货偏紧格局持续，推升铝价到达年内高点。四季度，受进口冲击现货市场，铝价开启下行通道。受此影响，全年天津市有色金属冶炼和压延加工业价格同比下降 5.0%。

（六）农副产品加工业价格高位回落

上半年，国际主要大豆原产国丰产，我国大豆及其产成品到港量增加，港口库存逐步累积，国内豆油、豆粕市场供应宽松，而需求增量有限，整体保持供大于求格局，整体行情反弹乏力，价格下行。三季度，受气候因素影响，大豆主产区产量下降，供应紧张，价格上涨并连续三个月维持高位。四季度，终端饲料行业进入淡季，终端入市保持谨慎，需求不佳按需采购，豆粕行情进入下行通道，价格持续走低。受此影响，天津市农副产品加工业价格比上年回落 3.9%。

四、2024 年工业生产者价格走势预测

2023 年，天津市 PPI 指数整体保持低位运行。2024 年，世界经济发展仍面临诸多不确定性，债务危机、通货膨胀、贸易不振等都将制约进一步发展，对大宗商品价格产生影响，预计全球经济将继续处于中低速增长轨道。国内经济运行回升向好的基本趋势没有改变，尽管存在外需收缩叠加内需不足，传统行业面临去产能压力，新兴产业增速放缓等制约价格上涨的因素，但随着中央经济工作会议各项政策的出台和落实，有效需求不足的问题会得到逐步缓解，工业价格将维持总体稳定，预计全年天津市工业生产者价格或将维持窄幅波动。

2023 年天津市住宅销售价格总体稳定
市场交易态势呈现明显特征

2023 年，在调控政策的支撑下，天津市房地产市场总体摆脱疫情影响，呈现出冲高回落、稳定活跃的态势。一季度呈现小阳春现象，二季度市场情绪逐步回落，9 月份调控政策优化促进市场回暖，四季度市场交易态势趋于稳定。2023 年天津市商品住宅销售价格总体稳定，市场后期走势需保持关注。

一、商品住宅销售价格总体保持平稳运行

（一）新建商品住宅销售价格同比指数逐步回升

从各月环比价格看，据国家统计局发布数据显示，天津市新建商品住宅销售价格 1—12 月呈现出前涨后稳的走势。上半年购房需求集中释放，环比涨幅相对较大，其中 1 月份环比上涨 0.3%，结束了自 2022 年 4 月以来新建商品住宅销售价格连续下降的走势，2 月份环比上涨 0.9%，为 2021 年 6 月以来的单月最大涨幅。三季度以来随着市场情绪的趋弱，开发商调整销售策略，住宅销售价格环比连续 3 个月小幅下降，四季度政策效应释放，环比价格企稳。

从同比价格看，新建商品住宅销售价格先降后涨，各月涨跌幅呈现出爬坡上行的走势。1—5 月同比降幅逐月收窄，6 月份同比上涨 0.2%，结束了 2022 年 4 月以来同比价格连续下降的走势，此后则保持连续 7 个月同比价格持续上涨的走势，其中 12 月同比上涨 2.3%，为 2021 年 12 月以来的同比最大涨幅。2023 年天津市新建商品住宅累计下降 0.1%，比上半年收窄 1.2 个百分点，比 2022 年收窄 2.0 个百分点。

（二）二手住宅销售价格总体震荡下行

与新建商品住宅略有不同，二手住宅销售价格环比呈现出震荡下行走势，各月价格降多涨少。国家统计局发布数据显示，天津市二手住宅销售价格 2 月、3 月、5 月、9 月环比分别小幅上涨 0.6%、0.1%、0.3%、0.1%，其中 2 月份为 2021 年 9 月以来的单月最大涨幅，其余月份则呈现出不同程度的下降，其中 8 月份环比下降 0.7%为各月环比最大降幅。

从同比价格看，天津市二手住宅各月销售价格同比呈持续下降走势，但降幅逐月收窄（除 8 月份小幅扩大外）。2023 年二手住宅销售价格累计下降 3.9%，比上半年收窄 1.3 个百分点。

（三）房价指数排位波动较大

在全国 70 个大中城市中，全国新建商品住宅和二手住宅销售价格环比上涨的城市数目自 3 月份后均逐月减少，天津市商品住宅销售价格环比指数波动相对较大，整体保持中等靠前位次。

在全国 70 个大中城市各月住宅销售价格同比指数排位中，天津市商品住宅销售价格同比指数排位呈现出逐月靠前的波动走势，其中 12 月份新建商品住宅与二手住宅销售价格同比指数均位于全国前 10。

二、市场交易态势呈现明显特征

（一）住宅成交量同比增长明显

据住建部门提供网签数据显示，2023 年天津市新建商品住宅累计成交 8.8 万套，同比上涨 22.7%；二手住宅累计成交 15.3 万套，同比增长 38.1%。2023 年天津市商品住宅成交量同比增长明显，年初“小阳春”期间市场交易较为活跃，3 月份成交量达到全年高点，其中新建商品住宅成交 11695 套，为 2021 年 6 月以

来的单月最大交易量，二手住宅成交 19441 套，为 2016 年 9 月以来的单月最大交易量。

（二）全年市场表现出“前高中低后稳”态势

随着年初疫情积攒的需求集中释放以及学区因素的带动，房地产预期表现良好，促进了天津市房地产市场呈现出一定的“小阳春”态势，一季度天津市房地产市场呈现出较为明显的回暖迹象，来访量及成交量比上年同期均呈现大幅增长。一季度商品住宅交易量呈现“井喷”，其中新建商品住宅累计成交 2.7 万套，比上年同期增长 70.8%，二手住宅累计成交 4.3 万套，比上年同期增长 104.6%。

随着疫情积攒的需求逐步释放完毕，市场情绪转弱，商品住宅市场交易态势呈现出持续回落的走势。8 月份新建商品住宅成交 4357 套，为 2020 年 3 月份疫情以来的低点，二手住宅成交 9545 套，为除 1 月份外年内月度成交低点。

9 月份，天津市根据房地产市场发展状况，及时实施力度较大的政策优化，稳定市场预期，提升住宅交易活跃度。政策调控对市场支撑效果明显，四季度房地产市场比前期呈现出稳定活跃态势。

（三）新建商品住宅供需两端总体均偏于谨慎

从供给端看，新建住宅市场 2022 年受疫情影响较重，开发商对 2023 年市场预期相对较低，市场供给偏于谨慎。据市住建部门提供数据显示，2018—2021 年各年新房上市面积均在 1100 万平方米以上，2023 年上市面积为 798 万平方米，比 2022 年虽有一定增长但较往年仍有较大差距。

从需求端看，2023 年新建商品住房网签销售面积为 966 万平方米，比 2022 年增长 169 万平方米，但比 2018—2021 各年度销售面积仍有一定差距。随着近期调控政策效力逐步趋于平稳，需求端对市场预期逐步趋于理性，收入不稳定、逾期风险、房价下跌等因素成为置业者的担忧，现房或准现房更符合置业者购房意愿。

（四）住宅交易显现出结构化特点

从商品住宅区域成交表现看，环城四区是新建商品住宅成交的热门区域，市内六区是二手住宅成交的热门区域。各区域新建商品住宅累计成交量在全市总成交量占比中，环城四区占 34.0%，滨海新区占 26.1%，远郊五区占 25.6%，市内六区占 14.3%；各区域二手住宅累计成交量在全市总成交量占比中，市内六区占 35.9%，环城四区占 26.1%，滨海新区占 20.0%，远郊五区占 18.0%。

从商品住宅面积成交状况看，新建商品住宅成交面积三个基本分类中，中等面积基本分类住宅成交比例最高，其中 90 平方米及以下住宅全年累计成交占成交总量的 31.3%，90—144 平方米住宅全年累计成交占成交总量的 62.4%，144 平方米以上的住宅全年累计成交占成交总量的 6.3%。二手住宅成交面积三个基本分类中，小面积基本分类住宅成交比例最高，其中 90 平方米及以下住宅全年累计成交占成交总量的 58.0%，90—144 平方米住宅全年累计成交占成交总量的 36.6%，144 平方米以上的住宅全年累计成交占成交总量的 5.4%。

三、市场走势预判

（一）市场交易态势保持稳定

2023 年天津市房地产市场总体表现相对较好，刚需及改善购房需求得到一定程度的支撑，当前形势下市场交易态势保持稳定，房地产从业者对 2024 年市场呈中性偏弱预期。一是 2023 年一季度疫情积攒的购房需求集中释放超出市场预期，具有一定偶发性，2024 年春节过后房地产市场将保持常态，住宅成交量同比将有所下滑；二是调控政策支撑效力逐步趋于平稳，供需双方均能够保持理性决策，当前形势下能够保持市场基本面的稳定运行；三是 2023 年土地市场同比有所好转，2024 年市场供给将有一定增长，当前需求相对稳定的形势下或将增加部分购房转化难度。

（二）市场仍然存在风险担忧

从 12 月份对全市 18 个楼盘及 30 个中介门店调研结果看，79.2%的调研对象表示当前房地产市场存在下行风险的担忧，54.2%的调研对象表示存在企业经营风险的担忧，50.0%的调研对象表示存在项目逾期交付风险的担忧。表明购房者对当前房地产市场价格走势特别是新房交付能力仍存在一定的顾虑，从而影响部分购房者的信心。

当前调控政策对市场信心具有明显的支撑作用，购房者主要存在房价继续下行、还款压力增大、楼盘逾期交付等三方面的顾虑，期盼政策进一步优化调整。近期调研结果显示，85.4%的调研对象表示当前调控政策适度或相对宽松，应保持政策的稳定性，另有 14.6%的调研对象表示需放松部分调控政策。

（三）住宅交易价格总体运行平稳

近期全国 70 个大中城市商品住宅销售价格下降的城市数目较多，房地产市场呈现出一定的下行压力，随着政策优化调整的效力趋弱，市场活跃度趋于稳定，住宅成交价格将呈现总体平稳、稳中有降的走势。12 月份调研结果显示，预期未来半年新建商品住宅销售价格稳中有降的楼盘占 83.3%，预期未来半年二手住宅销售价格稳中有降的中介门店占 96.7%。

2023年天津粮食生产特点分析

2023年，天津市严格落实粮食安全党政同责，抓紧抓实农业生产，毫不放松抓好田间管理，千方百计克服暴雨洪涝等自然灾害影响，奋力夺取粮食丰收，成绩来之不易。

一、粮食播种面积扩大，粮食总产量保持历史高水平

（一）粮食作物播种面积明显增加

在粮食安全政策、经济效益等多重因素带动下，天津市全年粮食作物播种面积达585.0万亩，同比增长3.5%。其中，谷物播种面积572.9万亩，同比增长3.1%;豆类播种面积达8.7万亩，同比增长20.5%;薯类播种面积为3.4万亩，同比增长58.0%。

（二）受灾害严重影响粮食综合单产下降

2023年全市粮食综合单产437.1 公斤/亩，同比减少3.6%；其中，谷物单产为441.1公斤/亩，同比减少3.5%；豆类单产为151.6公斤/亩，同比减少9.5%；薯类单产为502.1公斤/亩，同比增长10.0%。

（三）粮食总产量再获丰收

全市全年粮食产量为255.7万吨，同比减少0.2%，保持历史高水平，再获丰收；其中，谷物产量为252.7万吨，同比减少0.5%；豆类产量为1.3万吨，同比增长9.1%；薯类产量为1.7万吨，同比增长73.8%。

二、主要粮食作物变化特点

（一）主要粮食作物播种面积结构小幅调整

小麦播种面积为184.3万亩，比上年增加6.2万亩，同比增长3.5%，占全年粮食播种面积的31.5%，与上年持平。水稻播种面积为80.9万亩，比上年减少2.0万亩，降幅为2.4%，占全年粮食播种面积的13.8%，比上年减少0.8个百分点。玉米播种面积为291.3万亩，比上年增加10.5万亩，同比增长3.7%，占全年粮食播种面积的49.8%，比上年增加0.1个百分点。

（二）主要粮食作物单产有增有减

小麦单产为404.0公斤/亩，比上年减少5.5公斤/亩，同比下降1.3%。水稻单产为640.7公斤/亩，比上年增加5.8公斤/亩，同比增长0.9%。玉米单产为414.3公斤/亩，比上年减少26.6公斤/亩，减幅为6.0%。

（三）主要粮食作物产量占比略有变化

小麦产量为74.5万吨，比上年增加1.5万吨，同比增长2.1%，占全年粮食总产量的29.1%，比上年增加0.6个百分点。水稻总产量为51.8万吨，比上年减少0.8万吨，同比减少1.5%，占全年粮食总产量的20.3%，比上年减少0.3 个百分点。玉米总产量为120.7万吨，比上年减少3.1万吨，同比减少2.5%，占全年粮食总产量的47.2%，比上年减少1.1个百分点。

三、影响因素分析

（一）政策推动粮食作物播种面积增加

2023年，天津市持续强化政策扶持引导，发放耕地地力保护补贴、实际种粮农民一次性补贴等种粮补贴，实施小麦“一喷三防”补贴政策，出台大豆油料生产奖励政策，助推惠农政策精准落地。受种粮补贴、

粮食价格和种植效益带动，农户积极调整种植结构，其中不少种植户将原来种植一季玉米的耕地改为种植一季小麦和一季玉米，还有部分农户将蔬菜、果树等经济作物改种为粮食作物。同时，在防止耕地“非粮化”等政策推动下，我市积极开展退林还耕，倡导农民充分挖掘土地潜力，通过林下种植等措施应种尽种，有效提升耕地利用率。

（二）自然灾害导致主要粮食作物单产下降

2023 年，天津市粮食生产先后经历冬春旱寒叠加、春夏连旱、夏季高温、台风暴雨、蓄滞洪区启用等困难，主要粮食作物小麦、玉米平均单产都有不同程度下降。冬前分蘖期及越冬期，寒旱叠加，部分地块麦苗遭受冻害；返青期因初春气温偏低，麦苗偏弱；灌浆成熟期遭遇干旱天气，导致小麦灌浆不足、早衰干枯、粒重偏低。6 月中旬以前降水总量明显偏少，春播粮食作物出苗、生长均受到明显影响。7 月底天津市受台风“杜苏芮”和海河流域性特大洪水影响，全市粮食作物受灾 34.36 万亩，其中绝收 12.82 万亩。

（三）管理力度加大，有效减轻了灾害影响程度

面对复杂多变自然灾害，天津市农口部门认真抓好水源调度、田间管理、技术指导等工作，持续巩固农业综合生产能力，最大程度减轻灾害不利影响。一是强化技术指导服务。组织开展“奋战 100 天夺取夏粮丰收行动”和“奋战 100 天防灾减灾夺秋粮丰收行动”，制定分区域、分环节、分苗情技术指导意见，深入田间地头开展技术服务。二是狠抓病虫防控，开展“虫口夺粮”促丰收行动，大力推行专业化统防统治，提高防治效果。三是精准施策推动灾后恢复生产。下发《关于抓紧抓实农业生产尽快恢复农业农村正常秩序的通知》，并跟进印发《关于永定河泛区恢复农业生产实施方案》和《农田排涝工作方案》等恢复农业生产工作方案。协调水务部门开闸排水，最大程度减轻农田沥涝带来的不利影响。同时，充分发挥政策性保险作用，开辟“绿色通道”，简化理赔手续，迅速开展灾害评估。

2023年天津畜禽生产形势分析

2023年，天津市有力实施“乡村振兴全面推进行动”,千方百计抓好“菜篮子”畜产品稳定供给，猪肉产量明显增长，牛羊禽生产持续发展，但价格下跌、自然灾害等因素也对畜牧业生产造成了一定影响。

一、畜禽生产情况总体较好

2023年，天津市肉蛋奶产量均呈现明显增长态势，其中猪牛羊禽肉产量达到31.4万吨，同比增长6.8%；禽蛋产量达到23.2万吨，同比增长14.6%；牛奶产量达到54.1万吨，同比增长5.8%。

（一）猪肉产量明显增长，生猪产能出现萎缩

1.猪肉产量明显增长，市场供应得到有效保障

2023年全市出栏生猪205.4万头，同比增长2.4%，猪肉产量17.4万吨，同比增长4.0%。分季度来看，1-4季度分别出栏生猪59.7万头、49.2万头、48.7万头和47.8万头，其中1-3季度同比分别增长17.2%、4.9%、8.9%，四季度受生猪存栏减少和春节消费旺季推迟的双重影响，出栏同比减少17.5%。全年生猪出栏同比平稳增长，猪肉市场供应得到有效保障。

2.生猪存栏量逐季下降

1-4季度末，天津市生猪存栏分别为147.3万头、142.5万头、138.9万头、117.0万头，季度环比分别减少7.2%、3.3%、2.5%、15.8%。其中，1-4季度末能繁母猪存栏分别为19.4万头、18.4万头、17.3万头、15.4万头，一季度环比增长0.7%，2-4季度分别减少5.2%、6.0%、10.6%。年末存栏同比减少26.3%，其中能繁母猪存栏同比减少19.8%。

生猪存栏量的下降，主要受两方面因素影响：一是生猪价格长时间低位徘徊，养殖出现亏损。生猪调出大县①监测结果显示，2023年生猪平均出栏价格为每公斤15.1元，同比下跌18.3%。生猪养殖全年多数时期处于亏损状态，仅在8月和9月实现了短期盈利，出栏一头肥猪平均亏损120.7元。二是蓄滞洪区启用对部分地区生猪生产造成影响。据了解，天津市因泄洪紧急清栏和被淹死亡的生猪数量在4万头以上。

（二）牛羊生产规模再创新高

2023年末，全市牛存栏达到31.4万头，比上年增加1.3万头，增长4.4%。其中，肉牛存栏20.8万头，同比增长5.7%，奶牛存栏10.6万头，同比增长2.0%。羊存栏51.3万只，比上年增加0.6万只，增长1.2%。牛羊存栏均达到近十七年最高水平。

牛羊生产规模的持续扩大，奠定了较好的出栏基础，2023年牛羊供给增幅扩大。2023年牛出栏达到16.9万头，同比增长8.0%，羊出栏46.2万只，同比增长11.8%，增幅比上年分别扩大3.1和10.7个百分点。牛奶产量54.1万吨，同比增长5.8%。

（三）家禽生产形势向好

2023年，天津市鸡蛋平均价格为9.52元/公斤，同比上涨0.8%，得益于鸡蛋价格平稳略涨和蛋鸡产业集群引领作用凸显，2023年末蛋鸡存栏达到1538.8万只，同比增长3.7%，鸡蛋产量达到23.0万吨，同比增长14.6%。

2023年肉鸡平均出栏价格为10.06元/公斤，同比上涨2.3%，在价格上涨的带动下，养殖户主动加快出

① 本文所指生猪调出大县包括宝坻区、宁河区、蓟州区。

栏节奏，2023 年活鸡出栏达到 5621.4 万只，同比增长 9.1%。由于四季度肉鸡价格有所回落，为 9.28 元/公斤，同比下降 14.3%。加之年末严寒天气增加取暖成本和养殖难度，空栏停养户较多，肉鸡存栏出现阶段性减少，年末肉鸡存栏为 575.9 万只，同比减少 10.1%。

二、畜牧业生产特点

（一）畜产品价格下行压力较大

2023 年，天津市生猪、肉牛、牛奶、肉羊价格同比分别下降 16.8%、12.4%、2.7%、1.6%，鸡蛋价格持平略降 0.1%，仅肉鸡价格上涨 2.2%。价格持续低迷带来较大的资金压力，打击养殖户信心，是造成生猪存栏缩减的主要原因。

（二）畜禽疫病风险仍需关注

畜禽疫情是影响畜牧业生产的重要因素。宝坻一家生猪养殖户表示，虽然上年猪价下行造成了一定资金损失，但通过降本增效仍能坚持饲养等待价格回升，目前最担心的仍然是疫情风险，一旦疫情发生，将造成养殖场全面亏损。在当前畜产品价格下行阶段，尤其要防止养殖户为节约成本忽视防疫工作的重要性。

（三）生猪生产效率仍有提升空间

2023 年，天津市生猪出栏率为 129.3%，比上年增长 12.2 个百分点，但仍明显低于全国 160.6%的平均水平。生猪出栏率偏低，主要是由于生猪养殖周期较长，2023 年三个生猪调出大县生猪平均出栏体重为 131.1 公斤，养殖周期普遍在 7 个月以上，与养殖 6 个月相比，拉低出栏率 23.5 个百分点。

母猪产仔率方面，三个生猪调出大县能繁母猪年平均产仔 11.3 头，较上年同期增加 1.3 头，但仍明显低于常年 15 头左右的平均水平。能繁母猪生产效率不足主要受养殖户因市场行情控制配种和母猪生产效能下降的影响。

三、促进畜牧业生产稳定发展的建议

（一）稳促结合提升畜牧业生产能力

一是抵御价格下行压力，稳定畜禽生产规模。增加对养殖场户的补贴、贷款支持力度，帮助养殖场户解决资金困难，防止出现大规模恐慌性抛售，确保畜牧业生产总体稳定。二是促进生猪生产加速恢复。近期，饲料价格明显回落，生猪价格出现企稳迹象，为恢复生产创造了有利条件，建议加大补贴支持和宣传引导力度，推动养殖户加速补栏增养。

（二）强化疫病防控，助力畜牧业生产健康发展

一是继续健全畜禽疫情防控机制。强化散发疫病的排查溯源，查漏补缺，最大程度降低疫病风险。二是开展集中免疫，确保免疫密度和免疫效果。三是加强技术指导，提升养殖户防疫知识技能水平。

（三）推动大型养殖企业扩大养殖规模，整合中小养殖场户，增强发展能力

大型养殖场资金实力雄厚，具有较强的逆势扩张能力，如天津市新希望、中粮、原种猪场、嘉禾牧业四家生猪养殖企业 2023 年共出栏生猪 32.8 万头，同比增长 61.7%，占全市的比重上升至 16.0%，同比提高 5.9 个百分点，拉动全市出栏增长 6.2 个百分点，对稳定生猪生产起到重要作用。但与其他省市相比，天津市大型养殖场数量规模仍有发展空间。2023 年天津市大型养殖场（户）出栏占比为 21.9%，而江苏等省已超过 50%。建议加大对大型生猪企业支持力度，推动其适时适度扩大养殖规模并通过“公司+农户”、托管租赁、入股加盟等方式整合中小养殖场（户），带动全市生猪养殖降本增效，增强发展能力。

二、居民生活

Chapter 2
PEOPLE'S LIVING CONDITIONS

2-1 全市居民家庭基本情况
Basic Conditions of Citywide Households (2019-2023)

项目	Item	单位	Unit	2019	2020	2021	2022	2023
一、调查样本户数	**Number of Households Surveyed**	户	**household**	**4000**	**4000**	**4000**	**4000**	**4000**
1.城镇住户	Urban	户	household	3200	3200	3200	3200	2900
2.农村住户	Rural	户	household	800	800	800	800	1100
二、调查样本户结构	**Structure of Household**							
1.城镇住户	Urban	%		80.0	80.0	80.0	80.0	72.5
2.农村住户	Rural	%		20.0	20.0	20.0	20.0	27.5
三、住户基本情况	**Basic Conditions of Households**							
户均常住成员	Average Number of Permanent Residents Per Household	人/户	person/ household	2.85	2.84	2.80	2.79	2.68
户均就业成员	Average Number of Employees Per Household	人/户	person/ household	1.39	1.31	1.33	1.26	1.20
平均每户就业人口比重	Average Employment Proportion Per Household	%		48.6	46.0	47.4	45.3	44.8
平均每一就业者负担人口	Average Number of Dependents Per Employee	人	person	2.06	2.18	2.11	2.21	2.23
四、住户常住成员户口登记地	**Registered Location of Permanent Residents**							
1.本村(居委会)	Home Village or Residents' Committee	%		74.6	74.4	75.7	76.2	76.3
2.本乡(镇、街道)其他村(居)委会	Other Villages in the Township	%		6.9	7.1	7.4	7.6	8.9
3.本县(市、区、旗)其他乡(镇、街道)	Other Townships in the County	%		5.7	5.8	5.1	5.6	5.3
4.其他县(市、区、旗)	Other Counties	%		12.7	12.7	11.9	10.6	9.5
5.其他(如户口待定)	Others	%						
五、住户6周岁及以上成员受教育程度	**Education Level of Residents Above 6-Year-Old**							
1.未上过学	Non-Educated	%		1.4	1.5	1.2	1.4	1.2
2.小学	Primary School	%		15.3	15.7	14.1	13.8	15.7
3.初中	Junior Middle School	%		31.5	31.4	31.5	31.4	28.0
4.高中	Senior Middle School	%		21.4	21.5	21.9	21.9	21.3
5.大学专科	Junior College	%		14.2	14.1	13.8	13.8	13.7
6.大学本科	Undergraduate College	%		14.5	14.2	15.8	15.8	18.1
7.研究生	Graduate	%		1.6	1.6	1.8	1.9	2.1
六、住户从业人员参加养老保险情况	**Pension Insurance**							
其中：1.城镇职工基本养老保险	Urban Employee Pension Insurance	%		61.7	62.6	68.3	68.9	73.2
2.城乡居民基本养老保险	Urban-Rural Residents Basic Pension Insurance	%		23.0	23.1	22.8	22.5	19.1
3.商业养老保险	Business Pension Insurance	%		1.6	1.3	1.1	1.1	1.0
4.其他养老保险	Others	%						
5.没有参加任何养老保险	No Pension Insurance	%		14.5	13.6	8.4	8.0	7.2
七、住户从业人员参加医疗保险情况	**Medical Care Insurance**							
其中：1.城镇职工基本医疗保险	Urban Employee Basic Medical Care Insurance	%		60.8	60.8	65.9	66.9	71.4
2.城乡居民基本医疗保险	Urban-Rural Residents Basic Medical Care Insurance	%		35.5	36.1	32.3	31.9	27.7
3.公费医疗	Socialized Medical Care	%						
4.商业医疗保险	Business Medical Care Insurance	%		2.5	2.4	2.6	2.2	3.5
5.其他医疗保险	Others	%						
6.没有参加任何医疗保险	No Medical Care Insurance	%		1.8	1.2	0.8	0.9	0.6
八、住户从业人员行业分布	**Industry Distribution**							
1.第一产业	Primary Industry	%		4.2	4.0	5.9	5.3	3.7
2.第二产业	Secondary Industry	%		29.1	29.8	30.1	30.8	30.6
3.第三产业	Tertiary Industry	%		66.7	66.2	64.0	63.9	65.6

2-1 续表 1 continued

项 目	Item	单位	Unit	2019	2020	2021	2022	2023
九、住户从业人员职业分布	**Profession Distribution**							
1.国家机关、党群组织、企业、事业单位负责人	Directors of Government Agency, CPC or Mass Organizations, Enterprises and Institutions	%		1.2	1.0	1.1	1.0	0.7
2.专业技术人员	Professional Staff	%		17.9	17.5	17.0	17.0	18.0
3.办事人员和有关人员	Clerks	%		28.8	29.3	30.2	30.5	29.9
4.商业、服务业人员	Commercial and Service Personnel	%		27.4	28.3	28.4	28.3	32.2
5.农、林、牧、渔、水利业生产人员	Primary Industry and Irrigation Workers	%		4.3	4.1	6.1	5.5	3.5
6.生产、运输设备操作人员及有关人员	Equipment Operators	%		20.3	19.8	17.2	17.8	15.6
7.军人	Soldiers	%		0.1	0.1	0.0	0.0	0.2
8.不便分类的其他从业人员	Others	%						
十、住户从业人员就业分布	**Employment Distribution**							
1.雇主	Employers	%		0.3	0.1	0.3	0.3	0.6
2.公职人员	Public Servants	%		1.6	1.3	1.4	1.7	2.1
3.事业单位人员	Institutions Staff	%		7.3	7.0	7.2	6.7	6.8
4.国有企业雇员	State-Owned Enterprise Employees	%		10.7	9.9	10.8	10.7	9.7
5.其他雇员	Other Employees	%		68.3	70.3	67.8	68.7	68.5
6.农业自营	Agricultural Managers	%		3.3	3.2	4.8	4.3	3.0
7.非农自营	Secondary and Tertiary Industry Managers	%		8.4	8.2	7.6	7.5	9.3
十一、住户成员健康状况	**Health Condition**							
1.健康	Healthy	%		89.8	89.8	92.4	92.8	92.2
2.基本健康	General Healthy	%		7.5	7.6	5.8	5.4	5.8
3.不健康，但生活能自理	Unhealthy but Independent	%		2.1	2.1	1.5	1.4	1.7
4.生活不能自理	Dependent	%		0.6	0.5	0.4	0.4	0.3
十二、常住居民收入与支出	**Income and Expenditure**							
全体居民人均可支配收入	Per-Capita Disposable Income	元/人	yuan/person	42404	43854	47449	48976	51271
全体居民人均消费支出	Per-Capita Consumption Expenditure	元/人	yuan/person	31854	28461	33188	31324	34914
平均消费倾向	Average Propensity to Consume	%		75.1	64.9	69.9	64.0	68.1
十三、住户现住房居住空间样式	**Housing Style**							
1.单栋楼房	Single Building	%		0.8	0.8	1.1	1.4	1.5
2.单栋平房	Single Bungalow	%		21.5	21.8	21.9	21.8	16.0
3.四居室及以上单元房	Apartment with 4 Bedrooms or More	%		0.3	0.3	0.4	0.4	0.8
4.三居室单元房	Apartment with 3 Bedrooms	%		12.3	12.0	13.4	13.5	17.4
5.二居室单元房	Apartment with 2 Bedrooms	%		50.4	50.5	50.2	50.4	51.0
6.一居室单元房	Apartment with 1 Bedroom	%		12.6	12.5	11.3	11.1	12.3
7.筒子楼或连片平房	Tube-Shaped Apartment or Cottage	%		2.1	2.1	1.8	1.4	1.1
8.其他	Others	%						
十四、住户现住房房屋来源	**Source of House**							
1.租赁公房	Rent Public House	%		7.3	7.0	6.5	6.3	6.5
2.租赁私房	Rent Private House	%		4.4	4.3	2.5	2.4	8.4
3.自建住房	Self-Help House	%		22.6	22.7	22.5	22.1	15.7
4.购买商品房	Purchased Commercial House	%		43.1	42.9	47.0	46.9	49.0
5.购买房改住房	Purchased Public House	%		10.1	10.5	7.8	8.0	6.9
6.购买保障性住房	Purchased Social House	%		1.9	1.7	2.1	2.2	0.2
7.拆迁安置房	Resettlement House	%		8.6	9.0	10.0	10.1	11.9
8.其他	Others	%		2.1	1.8	1.6	2.1	1.5

2-1 续表 2 continued

项 目	Item	单位 Unit	2019	2020	2021	2022	2023
十五、住户主要饮用水来源情况	**Source of Drinking Water**						
1.经过净化处理的自来水	Tap Water	%	95.6	96.0	96.0	96.5	97.7
2.受保护的井水和泉水	Protected Wells and Springs	%	3.2	2.7	2.7	2.6	1.7
3.不受保护的井水和泉水	Unprotected Wells and Springs	%					
4.江河湖泊水	River and Lake Water	%					
5.收集雨水	Collected Rain Water	%					
6.桶装水	Bottled Water	%	1.3	1.3	1.3	0.9	0.6
7.其他水源	Others	%					
十六、住户主要取暖用能源状况	**Fuel for Heating**						
1.柴草	Firewood	%					
2.煤炭	Coal	%	5.5	4.4	2.1	1.9	1.3
3.罐装液化石油气	Canned Liquefied Petroleum Gas	%					
4.管道液化石油气	Pipeline Liquefied Petroleum Gas	%					
5.管道煤气	Pipeline Coal Gas	%					
6.管道天然气	Pipeline Natural Gas	%	7.3	9.2	7.6	9.0	7.1
7.电	Electricity	%	4.4	5.1	6.3	5.6	4.8
8.燃料用油	Fuel Oil	%					
9.沼气	Methane	%					
10.其他	Others	%					
11.集中供暖	Central Heating	%	82.8	81.3	84.0	83.6	86.7
十七、住户主要炊用能源状况	**Fuel for Cooking**						
1.柴草	Firewood	%	0.3	0.1	0.1	0.1	0.1
2.煤炭	Coal	%	0.1	0.1			
3.罐装液化石油气	Canned Liquefied Petroleum Gas	%	17.5	16.8	12.4	12.1	8.6
4.管道液化石油气	Pipeline Liquefied Petroleum Gas	%					
5.管道煤气	Pipeline Coal Gas	%					
6.管道天然气	Pipeline Natural Gas	%	78.8	79.7	83.5	83.9	88.4
7.电	Electricity	%	2.5	2.4	3.1	3.0	2.2
8.燃料用油	Fuel Oil	%					
9.沼气	Methane	%					
10.其他	Others	%					
11.无炊用行为	No Cooking Behavior	%	0.8	0.9	0.9	0.9	0.7
十八、住户厕所类型	**Toilet Type**						
1.水冲式卫生厕所	Sanitary Water Flush Toilet	%	94.0	96.6	99.2	99.5	99.8
2.卫生旱厕	Sanitary Dry Toilet	%	2.9	2.3	0.7	0.5	0.2
3.普通旱厕	Common Dry Toilet	%	2.8	0.8	0.1	0.0	0.0
4.无厕所	No Toilet	%	0.3	0.3			
十九、住户洗澡设施情况	**Bath Facilities**						
1.统一供热水	Unified Supply of Hot Water	%	4.1	4.0	3.9	3.4	2.1
2.家庭自装热水器	Water Heater Installed by Household	%	92.4	93.3	94.3	95.2	95.8
3.其他	Others	%	1.0	1.1	0.6	1.0	1.2
4.无洗澡设施	No Bath Facilities	%	2.4	1.7	1.2	0.3	0.9

2-2 全市居民人均食品消费量
Per Capita Consumption of Foods of Citywide Households (2019-2023)

单位：公斤 (kg)

项　目	Item	2019	2020	2021	2022	2023
粮食	Grain	115.2	111.1	107.2	101.2	98.1
#谷物	Cereals	104.6	100.2	96.0	90.3	88.1
薯类	Tuber	3.2	3.5	3.3	3.1	2.7
豆类	Beans and Products	7.3	7.5	8.0	7.8	7.3
食用油	Edible Oil and Fats	8.7	9.6	8.5	8.3	7.4
蔬菜及食用菌	Vegetables and Edible Fungi	114.1	117.2	116.3	113.5	109.3
#鲜菜	Fresh Vegetables	110.6	113.5	112.4	109.9	105.6
肉及制品	Meat and Meat Products	24.7	23.8	27.5	28.4	29.1
#猪肉	Pork	15.0	14.1	17.6	18.3	18.3
牛羊肉	Beef and Mutton	5.4	5.6	5.4	5.7	6.1
家禽及制品	Poultry and Poultry Products	6.1	7.0	6.7	6.5	6.6
水产及制品	Aquatic Products	17.4	16.8	17.3	17.2	16.7
蛋类及蛋制品	Eggs and Related Products	18.5	21.5	20.0	20.2	19.9
#鲜蛋	Eggs	17.7	20.7	19.3	19.5	19.2
奶和奶制品	Milk and Dairy Products	17.0	16.8	17.2	17.3	16.2
鲜瓜果	Fresh Melons and Fruits	82.6	78.7	77.6	75.2	79.7

2-3 全市居民家庭年末每百户主要耐用消费品拥有量
Main Durable Goods Owned Per 100 Households Citywide (2019-2023)

项　目	Item	单位	unit	2019	2020	2021	2022	2023
摩托车	Motorcycle	辆	unit	4.0	3.9	2.7	2.6	2.2
助力车	Electric Bicycle	辆	unit	50.3	51.6	57.3	58.1	49.6
家用汽车	Automobile	辆	unit	47.8	52.7	57.6	61.9	67.3
洗衣机	Washing Machine	台	set	102.0	100.1	100.1	100.3	99.9
电冰箱(柜)	Refrigerator	台	set	104.4	104.1	104.6	105.0	104.1
彩色电视机	Color Television Set	台	set	112.0	111.4	109.9	109.4	104.1
家用电脑	Micro-Computer	台	set	68.6	66.9	60.8	61.0	60.1
照相机	Camera	架	set	19.3	18.5	12.8	12.9	10.3
微波炉	Microwave Oven	台	set	71.6	69.5	70.8	72.0	74.1
空调器	Air Conditioner	台	set	150.5	160.3	175.2	176.4	186.3
热水器	Water Heater	台	set	96.1	98.3	96.2	96.6	97.7
固定电话	Telephone	部	set	28.8	27.3	21.5	20.7	15.0
移动电话	Mobile Telephone	部	set	235.7	235.8	239.1	239.5	233.9

2-4 城乡居民人均可支配收入和消费支出
Per Capita Disposable Income and Consumption Expenditure of Urban and Rural Households (1978-2023)

单位：元 (yuan)

年 度 Year	人均可支配收入 Per Capita Disposable Income			人均消费支出 Per Capita Consumption Expenditure		
	城镇居民 Urban Households	农村居民 Rural Households	城乡居民收入比 (农村居民收入＝100) Ratio of Urban-Rural Households' Income (Rural Households' Disposable Income=100)	城镇居民 Urban Households	农村居民 Rural Households	城乡居民消费支出比 (农村居民消费＝100) Ratio of Urban-Rural Households' Consumption Expenditure (Rural Households' Consumption Expenditure=100)
1978	388	153	253.6	345	132	261.4
1979	425	179	237.4	385	135	285.2
1980	527	278	189.6	475	208	228.0
1981	540	298	181.3	486	249	195.0
1982	577	326	176.9	497	267	186.4
1983	604	412	146.7	521	336	154.8
1984	728	505	144.3	600	371	161.7
1985	876	565	155.2	771	426	180.9
1986	1070	635	168.5	949	480	197.6
1987	1187	749	158.4	1071	539	198.8
1988	1330	891	149.2	1279	714	179.1
1989	1478	1020	144.9	1291	781	165.2
1990	1639	1069	153.3	1440	733	196.6
1991	1845	1169	157.9	1586	796	199.3
1992	2238	1309	171.0	1907	847	225.3
1993	2769	1473	188.0	2322	938	247.6
1994	3982	1836	216.9	3301	1161	284.4
1995	4930	2406	204.9	4064	1548	262.5
1996	5967	3000	198.9	4680	1957	239.1
1997	6609	3244	203.8	5204	1882	276.5
1998	7053	3388	208.2	5482	2008	273.1
1999	7527	3396	221.7	5875	1963	299.3
2000	7946	3598	220.9	6158	2088	294.9
2001	8672	3911	221.7	7045	2179	323.4
2002	8968	4229	212.1	7265	2334	311.2
2003	9823	4502	218.2	7964	2543	313.2
2004	10831	4938	219.4	8930	2945	303.2
2005	11839	5475	216.2	9813	3442	285.1
2006	13266	6096	217.6	10745	3850	279.1
2007	15062	6845	220.1	12280	4142	296.5
2008	17726	7705	230.0	13732	4550	301.8
2009	19371	8441	229.5	15174	5167	293.7
2010	21800	9764	223.3	17015	6072	280.2
2011	24158	11941	202.3	18928	8273	228.8
2012	26586	13593	195.6	20572	10254	200.6
2013	28980	15353	188.8	22306	12491	178.6
2014	31506	17014	185.2	24290	13739	176.8
2015	34101	18482	184.5	26230	14739	178.0
2016	37110	20076	184.8	28345	15912	178.1
2017	40278	21754	185.2	30284	16386	184.8
2018	42976	23065	186.3	32655	16863	193.6
2019	46119	24804	185.9	34811	17843	195.1
2020	47659	25691	185.5	30895	16844	183.4
2021	51486	27955	184.2	36067	19285	187.0
2022	53003	29018	182.7	33824	18934	178.6
2023	55355	30851	179.4	37586	21553	174.4

注：本表2013年及以后为一体化住户调查新口径数据，2012年及以前数据为按可比口径回溯获得。表2-5至2-6同。

Note: The data of the year 2013 and later in the table are integrated household survey data in new scope, the year 2012 and before are reckoned at comparable coverage. Same as table 2-5 to 2-6.

2-5 城乡居民人均可支配收入和消费支出实际指数

Real Indices of Per Capita Disposable Income and Consumption Expenditure of Urban and Rural Households (1978-2023)

年 度 Year	人均可支配收入实际指数 Real Index of Per Capita Disposable Income (1978=100)		人均消费支出实际指数 Real Index of Per Capita Consumption Expenditures(1978=100)	
	城镇居民 Urban Households	农村居民 Rural Households	城镇居民 Urban Households	农村居民 Rural Households
1978	100.0	100.0	100.0	100.0
1979	108.4	115.8	110.6	101.3
1980	127.8	171.2	129.6	148.7
1981	129.2	180.9	131.0	175.6
1982	137.5	197.2	133.3	187.0
1983	143.4	247.7	139.1	234.9
1984	169.8	298.2	157.4	254.4
1985	180.5	294.9	178.8	258.2
1986	206.5	310.8	206.3	272.4
1987	214.5	343.5	218.1	286.3
1988	205.5	349.7	222.6	324.4
1989	199.1	349.0	196.1	309.8
1990	214.5	354.9	212.4	282.2
1991	219.2	352.4	212.2	278.0
1992	238.7	354.2	229.2	265.5
1993	251.1	338.9	237.4	250.1
1994	291.3	340.6	272.3	249.6
1995	312.8	387.3	290.9	288.8
1996	347.6	443.1	307.2	335.0
1997	373.3	464.3	331.4	312.6
1998	400.1	487.1	350.6	335.1
1999	431.8	493.4	380.1	331.4
2000	457.7	524.5	399.9	353.9
2001	493.4	563.3	451.8	364.9
2002	512.1	611.2	467.7	392.6
2003	555.1	644.2	507.4	423.2
2004	598.4	690.6	556.1	479.1
2005	644.5	754.8	602.3	551.9
2006	711.5	828.0	649.9	608.2
2007	774.9	892.6	712.9	628.3
2008	865.5	953.3	756.4	655.3
2009	955.5	1055.3	844.1	751.6
2010	1038.7	1179.9	914.2	853.1
2011	1096.8	1375.7	969.0	1107.3
2012	1175.8	1524.3	1025.2	1336.5
2013	1242.8	1669.1	1077.5	1578.4
2014	1326.1	1814.3	1151.9	1703.1
2015	1411.0	1937.7	1223.3	1796.8
2016	1504.1	2061.7	1295.5	1901.0
2017	1598.9	2189.5	1355.0	1918.1
2018	1672.4	2274.9	1432.3	1935.4
2019	1747.5	2382.1	1486.7	1994.0
2020	1770.2	2417.9	1293.4	1844.5
2021	1887.1	2596.8	1490.0	2084.3
2022	1905.9	2646.1	1370.8	2007.1
2023	1982.2	2802.2	1517.5	2276.1

2-6 城乡居民平均消费率和恩格尔系数

The Average Consumption Rate & Engel's Coefficient of Urban and Rural Households (1978-2023)

单位：%　　　　(%)

年 度 Year	城镇居民 Urban Households		农村居民 Rural Households	
	平均消费率 Average Consumption Rate	恩格尔系数 Engel's Coefficient	平均消费率 Average Consumption Rate	恩格尔系数 Engel's Coefficient
1978	88.9	58.1	86.3	59.8
1979	90.6	57.0	75.4	64.4
1980	90.1	54.9	74.8	56.7
1981	90.0	55.8	83.8	50.6
1982	86.1	58.5	81.9	50.6
1983	86.2	61.2	81.7	48.7
1984	82.4	60.9	73.8	49.2
1985	88.0	54.4	75.5	47.4
1986	88.7	54.5	75.6	49.0
1987	90.2	54.0	72.0	49.9
1988	96.2	52.1	80.1	46.1
1989	87.4	58.6	76.6	47.8
1990	87.9	57.9	68.6	54.0
1991	85.9	58.6	68.1	52.4
1992	85.2	57.6	64.7	51.0
1993	83.9	54.6	63.7	50.6
1994	82.9	52.1	63.2	56.3
1995	82.4	52.1	64.3	57.0
1996	78.4	51.3	65.3	52.3
1997	78.7	46.7	58.0	51.1
1998	77.7	43.6	59.3	46.1
1999	78.1	41.8	57.8	47.6
2000	77.5	39.8	58.0	39.5
2001	81.2	36.3	55.7	42.0
2002	81.0	35.2	55.2	36.8
2003	81.1	36.0	56.5	36.8
2004	82.4	35.3	59.7	36.4
2005	82.9	34.5	62.9	36.0
2006	81.0	32.6	63.2	33.5
2007	81.5	32.9	60.5	35.4
2008	77.5	34.4	59.1	37.4
2009	78.3	33.7	61.2	39.5
2010	78.1	32.9	62.2	37.3
2011	78.4	32.9	69.3	30.6
2012	77.4	33.2	75.4	32.0
2013	77.0	32.6	81.4	30.9
2014	77.1	33.2	80.8	31.4
2015	76.9	32.2	79.8	29.5
2016	76.4	30.6	79.3	31.3
2017	75.2	31.2	75.3	29.6
2018	76.0	28.8	73.1	29.6
2019	75.5	27.9	71.9	30.8
2020	64.8	29.5	65.6	33.4
2021	70.1	26.9	69.0	33.1
2022	63.8	29.2	65.3	34.5
2023	67.9	27.6	69.9	32.3

2-7 全市居民人均可支配收入及构成
Per Capita Disposable Income and Composition of Citywide Households (2019-2023)

项　　目	Item	2019	2020	2021	2022	2023
人均可支配收入(元)	**Per Capita Disposable Income (yuan)**	**42404**	**43854**	**47449**	**48976**	**51271**
工资性收入	Income of Wages and Salaries	27002	27339	29775	31026	32361
经营净收入	Net Business Income	3095	2797	3243	3106	3458
财产净收入	Net Income from Property	3908	4240	4576	4287	4577
转移净收入	Net Income from Transfer	8398	9478	9855	10556	10875
#养老金或离退休金	Pensions and Retirement Pay	9675	10579	10996	11864	12010
人均可支配收入构成(%)	**Composition of Per Capita Disposable Income (%)**	**100.0**	**100.0**	**100.0**	**100.0**	**100.0**
工资性收入	Income of Wages and Salaries	63.7	62.3	62.8	63.3	63.1
经营净收入	Net Business Income	7.3	6.4	6.8	6.3	6.7
财产净收入	Net Income from Property	9.2	9.7	9.6	8.8	8.9
转移净收入	Net Income from Transfer	19.8	21.6	20.8	21.6	21.2
#养老金或离退休金	Pensions and Retirement Pay	22.8	24.1	23.2	24.2	23.4

2-8 全市居民人均消费支出及构成
Per Capita Consumption Expenditure and Composition of Citywide Households (2019-2023)

项　　目	Item	2019	2020	2021	2022	2023
人均消费支出(元)	**Per Capita Consumption Expenditure (yuan)**	**31854**	**28461**	**33188**	**31324**	**34914**
食品烟酒	Food, Tobacco and Liquor	8984	8516	9138	9313	9815
衣　着	Clothing and Footwear	2000	1712	1872	1630	1796
居　住	Housing	6946	7035	7520	7468	7772
生活用品及服务	Household Equipments, Furnishings and Services	1957	1669	1941	1789	1927
交通通信	Transport and Communications	4236	3779	4390	3889	4698
教育文化娱乐	Education, Culture and Recreation	3584	2254	3372	2546	3673
医疗保健	Health Care and Medical Services	2992	2646	3748	3555	3937
其他用品及服务	Miscellaneous Goods and Services	1155	850	1207	1133	1296
人均消费支出构成(%)	**Composition of Per Capita Consumption Expenditure (%)**	**100.0**	**100.0**	**100.0**	**100.0**	**100.0**
食品烟酒	Food, Tobacco and Liquor	28.2	29.9	27.5	29.7	28.1
衣　着	Clothing and Footwear	6.3	6.0	5.6	5.2	5.1
居　住	Housing	21.8	24.7	22.7	23.8	22.3
生活用品及服务	Household Equipments, Furnishings and Services	6.1	5.9	5.8	5.7	5.5
交通通信	Transport and Communications	13.3	13.3	13.2	12.4	13.5
教育文化娱乐	Education, Culture and Recreation	11.3	7.9	10.2	8.1	10.5
医疗保健	Health Care and Medical Services	9.4	9.3	11.3	11.4	11.3
其他用品及服务	Miscellaneous Goods and Services	3.6	3.0	3.6	3.6	3.7

2-9 全市居民人均消费支出

Per Capita Consumption Expenditure of Citywide Households (2019-2023)

单位：元 (yuan)

项 目	Item	2019	2020	2021	2022	2023
人均消费支出	**Per Capita Consumption Expenditure**	**31854**	**28461**	**33188**	**31324**	**34914**
(一)食品烟酒	Food, Tobacco and Liquor	8984	8516	9138	9313	9815
1.食品	Food	5270	5652	5395	5748	5464
2.烟酒	Tobacco and Liquor	749	701	766	816	897
3.饮料	Drink	247	232	271	306	325
4.饮食服务	Catering Services	2717	1931	2707	2444	3129
(二)衣着	Clothing and Footwear	2000	1712	1872	1630	1796
1.衣类	Clothes	1557	1318	1470	1274	1453
2.鞋类	Shoes	442	394	402	356	343
(三)居住	Housing	6946	7035	7520	7468	7772
1.租赁房房租	Rent of Rental Housing	323	304	210	182	534
2.住房维修及管理	Housing Maintenance and Management	750	752	908	1000	1190
3.水电燃料及其他	Water, Electricity, Fuel and Others	1430	1408	1395	1363	1454
4.自有住房折算租金	Imputed Rents of Owner-occupied Dwelling	4444	4572	5007	4924	4594
(四)生活用品及服务	Household Equipments, Furnishings and Services	1957	1669	1941	1789	1927
1.家具及室内装饰品	Furniture and Interior Decoration	332	241	340	323	349
2.家用器具	Household Appliances	411	363	430	398	463
3.家用纺织品	Home Textiles	117	108	133	124	137
4.家庭日用杂品	Family Daily Groceries	490	384	398	386	435
5.个人用品	Personal Products	486	465	500	446	443
6.家庭服务	Family Services	120	109	140	113	99
(五)交通通信	Transport and Communications	4236	3779	4390	3889	4698
1.交通	Transportations	3250	2823	3456	2928	3831
2.通信	Communications	986	955	934	961	867
(六)教育文化娱乐	Education, Culture and Recreation	3584	2254	3372	2546	3673
1.教育	Education	2005	1420	2283	1643	2085
2.文化娱乐	Culture and Recreation	1579	833	1089	903	1588
(七)医疗保健	Health Care and Medical Services	2992	2646	3748	3555	3937
1.医疗器具及药品	Medical Equipment and Medicine	672	706	956	736	952
2.医疗服务	Medical Services	2319	1940	2792	2819	2985
(八)其他用品及服务	Miscellaneous Goods and Services	1155	850	1207	1133	1296
1.其他用品	Other Goods	538	337	515	492	582
2.其他服务	Other Services	617	514	692	641	714

2-10 城镇居民家庭基本情况
Basic Conditions of Urban Households (2019-2023)

项　　目	Item	单位	Unit	2019	2020	2021	2022	2023
一、住户基本情况	**Basic Conditions of Households**							
户均常住成员	Average Number of Permanent Residents Per Household	人/户	person/household	2.82	2.82	2.77	2.76	2.64
户均就业成员	Average Number of Employees Per Household	人/户	person/household	1.34	1.28	1.27	1.21	1.15
平均每户就业人口比重	Average Employment Proportion Per Household	%		47.7	45.3	45.9	44.0	43.7
平均每一就业者负担人口	Average Number of Dependents Per Employee	人	person	2.10	2.21	2.18	2.27	2.29
二、住户常住成员户口登记地	**Registered Location of Permanent Residents**							
1.本村(居委会)	Home Village or Residents' Committee	%		69.8	69.9	71.1	72.8	70.4
2.本乡(镇、街道)其他村(居)委会	Other Villages in the Township	%		8.1	8.3	8.7	9.1	10.3
3.本县(市、区、旗)其他乡(镇、街道)	Other Townships in the County	%		6.8	6.8	6.0	6.8	8.0
4.其他县(市、区、旗)	Other Counties	%		15.3	15.0	14.2	11.3	11.2
5.其他(如户口待定)	Others	%						
三、住户6周岁及以上成员受教育程度	**Education Level of Residents Above 6-Year-Old**							
1.未上过学	Non-Educated	%		1.1	1.3	0.8	1.1	0.9
2.小学	Primary School	%		13.2	13.6	12.0	11.9	13.8
3.初中	Junior Middle School	%		26.9	26.9	26.7	26.7	24.1
4.高中	Senior Middle School	%		23.4	23.4	23.8	23.9	22.7
5.大学专科	Junior College	%		16.3	16.2	15.9	15.7	15.1
6.大学本科	Undergraduate College	%		17.1	16.7	18.6	18.5	20.9
7.研究生	Graduate	%		2.0	1.9	2.1	2.2	2.4
四、住户从业人员参加养老保险情况	**Pension Insurance**							
其中：1.城镇职工基本养老保险	Urban Employee Basic Pension Insurance	%		73.1	72.8	78.7	78.8	83.0
2.城乡居民基本养老保险	Urban-Rural Residents Basic Pension Insurance	%		16.4	16.6	15.2	15.2	12.0
3.商业养老保险	Business Pension Insurance	%		1.6	1.3	1.0	1.0	0.9
4.其他养老保险	Others	%						
5.没有参加任何养老保险	No Pension Insurance	%		9.7	9.9	5.6	5.5	4.7
五、住户从业人员参加医疗保险情况	**Medical Care Insurance**							
其中：1.城镇职工基本医疗保险	Urban Employee Basic Medical Care Insurance	%		72.4	71.2	76.9	77.5	81.4
2.城乡居民基本医疗保险	Urban-Rural Residents Basic Medical Care Insurance	%		23.4	25.2	21.1	21.3	17.7
3.公费医疗	Socialized Medical Care	%						
4.商业医疗保险	Business Medical Care Insurance	%		2.5	2.5	2.3	2.1	2.7
5.其他医疗保险	Others	%						
6.没有参加任何医疗保险	No Medical Care Insurance	%		1.9	1.4	0.8	0.9	0.6
六、住户从业人员行业分布	**Industry Distribution**							
1.第一产业	Primary Industry	%		1.1	1.1	1.1	1.0	0.8
2.第二产业	Secondary Industry	%		26.8	27.7	28.0	28.6	27.6
3.第三产业	Tertiary Industry	%		72.1	71.2	70.9	70.4	71.6
七、住户从业人员职业分布	**Profession Distribution**							
1.国家机关、党群组织、企业、事业单位负责人	Directors of Government Agency, CPC or Mass Organizations, Enterprises and Institutions	%		1.5	1.1	1.3	1.2	0.8
2.专业技术人员	Professional Staff	%		19.4	19.2	20.2	20.4	21.1
3.办事人员和有关人员	Clerks	%		33.4	33.5	35.8	36.1	35.1

2-10 续表 1 continued

项目	Item	单位	Unit	2019	2020	2021	2022	2023
4.商业、服务业人员	Commercial and Service Personnel	%		28.0	28.7	28.0	27.6	31.4
5.农、林、牧、渔、水利业生产人员	Primary Industry and Irrigation Workers	%		1.1	1.1	1.1	1.1	0.5
6.生产、运输设备操作人员及有关人员	Equipment Operators	%		16.4	16.3	13.5	13.5	10.9
7.军人	Soldiers	%		0.1	0.1	0.1	0.1	0.2
8.不便分类的其他从业人员	Others	%						
八、住户从业人员就业分布	**Employment Distribution**							
1.雇主	Employers	%		0.3	0.1	0.3	0.3	0.3
2.公职人员	Public Servants	%		1.9	1.6	1.8	2.1	2.6
3.事业单位人员	Institutions Staff	%		8.9	8.5	8.9	8.2	8.1
4.国有企业雇员	State-owned Enterprise Employees	%		13.2	12.1	13.5	13.2	12.4
5.其他雇员	Other Employees	%		67.0	69.1	67.4	68.3	68.1
6.农业自营	Agricultural Managers	%		0.8	0.8	0.7	0.7	0.3
7.非农自营	Secondary and Tertiary Industry Managers	%		7.9	7.8	7.4	7.2	8.2
九、住户成员健康状况	**Health Condition**							
1.健康	Healthy	%		89.9	89.9	93.0	93.5	93.7
2.基本健康	General Healthy	%		7.7	7.8	5.3	4.9	4.7
3.不健康，但生活能自理	Unhealthy but Independent	%		1.8	1.8	1.3	1.2	1.3
4.生活不能自理	Dependent	%		0.6	0.5	0.4	0.4	0.3
十、常住居民收入与支出	**Income and Expenditure of Urban Households**							
城镇居民人均可支配收入	Per-Capita Disposable Income of Urban Households	元/人	yuan/person	46119	47659	51486	53003	55355
城镇居民人均消费支出	Per-Capita Consumption Expenditure of Urban Households	元/人	yuan/person	34811	30895	36067	33824	37586
平均消费倾向	Average Propensity to Consume of Urban Households	%		75.5	64.8	70.1	63.8	67.9
十一、住户现住房居住空间样式	**Housing Style**							
1.单栋楼房	Single Building	%		0.9	0.8	1.0	1.3	1.2
2.单栋平房	Single Bungalow	%		7.5	7.6	7.9	8.0	2.8
3.四居室及以上单元房	Apartment with 4 Bedrooms or More	%		0.4	0.4	0.5	0.5	0.9
4.三居室单元房	Apartment with 3 Bedrooms	%		14.4	14.1	15.8	15.8	20.2
5.二居室单元房	Apartment with 2 Bedrooms	%		59.9	60.1	59.6	59.5	59.3
6.一居室单元房	Apartment with 1 Bedroom	%		14.9	14.9	13.4	13.1	14.4
7.筒子楼或连片平房	Tube-Shaped Apartment or Cottage	%		2.1	2.1	1.9	1.7	1.2
8.其他	Others	%						
十二、住户现住房房屋来源	**Source of House**							
1.租赁公房	Rent Public House	%		8.8	8.4	7.3	7.5	6.7
2.租赁私房	Rent Private House	%		4.8	4.7	2.9	2.8	9.5
3.自建住房	Self-Help House	%		8.3	8.4	8.2	8.2	2.4
4.购买商品房	Purchased Commercial House	%		51.6	51.4	55.9	55.4	57.4
5.购买房改住房	Purchased Public House	%		12.1	12.6	9.4	9.5	8.1
6.购买保障性住房	Purchased Social House	%		1.9	1.7	2.5	2.6	0.3
7.拆迁安置房	Resettlement House	%		10.2	10.7	11.7	11.7	13.1
8.其他	Others	%		2.4	2.1	2.2	2.3	2.5

2-10 续表 2 continued

项目	Item	单位 Unit	2019	2020	2021	2022	2023
十三、住户主要饮用水来源情况	**Source of Drinking Water**						
1.经过净化处理的自来水	Tap Water	%	96.3	96.7	98.0	98.6	99.3
2.受保护的井水和泉水	Protected Wells And Springs	%	2.3	1.9	0.5	0.4	0.1
3.不受保护的井水和泉水	Unprotected Wells And Springs	%					
4.江河湖泊水	River And Lake Water	%					
5.收集雨水	Collected Rain Water	%					
6.桶装水	Bottled Water	%	1.4	1.4	1.5	1.0	0.7
7.其他水源	Others	%					
十四、住户主要取暖用能源状况	**Fuel for Heating**						
1.柴草	Firewood	%					
2.煤炭	Coal	%	2.2	2.0	0.7	0.6	0.3
3.罐装液化石油气	Canned Liquefied Petroleum Gas	%					
4.管道液化石油气	Pipeline Liquefied Petroleum Gas	%					
5.管道煤气	Pipeline Coal Gas	%					
6.管道天然气	Pipeline Natural Gas	%	3.8	4.3	3.4	4.6	1.1
7.电	Electricity	%	1.7	1.9	2.3	2.1	1.0
8.燃料用油	Fuel Oil	%					
9.沼气	Methane	%					
10.其他	Others	%					
11.集中供暖	Central Heating	%	92.3	91.7	93.6	92.7	97.6
十五、住户主要炊用能源状况	**Fuel for Cooking**						
1.柴草	Firewood	%	0.3				
2.煤炭	Coal	%	0.1	0.1			
3.罐装液化石油气	Canned Liquefied Petroleum Gas	%	8.3	8.0	6.2	6.1	2.3
4.管道液化石油气	Pipeline Liquefied Petroleum Gas	%					
5.管道煤气	Pipeline Coal Gas	%					
6.管道天然气	Pipeline Natural Gas	%	89.4	90.0	91.7	91.8	96.3
7.电	Electricity	%	1.0	0.9	1.0	1.1	0.6
8.燃料用油	Fuel Oil	%					
9.沼气	Methane	%					
10.其他	Others	%					
11.无炊用行为	No Cooking Behavior	%	1.0	1.0	1.0	1.0	0.8
十六、住户厕所类型	**Toilet Type**						
1.水冲式卫生厕所	Sanitary Water Flush Toilet	%	97.8	99.1	99.8	100.0	100.0
2.卫生旱厕	Sanitary Dry Toilet	%	0.8	0.3	0.1	0.0	0.0
3.普通旱厕	Common Dry Toilet	%	1.1	0.5	0.0		
4.无厕所	No Toilet	%	0.3	0.1			
十七、住户洗澡设施情况	**Bath Facilities**						
1.统一供热水	Unified Supply of Hot Water	%	4.4	4.3	4.1	3.7	2.0
2.家庭自装热水器	Water Heater Installed by Household	%	93.3	94.1	94.7	95.6	97.0
3.其他	Others	%	0.4	0.3	0.1	0.5	0.3
4.无洗澡设施	No Bath Facilities	%	1.9	1.3	1.0	0.2	0.7

2-11 城镇居民人均食品消费量
Per Capita Consumption of Foods of Urban Households (2019-2023)

单位：公斤 (kg)

项　目	Item	2019	2020	2021	2022	2023
粮食	Grain	106.1	101.9	97.2	91.1	92.1
#谷物	Cereals	96.1	91.4	86.6	80.6	82.4
薯类	Tuber	3.1	3.4	3.1	3.0	2.5
豆类	Beans and Products	6.9	7.1	7.5	7.5	7.2
食用油	Edible Oil and Fats	8.1	9.0	7.5	7.4	6.7
蔬菜及食用菌	Vegetables and Edible Fungi	116.4	119.6	116.2	114.3	107.8
#鲜菜	Fresh Vegetables	112.7	115.8	112.3	110.6	104.1
肉及制品	Meat and Meat Products	25.0	24.5	27.5	28.1	28.5
#猪肉	Pork	14.8	14.2	17.3	17.6	17.2
牛羊肉	Beef and Mutton	5.9	6.2	5.8	6.2	6.4
家禽及制品	Poultry and Poultry Products	6.4	7.2	6.8	6.7	6.7
水产品及制品	Aquatic Products	18.0	17.3	17.6	17.7	17.0
蛋类及蛋制品	Eggs and Related Products	18.8	21.6	19.9	20.3	19.7
#鲜蛋	Eggs	18.0	20.8	19.2	19.6	19.0
奶和奶制品	Milk and Dairy Products	18.4	18.2	18.6	18.9	17.4
鲜瓜果	Fresh Melons and Fruits	83.5	79.5	77.0	75.7	79.2

2-12 城镇居民家庭年末每百户主要耐用消费品拥有量
Main Durable Goods Owned Per 100 Urban Households (2019-2023)

项　目	Item	单 位	Unit	2019	2020	2021	2022	2023
摩托车	Motorcycle	辆	unit	1.7	1.7	1.0	1.3	1.2
助力车	Electric Bicycle	辆	unit	36.2	37.4	40.1	41.2	35.8
家用汽车	Automobile	辆	unit	48.5	54.0	60.1	64.4	69.5
洗衣机	Washing Machine	台	set	101.9	99.7	99.2	99.4	99.2
电冰箱(柜)	Refrigerator	台	set	104.0	103.7	102.8	103.1	103.4
彩色电视机	Color Television Set	台	set	110.4	109.7	107.9	107.5	102.7
家用电脑	Micro-Computer	台	set	75.2	73.1	65.9	65.9	65.6
照相机	Camera	架	set	22.6	21.8	15.0	15.1	11.9
微波炉	Microwave Oven	台	set	79.1	76.8	77.3	77.9	79.4
空调器	Air Conditioner	台	set	156.9	165.7	178.5	178.7	188.8
热水器	Water Heater	台	set	97.1	98.9	97.7	98.0	100.6
固定电话	Telephone	部	set	27.3	25.9	20.7	19.9	14.4
移动电话	Mobile Telephone	部	set	236.4	236.4	237.6	237.2	231.8

2-13 城镇居民人均可支配收入及构成
Per Capita Disposable Income and Composition of Urban Households (2019-2023)

项　目	Item	2019	2020	2021	2022	2023
人均可支配收入(元)	**Per Capita Disposable Income (yuan)**	**46119**	**47659**	**51486**	**53003**	**55355**
工资性收入	Income of Wages and Salaries	29588	30053	32679	34002	35451
经营净收入	Net Business Income	2697	2216	2638	2385	2678
财产净收入	Net Income from Property	4515	4824	5259	4921	5234
转移净收入	Net Income from Transfer	9319	10565	10910	11695	11992
#养老金或离退休金	Pensions and Retirement Pay	11218	12234	12690	13645	13614
人均可支配收入构成(%)	**Composition of Per Capita Disposable Income (%)**	**100.0**	**100.0**	**100.0**	**100.0**	**100.0**
工资性收入	Income of Wages and Salaries	64.2	63.1	63.5	64.2	64.0
经营净收入	Net Business Income	5.8	4.7	5.1	4.5	4.8
财产净收入	Net Income from Property	9.8	10.1	10.2	9.3	9.5
转移净收入	Net Income from Transfer	20.2	22.2	21.2	22.1	21.7
#养老金或离退休金	Pensions and Retirement Pay	24.3	25.7	24.6	25.7	24.6

2-14 城镇居民人均消费支出及构成
Per Capita Consumption Expenditure and Composition of Urban Households (2019-2023)

项　目	Item	2019	2020	2021	2022	2023
人均消费支出(元)	**Per Capita Consumption Expenditure (yuan)**	**34811**	**30895**	**36067**	**33824**	**37586**
食品烟酒	Food, Tobacco and Liquor	9719	9122	9708	9874	10384
衣　着	Clothing and Footwear	2195	1860	2037	1760	1933
居　住	Housing	7702	7770	8315	8175	8411
生活用品及服务	Household Equipments, Furnishings and Services	2051	1804	2105	1927	2054
交通通信	Transport and Communications	4596	4046	4736	4164	5036
教育文化娱乐	Education, Culture and Recreation	4062	2531	3784	2840	4108
医疗保健	Health Care and Medical Services	3179	2811	4021	3812	4205
其他用品及服务	Miscellaneous Goods and Services	1307	951	1360	1272	1454
人均消费支出构成(%)	**Composition of Per Capita Consumption Expenditure (%)**	**100.0**	**100.0**	**100.0**	**100.0**	**100.0**
食品烟酒	Food, Tobacco and Liquor	27.9	29.5	26.9	29.2	27.6
衣　着	Clothing and Footwear	6.3	6.0	5.6	5.2	5.1
居　住	Housing	22.1	25.1	23.1	24.2	22.4
生活用品及服务	Household Equipments, Furnishings and Services	5.9	5.8	5.8	5.7	5.5
交通通信	Transport and Communications	13.2	13.1	13.1	12.3	13.4
教育文化娱乐	Education, Culture and Recreation	11.7	8.2	10.5	8.4	10.9
医疗保健	Health Care and Medical Services	9.1	9.1	11.1	11.3	11.2
其他用品及服务	Miscellaneous Goods and Services	3.8	3.1	3.8	3.8	3.9

2-15 城镇居民人均消费支出
Per Capita Consumption Expenditure of Urban Households (2019-2023)

单位：元 (yuan)

项目	Item	2019	2020	2021	2022	2023
人均消费支出	**Per Capita Consumption Expenditure**	**34811**	**30895**	**36067**	**33824**	**37586**
(一)食品烟酒	Food, Tobacco and Liquor	9719	9122	9708	9874	10384
1.食品	Food	5634	6016	5633	6039	5695
2.烟酒	Tobacco and Liquor	760	698	753	797	890
3.饮料	Drink	269	253	293	330	351
4.饮食服务	Catering Services	3056	2156	3030	2707	3447
(二)衣着	Clothing and Footwear	2195	1860	2037	1760	1933
1.衣类	Clothes	1717	1439	1607	1381	1571
2.鞋类	Shoes	477	421	430	379	362
(三)居住	Housing	7702	7770	8315	8175	8411
1.租赁房房租	Rent of Rental Housing	359	353	248	214	631
2.住房维修及管理	Housing Maintenance and Management	795	802	955	994	1206
3.水电燃料及其他	Water, Electricity, Fuel and Others	1482	1404	1424	1393	1466
4.自有住房折算租金	Imputed Rents of Owner-occupied Dwelling	5065	5211	5688	5574	5107
(四)生活用品及服务	Household Equipments, Furnishings and Services	2051	1804	2105	1927	2054
1.家具及室内装饰品	Furniture and Interior Decoration	380	266	377	360	379
2.家用器具	Household Appliances	444	387	457	421	483
3.家用纺织品	Home Textiles	126	115	143	131	142
4.家庭日用杂品	Family Daily Groceries	421	396	414	399	457
5.个人用品	Personal Products	542	514	550	485	481
6.家庭服务	Family Services	139	127	164	131	112
(五)交通通信	Transport and Communications	4596	4046	4736	4164	5036
1.交通	Transportations	3553	3030	3750	3138	4132
2.通信	Communications	1043	1015	987	1027	904
(六)教育文化娱乐	Education, Culture and Recreation	4062	2531	3784	2840	4108
1.教育	Education	2228	1580	2536	1811	2293
2.文化娱乐	Culture and Recreation	1834	951	1248	1029	1816
(七)医疗保健	Health Care and Medical Services	3179	2811	4021	3812	4205
1.医疗器具及药品	Medical Equipment and Medicine	694	736	940	716	986
2.医疗服务	Medical Services	2485	2075	3081	3095	3219
(八)其他用品及服务	Miscellaneous Goods and Services	1307	951	1360	1272	1454
1.其他用品	Other Goods	605	377	586	552	648
2.其他服务	Other Services	702	574	774	720	807

2-16 农村居民家庭基本情况
Basic Conditions of Rural Households (2019-2023)

项　目	Item	单位	Unit	2019	2020	2021	2022	2023
一、住户基本情况	**Basic Conditions of Households**							
户均常住成员	Average Number of Permanent Residents Per Household	人/户	person/household	3.03	2.97	2.94	2.95	2.86
户均就业成员	Average Number of Employees Per Household	人/户	person/household	1.60	1.47	1.61	1.52	1.45
平均每户就业人口比重	Average Employment Proportion Per Household	%		52.7	49.4	54.5	51.5	50.7
平均每一就业者负担人口	Average Number of Dependents Per Employee	人	person	1.90	2.03	1.83	1.94	1.97
二、住户常住成员户口登记地	**Registered Location Of Permanent Residents**							
1.本村(居委会)	Home Village or Residents' Committee	%		97.9	97.8	97.9	98.0	94.7
2.本乡(镇、街道)其他村(居)委会	Other Villages in the Township	%		1.2	1.2	1.0	0.9	1.7
3.本县(市、区、旗)其他乡(镇、街道)	Other Townships in the County	%		0.4	0.5	0.4	0.3	2.0
4.其他县(市、区、旗)	Other Counties	%		0.4	0.5	0.6	0.7	1.6
5.其他(如户口待定)	Others	%						
三、住户6周岁及以上成员受教育程度	**Education Level of Residents Above 6-Year-Old**							
1.未上过学	Non-Educated	%		2.8	2.8	2.8	2.8	2.3
2.小学	Primary School	%		25.4	25.6	24.1	22.9	24.8
3.初中	Junior Middle School	%		53.2	52.8	53.9	54.4	47.5
4.高中	Senior Middle School	%		11.8	12.1	12.8	12.4	14.2
5.大学专科	Junior College	%		4.2	4.2	3.8	4.8	6.6
6.大学本科	Undergraduate College	%		2.6	2.5	2.4	2.5	4.3
7.研究生	Graduate	%		0.1	0.0	0.3	0.2	0.3
四、住户从业人员参加养老保险情况	**Pension Insurance**							
其中：1.城镇职工基本养老保险	Urban Employee Basic Pension Insurance	%		12.7	12.8	17.2	19.1	24.0
2.城乡居民基本养老保险	Urban-Rural Residents Basic Pension Insurance	%		51.5	52.1	55.9	56.5	55.3
3.商业养老保险	Business Pension Insurance	%		1.5	1.6	1.8	1.6	1.5
4.其他养老保险	Others	%						
5.没有参加任何养老保险	No Pension Insurance	%		34.9	34.0	26.2	23.7	19.9
五、住户从业人员参加医疗保险情况	**Medical Care Insurance**							
其中：1.城镇职工基本医疗保险	Urban Employee Basic Medical Care Insurance	%		11.0	9.6	11.4	14.0	21.0
2.城乡居民基本医疗保险	Urban-Rural Residents Basic Medical Care Insurance	%		87.4	89.7	87.6	85.2	78.1
3.公费医疗	Socialized Medical Care	%						
4.商业医疗保险	Business Medical Care Insurance	%		2.4	2.0	4.1	3.0	7.6
5.其他医疗保险	Others	%						
6.没有参加任何医疗保险	No Medical Care Insurance	%		1.3	0.4	0.9	0.9	0.8
六、住户从业人员行业分布	**Industry Distribution**							
1.第一产业	Primary Industry	%		17.5	16.7	25.5	23.7	16.4
2.第二产业	Secondary Industry	%		39.2	38.6	38.5	40.1	43.6
3.第三产业	Tertiary Industry	%		43.3	44.7	36.0	36.2	40.0
七、住户从业人员职业分布	**Profession Distribution**							
1.国家机关、党群组织、企业、事业单位负责人	Directors of Government Agency, CPC or Mass Organizations, Enterprises And Institutions	%		0.3	0.2	0.2	0.1	0.3
2.专业技术人员	Professional Staff	%		11.2	9.9	3.7	2.6	4.6
3.办事人员和有关人员	Clerks	%		9.3	11.0	7.5	6.4	7.6

2-16 续表 1 continued

项目	Item	单位	Unit	2019	2020	2021	2022	2023
4.商业、服务业人员	Commercial and Service Personnel	%		24.4	26.7	30.1	31.1	35.8
5.农、林、牧、渔、水利业生产人员	Primary Industry and Irrigation Workers	%		17.9	17.3	26.1	23.8	16.3
6.生产、运输设备操作人员及有关人员	Equipment Operators	%		36.9	35.0	32.4	36.0	35.4
7.军人	Soldiers	%						
8.不便分类的其他从业人员	Others	%						
八、住户从业人员就业分布	**Employment Distribution**							
1.雇主	Employers	%		0.3		0.2	0.2	0.6
2.公职人员	Public Servants	%			0.1			
3.事业单位人员	Institutions Staff	%		0.5	0.7	0.3	0.4	1.2
4.国有企业雇员	State-Owned Enterprise Employees	%		0.4	0.3	0.1	0.2	0.4
5.其他雇员	Other Employees	%		74.0	75.5	69.4	70.8	70.6
6.农业自营	Agricultural Managers	%		14.1	13.4	21.7	19.6	13.6
7.非农自营	Secondary and Tertiary Industry Managers	%		10.6	10.0	8.2	8.8	13.6
九、住户成员健康状况	**Health Condition**							
1.健康	Healthy	%		89.3	89.1	89.2	89.5	84.5
2.基本健康	General Healthy	%		6.6	6.7	8.0	7.7	11.2
3.不健康，但生活能自理	Unhealthy but Independent	%		3.6	3.7	2.4	2.3	3.6
4.生活不能自理	Dependent	%		0.4	0.5	0.4	0.5	0.6
十、常住居民收入与支出	**Income and Expenditure of Rural Households**							
农村居民人均可支配收入	Per-Capita Disposable Income of Rural Households	元/人	yuan/person	24804	25691	27955	29018	30851
农村居民人均消费支出	Per-Capita Consumption Expenditure of Rural Households	元/人	yuan/person	17843	16844	19285	18934	21553
平均消费倾向	Average Propensity to Consume of Rural Households	%		71.9	65.6	69.0	65.3	69.9
十一、住户现住房居住空间样式	**Housing Style**							
1.单栋楼房	Single Building	%		0.7	0.7	1.5	1.6	2.9
2.单栋平房	Single Bungalow	%		93.0	92.9	94.0	94.9	87.0
3.四居室及以上单元房	Apartment with 4 Bedrooms or More	%		0.1				0.2
4.三居室单元房	Apartment with 3 Bedrooms	%		1.6	1.7	0.9	1.0	2.2
5.二居室单元房	Apartment with 2 Bedrooms	%		2.1	2.3	1.8	2.2	6.2
6.一居室单元房	Apartment with 1 Bedroom	%		0.6	0.5	0.5	0.4	0.7
7.筒子楼或连片平房	Tube-Shaped Apartment or Cottage	%		2.0	1.9	1.4		0.9
8.其他	Others	%						
十二、住户现住房房屋来源	**Source of House**							
1.租赁公房	Rent Public House	%						
2.租赁私房	Rent Private House	%		2.5	2.4	0.3	0.3	2.5
3.自建住房	Self-Help House	%		95.2	95.0	96.1	95.7	87.9
4.购买商品房	Purchased Commercial House	%		0.1	0.1	1.5	1.6	3.6
5.购买房改住房	Purchased Public House	%						0.3
6.购买保障性住房	Purchased Social House	%		1.6	1.6			
7.拆迁安置房	Resettlement House	%		0.3	0.4	1.5	1.7	5.1
8.其他	Others	%		0.3	0.5	0.7	0.8	0.7

2-16 续表 2 continued

项 目	Item	单位 Unit	2019	2020	2021	2022	2023
十三、住户主要饮用水来源情况	**Source of Drinking Water**						
1.经过净化处理的自来水	Tap Water	%	92.2	92.7	92.8	93.1	92.8
2.受保护的井水和泉水	Protected Wells and Springs	%	7.2	6.8	6.8	6.6	7.0
3.不受保护的井水和泉水	Unprotected Wells and Springs	%					
4.江河湖泊水	River and Lake Water	%					
5.收集雨水	Collected Rain Water	%					
6.桶装水	Bottled Water	%	0.6	0.5	0.4	0.3	0.2
7.其他水源	Others	%					
十四、住户主要取暖用能源状况	**Fuel for Heating**						
1.柴草	Firewood	%					
2.煤炭	Coal	%	22.3	16.0	9.2	8.9	7.2
3.罐装液化石油气	Canned Liquefied Petroleum Gas	%					
4.管道液化石油气	Pipeline Liquefied Petroleum Gas	%					
5.管道煤气	Pipeline Coal Gas	%					
6.管道天然气	Pipeline Natural Gas	%	25.0	34.0	29.4	32.5	39.7
7.电	Electricity	%	18.2	21.4	26.6	23.6	25.2
8.燃料用油	Fuel Oil	%					
9.沼气	Methane	%					
10.其他	Others	%					
11.集中供暖	Central Heating	%	34.5	28.7	34.8	34.9	27.9
十五、住户主要炊用能源状况	**Fuel for Cooking**						
1.柴草	Firewood	%	0.8	0.4	0.2	0.2	0.3
2.煤炭	Coal	%	0.1	0.1			
3.罐装液化石油气	Canned Liquefied Petroleum Gas	%	64.0	61.8	44.4	42.3	41.5
4.管道液化石油气	Pipeline Liquefied Petroleum Gas	%					
5.管道煤气	Pipeline Coal Gas	%					
6.管道天然气	Pipeline Natural Gas	%	25.1	28.2	41.5	44.4	45.3
7.电	Electricity	%	10.0	9.6	13.9	13.1	13.0
8.燃料用油	Fuel Oil	%					
9.沼气	Methane	%					
10.其他	Others	%					
11.无炊用行为	No Cooking Behavior	%					
十六、住户厕所类型	**Toilet Type**						
1.水冲式卫生厕所	Sanitary Water Flush Toilet	%	74.3	84.5	96.2	97.0	98.9
2.卫生旱厕	Sanitary Dry Toilet	%	13.7	12.5	3.7	2.8	0.9
3.普通旱厕	Common Dry Toilet	%	12.1	2.0	0.1	0.1	0.1
4.无厕所	No Toilet	%		1.0			
十七、住户洗澡设施情况	**Bath Facilities**						
1.统一供热水	Unified Supply of Hot Water	%	2.7	2.5	2.1	2.0	2.4
2.家庭自装热水器	Water Heater Installed by Household	%	87.9	88.9	92.2	91.1	89.5
3.其他	Others	%	4.4	4.8	3.0	4.6	6.4
4.无洗澡设施	No Bath Facilities	%	4.9	3.7	2.7	2.2	1.8

2-17 农村居民人均食品消费量
Per Capita Consumption of Foods of Rural Households (2019-2023)

单位：公斤 (kg)

项　目	Item	2019	2020	2021	2022	2023
粮食	Grain	158.2	155.0	155.8	151.5	137.9
#谷物	Cereals	145.2	141.8	141.6	138.6	126.3
薯类	Tuber	3.8	4.0	4.1	3.6	3.4
豆类	Beans and Products	9.2	9.3	10.1	9.3	8.2
食用油	Edible Oil and Fats	11.6	12.8	13.3	12.4	11.0
蔬菜及食用菌	Vegetables and Edible Fungi	103.5	105.5	116.7	109.9	116.6
#鲜菜	Fresh Vegetables	100.2	102.1	112.9	106.6	113.0
肉及制品	Meat and Meat Products	23.2	20.5	27.1	29.5	32.5
#猪肉	Pork	16.1	13.7	19.2	21.8	23.6
牛羊肉	Beef and Mutton	2.9	2.7	3.2	3.4	4.6
家禽及制品	Poultry and Poultry Products	5.1	6.3	6.4	5.5	6.0
水产品及制品	Aquatic Products	15.0	14.7	15.8	14.8	15.4
蛋类及蛋制品	Eggs and Related Products	17.1	20.9	20.2	19.7	20.7
#鲜蛋	Eggs	16.5	20.3	19.6	19.1	20.2
奶和奶制品	Milk and Dairy Products	10.2	10.4	10.6	9.8	9.4
鲜瓜果	Fresh Melons and Fruits	78.1	74.9	80.5	72.5	81.9

2-18 农村居民家庭年末每百户主要耐用消费品拥有量
Main Durable Goods Owned Per 100 Rural Households (2019-2023)

项　目	Item	单　位	Unit	2019	2020	2021	2022	2023
摩托车	Motorcycle	辆	unit	16.0	14.9	11.8	9.7	8.0
助力车	Electric Bicycle	辆	unit	121.8	122.7	145.8	147.8	123.9
家用汽车	Automobile	辆	unit	44.5	46.3	44.7	48.2	55.2
洗衣机	Washing Machine	台	set	102.3	102.0	104.6	105.4	103.4
电冰箱(柜)	Refrigerator	台	set	106.5	106.1	113.5	115.0	108.3
彩色电视机	Color Television Set	台	set	120.4	120.0	120.2	119.7	111.6
家用电脑	Micro-Computer	台	set	35.2	35.9	34.5	35.2	30.6
照相机	Camera	架	set	2.6	2.3	1.1	1.2	1.4
微波炉	Microwave Oven	台	set	36.7	32.5	37.7	40.5	45.4
空调器	Air Conditioner	台	set	121.2	132.9	157.8	164.4	172.7
热水器	Water Heater	台	set	91.0	95.5	88.0	89.5	81.9
固定电话	Telephone	部	set	36.8	34.3	25.6	25.0	18.4
移动电话	Mobile Telephone	部	set	232.4	232.6	246.5	251.5	245.1

2-19 农村居民人均可支配收入及构成
Per Capita Disposable Income and Composition of Rural Households (2019-2023)

项　目	Item	2019	2020	2021	2022	2023
人均可支配收入(元)	**Per Capita Disposable Income (yuan)**	**24804**	**25691**	**27955**	**29018**	**30851**
工资性收入	Income of Wages and Salaries	14750	14385	15749	16278	16912
经营净收入	Net Business Income	4985	5568	6162	6679	7356
财产净收入	Net Income from Property	1034	1451	1280	1146	1293
转移净收入	Net Income from Transfer	4035	4287	4764	4914	5290
#养老金或离退休金	Pensions and Retirement Pay	2365	2677	2815	3041	3984
人均可支配收入构成(%)	**Composition of Per Capita Disposable Income (%)**	**100.0**	**100.0**	**100.0**	**100.0**	**100.0**
工资性收入	Income of Wages and Salaries	59.5	56.0	56.3	56.1	54.8
经营净收入	Net Business Income	20.1	21.7	22.0	23.0	23.8
财产净收入	Net Income from Property	4.2	5.6	4.6	3.9	4.2
转移净收入	Net Income from Transfer	16.3	16.7	17.0	16.9	17.1
#养老金或离退休金	Pensions and Retirement Pay	9.5	10.4	10.1	10.5	12.9

2-20 农村居民人均消费支出及构成
Per Capita Consumption Expenditure and Composition of Rural Households (2019-2023)

项　目	Item	2019	2020	2021	2022	2023
人均消费支出(元)	**Per Capita Consumption Expenditure (yuan)**	**17843**	**16844**	**19285**	**18934**	**21553**
食品烟酒	Food, Tobacco and Liquor	5499	5622	6385	6534	6967
衣　着	Clothing and Footwear	1074	1002	1073	989	1113
居　住	Housing	3367	3528	3678	3963	4576
生活用品及服务	Household Equipments, Furnishings and Services	1510	1026	1145	1106	1289
交通通信	Transport and Communications	2532	2504	2720	2522	3010
教育文化娱乐	Education, Culture and Recreation	1322	932	1386	1090	1498
医疗保健	Health Care and Medical Services	2104	1858	2427	2286	2596
其他用品及服务	Miscellaneous Goods and Services	435	372	472	445	505
人均消费支出构成(%)	**Composition of Per Capita Consumption Expenditure (%)**	**100.0**	**100.0**	**100.0**	**100.0**	**100.0**
食品烟酒	Food, Tobacco and Liquor	30.8	33.4	33.1	34.5	32.3
衣　着	Clothing and Footwear	6.0	6.0	5.6	5.2	5.2
居　住	Housing	18.9	20.9	19.1	20.9	21.2
生活用品及服务	Household Equipments, Furnishings and Services	8.5	6.1	5.9	5.8	6.0
交通通信	Transport and Communications	14.2	14.9	14.1	13.3	14.0
教育文化娱乐	Education, Culture and Recreation	7.4	5.5	7.2	5.8	7.0
医疗保健	Health Care and Medical Services	11.8	11.0	12.6	12.1	12.0
其他用品及服务	Miscellaneous Goods and Services	2.4	2.2	2.4	2.4	2.3

2-21 农村居民人均消费支出
Per Capita Consumption Expenditure of Rural Households (2019-2023)

单位：元 (yuan)

项　目	Item	2019	2020	2021	2022	2023
人均消费支出	**Per Capita Consumption Expenditure**	**17843**	**16844**	**19285**	**18934**	**21553**
(一)食品烟酒	Food, Tobacco and Liquor	5499	5622	6385	6534	6967
1.食品	Food	3547	3914	4244	4303	4308
2.烟酒	Tobacco and Liquor	696	717	831	909	931
3.饮料	Drink	142	134	164	182	193
4.饮食服务	Catering Services	1114	856	1146	1139	1534
(二)衣着	Clothing and Footwear	1074	1002	1073	989	1113
1.衣类	Clothes	797	740	809	746	864
2.鞋类	Shoes	277	262	264	243	249
(三)居住	Housing	3367	3528	3678	3963	4576
1.租赁房房租	Rent of Rental Housing	148	69	27	22	47
2.住房维修及管理	Housing Maintenance and Management	535	515	678	1032	1109
3.水电燃料及其他	Water, Electricity, Fuel and Others	1185	1424	1255	1210	1392
4.自有住房折算租金	Imputed Rents of Owner-occupied Dwelling	1499	1521	1717	1699	2027
(四)生活用品及服务	Household Equipments, Furnishings and Services	1510	1026	1145	1106	1289
1.家具及室内装饰品	Furniture and Interior Decoration	106	122	158	142	198
2.家用器具	Household Appliances	258	249	302	283	367
3.家用纺织品	Home Textiles	76	78	82	86	110
4.家庭日用杂品	Family Daily Groceries	818	326	323	321	327
5.个人用品	Personal Products	224	230	254	250	250
6.家庭服务	Family Services	28	22	25	23	37
(五)交通通信	Transport and Communications	2532	2504	2720	2522	3010
1.交通	Transportations	1817	1836	2041	1887	2328
2.通信	Communications	716	669	679	634	681
(六)教育文化娱乐	Education, Culture and Recreation	1322	932	1386	1090	1498
1.教育	Education	952	658	1065	811	1048
2.文化娱乐	Culture and Recreation	369	273	322	279	450
(七)医疗保健	Health Care and Medical Services	2104	1858	2427	2286	2596
1.医疗器具及药品	Medical Equipment and Medicine	568	563	1031	837	779
2.医疗服务	Medical Services	1536	1296	1396	1449	1817
(八)其他用品及服务	Miscellaneous Goods and Services	435	372	472	445	505
1.其他用品	Other Goods	223	144	174	197	254
2.其他服务	Other Services	212	228	298	248	251

2-22 全国31省(自治区、直辖市)城乡居民人均可支配收入和增速

Per Capita Disposable Income and Growth of Urban and Rural Households by 31 Regions (2023)

地 区	Regions	全体居民(元) Urban and Rural Households (yuan)	增速 Growth (%)	城镇居民(元) Urban Households (yuan)	增速 Growth (%)	农村居民(元) Rural Households (yuan)	增速 Growth (%)
全 国	**National Average**	**39218**	**6.3**	**51821**	**5.1**	**21691**	**7.7**
北 京	Beijing	81752	5.6	88650	5.5	37358	7.5
天 津	Tianjin	51271	4.7	55355	4.4	30851	6.3
河 北	Hebei	32903	6.6	43631	5.7	20688	6.8
山 西	Shanxi	30924	6.0	41327	4.5	17677	8.3
内蒙古	Inner Mongolia	38130	6.1	48676	5.1	21221	8.0
辽 宁	Liaoning	37992	5.3	45896	4.3	21483	7.9
吉 林	Jilin	29797	6.5	37503	5.7	19472	7.4
黑龙江	Heilongjiang	29694	4.8	36492	4.1	19756	6.3
上 海	Shanghai	84834	6.6	89477	6.5	42988	8.2
江 苏	Jiangsu	52674	5.6	63211	5.0	30488	7.0
浙 江	Zhejiang	63830	5.9	74997	5.2	40311	7.3
安 徽	Anhui	34893	6.6	47446	5.1	21144	8.0
福 建	Fujian	45426	5.4	56153	4.3	26722	6.9
江 西	Jiangxi	34242	5.6	45554	4.2	21358	7.1
山 东	Shandong	39890	6.2	51571	5.1	23776	7.5
河 南	Henan	29933	6.1	40234	4.5	20053	7.3
湖 北	Hubei	35146	6.8	44990	5.5	21293	8.0
湖 南	Hunan	35895	5.5	49243	4.1	20921	7.0
广 东	Guangdong	49327	4.8	59307	4.2	25142	6.5
广 西	Guangxi	29514	5.5	41287	4.0	18656	7.0
海 南	Hainan	33192	7.2	42661	6.3	20708	8.3
重 庆	Chongqing	37595	5.4	47435	4.2	20820	7.8
四 川	Sichuan	32514	6.0	45227	4.6	19978	7.0
贵 州	Guizhou	27098	6.2	42772	4.1	14817	8.1
云 南	Yunnan	28421	5.5	43563	3.3	16361	8.0
西 藏	Xizang	28983	8.7	51900	6.5	19924	9.4
陕 西	Shaanxi	32128	6.7	44713	5.4	16992	8.2
甘 肃	Gansu	25011	7.5	39833	6.0	13131	7.9
青 海	Qinghai	28587	5.9	40408	4.3	15614	8.0
宁 夏	Ningxia	31604	6.8	42395	5.5	17772	8.2
新 疆	Xinjiang	28947	7.0	40578	5.6	17948	8.4

2-23 全国31省(自治区、直辖市)城乡居民人均消费支出和增速

Per Capita Consumption Expenditure and Growth of Urban and Rural Households by 31 Regions (2023)

地区	Regions	全体居民(元) Urban and Rural Households (yuan)	增速 Growth (%)	城镇居民(元) Urban Households (yuan)	增速 Growth (%)	农村居民(元) Rural Households (yuan)	增速 Growth (%)
全国	**National Average**	**26796**	**9.2**	**32994**	**8.6**	**18175**	**9.3**
北京	Beijing	47586	11.5	50897	11.6	26277	10.7
天津	Tianjin	34914	11.5	37586	11.1	21553	13.8
河北	Hebei	22920	9.7	27906	11.3	17244	6.0
山西	Shanxi	19756	12.7	24524	11.9	13684	13.2
内蒙古	Inner Mongolia	27025	21.2	32249	20.9	18650	20.8
辽宁	Liaoning	24865	10.0	29091	9.1	16040	12.0
吉林	Jilin	21411	19.6	26677	22.2	14354	12.8
黑龙江	Heilongjiang	22052	8.0	25882	7.8	16453	8.5
上海	Shanghai	52508	14.0	54919	14.2	30782	12.2
江苏	Jiangsu	35491	8.0	40461	7.1	25029	10.8
浙江	Zhejiang	42194	8.3	47762	7.3	30468	10.9
安徽	Anhui	23607	4.7	27900	4.0	18905	5.1
福建	Fujian	31869	6.1	37674	5.6	21746	6.3
江西	Jiangxi	23379	7.7	27733	6.8	18421	8.5
山东	Shandong	24293	7.3	30251	5.9	16075	9.5
河南	Henan	21011	10.5	25570	8.6	16638	12.2
湖北	Hubei	27106	9.2	31500	8.2	20922	10.2
湖南	Hunan	25462	5.7	31035	4.9	19210	6.3
广东	Guangdong	34331	6.7	39333	6.5	22209	6.8
广西	Guangxi	19749	7.7	24427	8.9	15435	5.3
海南	Hainan	23752	10.5	28930	9.5	16924	11.7
重庆	Chongqing	26515	4.5	31531	3.1	17964	7.4
四川	Sichuan	23550	5.6	29280	5.9	17901	4.1
贵州	Guizhou	20161	12.4	27693	14.3	14260	8.3
云南	Yunnan	20995	10.8	28338	8.0	15147	13.8
西藏	Xizang	17220	8.4	28858	2.1	12619	13.3
陕西	Shaanxi	22012	10.9	27303	10.2	15647	11.0
甘肃	Gansu	19013	8.7	27044	7.3	12575	9.4
青海	Qinghai	20327	17.8	25373	16.9	14790	18.2
宁夏	Ningxia	21629	13.0	27076	11.8	14649	14.2
新疆	Xinjiang	19715	10.0	26134	8.2	13645	12.1

2-24 全国31省(自治区、直辖市)城乡居民人均可支配收入(分季度)
Per Capita Disposable Income of Urban and Rural Households by 31 Regions (by Quarters) (2023)

单位：元 (yuan)

地区	Regions	一季度 The First Quarter			上半年 The First Half		
		全体居民 Urban and Rural Households	城镇居民 Urban Households	农村居民 Rural Households	全体居民 Urban and Rural Households	城镇居民 Urban Households	农村居民 Rural Households
全　国	**National Average**	**10870**	**14388**	**6131**	**19672**	**26357**	**10551**
北　京	Beijing	21367	23047	10551	41358	44749	19534
天　津	Tianjin	14524	15737	8638	26655	28948	15440
河　北	Hebei	8257	10932	5384	16006	20888	10643
山　西	Shanxi	7594	10213	4386	14240	19526	7668
内蒙古	Inner Mongolia	10068	12584	6114	18151	24339	8353
辽　宁	Liaoning	10331	11872	7191	19371	22951	11961
吉　林	Jilin	8306	9676	6504	14324	18143	9253
黑龙江	Heilongjiang	8118	9083	6724	13355	17163	7818
上　海	Shanghai	23489	24615	13564	42870	44922	24418
江　苏	Jiangsu	17183	19955	11536	27795	33345	16353
浙　江	Zhejiang	20158	23589	13198	34317	39728	23126
安　徽	Anhui	10007	13350	6461	17998	24138	11407
福　建	Fujian	13054	16870	6567	23809	30224	12783
江　西	Jiangxi	8823	11918	5417	15872	22144	8868
山　东	Shandong	10950	14021	6853	20309	25736	13025
河　南	Henan	7804	10833	5037	14156	20045	8692
湖　北	Hubei	9960	12837	6020	17146	22935	9105
湖　南	Hunan	9734	13394	5784	17070	23689	9827
广　东	Guangdong	13867	16758	6985	25956	31347	12961
广　西	Guangxi	8195	11406	5303	14874	20721	9555
海　南	Hainan	8770	11421	5388	17414	22016	11482
重　庆	Chongqing	10670	13606	5856	19920	25588	10442
四　川	Sichuan	8894	12176	5777	16846	23237	10683
贵　州	Guizhou	6849	11273	3533	13120	21841	6456
云　南	Yunnan	7119	11264	3952	13518	21911	7008
西　藏	Xizang	5128	11996	2528	11482	25350	6190
陕　西	Shaanxi	8306	11372	4698	15902	22150	8450
甘　肃	Gansu	6335	10014	3496	11530	18970	5710
青　海	Qinghai	7220	10280	3983	12907	19005	6365
宁　夏	Ningxia	7252	9819	4040	13806	19590	6500
新　疆	Xinjiang	5939	9999	2215	11378	20701	2693

2-24 续表 continued

单位：元 (yuan)

地区 Regions	前三季度 The First Three Quarters			全年 All Year		
	全体居民 Urban and Rural Households	城镇居民 Urban Households	农村居民 Rural Households	全体居民 Urban and Rural Households	城镇居民 Urban Households	农村居民 Rural Households
全 国 National Average	**29398**	**39428**	**15705**	**39218**	**51821**	**21691**
北 京 Beijing	61718	66755	29295	81752	88650	37358
天 津 Tianjin	40713	44253	23394	51271	55355	30851
河 北 Hebei	24243	32080	15633	32903	43631	20688
山 西 Shanxi	22578	30775	12388	30924	41327	17677
内蒙古 Inner Mongolia	28316	37443	13863	38130	48676	21221
辽 宁 Liaoning	28598	34298	16801	37992	45896	21483
吉 林 Jilin	21210	27844	12401	29797	37503	19472
黑龙江 Heilongjiang	20594	26641	11802	29694	36492	19756
上 海 Shanghai	63681	66857	35130	84834	89477	42988
江 苏 Jiangsu	40286	48634	23079	52674	63211	30488
浙 江 Zhejiang	49821	58121	32578	63830	74997	40311
安 徽 Anhui	26539	36272	16090	34893	47446	21144
福 建 Fujian	35439	44497	19667	45426	56153	26722
江 西 Jiangxi	24519	33560	14423	34242	45554	21358
山 东 Shandong	30567	39039	19197	39890	51571	23776
河 南 Henan	21344	29672	13618	29933	40234	20053
湖 北 Hubei	25382	33411	14230	35146	44990	21293
湖 南 Hunan	25591	35484	14766	35895	49243	20921
广 东 Guangdong	39325	47390	19886	49327	59307	25142
广 西 Guangxi	21833	31056	13442	29514	41287	18656
海 南 Hainan	24573	31603	15511	33192	42661	20708
重 庆 Chongqing	29241	37298	15768	37595	47435	20820
四 川 Sichuan	24341	34146	14887	32514	45227	19978
贵 州 Guizhou	19814	32516	10108	27098	42772	14817
云 南 Yunnan	20367	32709	10793	28421	43563	16361
西 藏 Xizang	20147	40145	12516	28983	51900	19924
陕 西 Shaanxi	24294	34037	12676	32128	44713	16992
甘 肃 Gansu	18003	29826	8756	25011	39833	13131
青 海 Qinghai	20180	29168	10536	28587	40408	15614
宁 夏 Ningxia	22181	30739	11368	31604	42395	17772
新 疆 Xinjiang	17614	30434	5673	28947	40578	17948

2-25 全国31省(自治区、直辖市)城乡居民人均可支配收入增速(分季度) Per Capita Disposable Income Growth of Urban and Rural Households by 31 Regions (by Quarters) (2023)

单位：% (%)

地区	Regions	一季度 The First Quarter			上半年 The First Half		
		全体居民 Urban and Rural Households	城镇居民 Urban Households	农村居民 Rural Households	全体居民 Urban and Rural Households	城镇居民 Urban Households	农村居民 Rural Households
全国	**National Average**	**5.1**	**4.0**	**6.1**	**6.5**	**5.4**	**7.8**
北京	Beijing	3.6	3.5	5.3	5.0	4.8	7.5
天津	Tianjin	3.1	2.9	4.3	4.7	4.4	6.6
河北	Hebei	5.0	3.9	5.8	6.7	5.5	7.6
山西	Shanxi	5.4	4.3	6.4	6.3	5.0	8.0
内蒙古	Inner Mongolia	4.6	3.8	6.0	5.7	4.7	7.4
辽宁	Liaoning	3.5	2.8	5.2	5.7	4.8	7.8
吉林	Jilin	3.2	2.5	4.1	9.2	8.6	9.6
黑龙江	Heilongjiang	4.6	3.6	6.4	4.5	4.6	4.1
上海	Shanghai	3.6	3.5	5.2	9.9	9.7	13.9
江苏	Jiangsu	4.2	3.7	5.3	5.6	5.0	6.8
浙江	Zhejiang	4.1	3.5	5.2	5.8	5.2	6.9
安徽	Anhui	5.2	4.0	6.0	6.9	5.6	7.9
福建	Fujian	4.4	3.5	5.6	5.4	4.4	6.7
江西	Jiangxi	5.2	4.0	6.1	5.4	4.2	6.3
山东	Shandong	4.7	3.8	5.5	6.2	5.2	7.2
河南	Henan	5.2	4.0	5.8	6.3	4.8	7.4
湖北	Hubei	5.4	4.4	6.0	6.3	5.1	7.0
湖南	Hunan	5.1	4.2	5.6	5.8	4.6	6.9
广东	Guangdong	3.8	3.3	5.2	4.9	4.3	6.6
广西	Guangxi	4.3	3.2	5.1	5.3	4.4	5.6
海南	Hainan	4.7	3.7	6.2	7.3	6.6	7.9
重庆	Chongqing	4.2	3.2	5.8	5.3	4.3	6.9
四川	Sichuan	5.2	4.0	5.9	5.7	4.2	7.1
贵州	Guizhou	4.6	2.7	6.0	6.0	3.9	8.0
云南	Yunnan	4.5	3.0	5.4	5.5	3.4	8.0
西藏	Xizang	6.1	4.1	6.4	7.9	5.7	8.5
陕西	Shaanxi	6.2	5.1	7.0	6.7	5.5	7.9
甘肃	Gansu	4.4	2.5	5.9	8.0	6.7	8.1
青海	Qinghai	3.7	2.3	5.5	5.3	3.6	7.8
宁夏	Ningxia	4.8	3.5	6.3	7.0	5.9	7.8
新疆	Xinjiang	4.0	2.6	6.0	5.9	4.6	7.9

2-25 续表 continued

单位：% (%)

地 区 Regions	前三季度 The First Three Quarters			全年 All Year		
	全体居民 Urban and Rural Households	城镇居民 Urban Households	农村居民 Rural Households	全体居民 Urban and Rural Households	城镇居民 Urban Households	农村居民 Rural Households
全 国 National Average	**6.3**	**5.2**	**7.6**	**6.3**	**5.1**	**7.7**
北 京 Beijing	5.3	5.2	7.2	5.6	5.5	7.5
天 津 Tianjin	4.6	4.3	6.1	4.7	4.4	6.3
河 北 Hebei	6.4	5.3	7.0	6.6	5.7	6.8
山 西 Shanxi	6.0	4.7	8.0	6.0	4.5	8.3
内蒙古 Inner Mongolia	6.1	5.2	7.6	6.1	5.1	8.0
辽 宁 Liaoning	5.4	4.4	8.1	5.3	4.3	7.9
吉 林 Jilin	7.4	6.8	7.7	6.5	5.7	7.4
黑龙江 Heilongjiang	4.8	4.3	6.1	4.8	4.1	6.3
上 海 Shanghai	7.1	7.0	8.3	6.6	6.5	8.2
江 苏 Jiangsu	5.7	5.2	6.8	5.6	5.0	7.0
浙 江 Zhejiang	5.9	5.4	7.0	5.9	5.2	7.3
安 徽 Anhui	6.7	5.5	7.8	6.6	5.1	8.0
福 建 Fujian	5.1	4.1	6.6	5.4	4.3	6.9
江 西 Jiangxi	5.3	4.1	6.4	5.6	4.2	7.1
山 东 Shandong	6.3	5.2	7.4	6.2	5.1	7.5
河 南 Henan	5.8	4.4	6.8	6.1	4.5	7.3
湖 北 Hubei	6.4	5.2	7.4	6.8	5.5	8.0
湖 南 Hunan	5.4	4.1	6.7	5.5	4.1	7.0
广 东 Guangdong	4.8	4.2	6.2	4.8	4.2	6.5
广 西 Guangxi	5.2	4.0	6.2	5.5	4.0	7.0
海 南 Hainan	7.4	6.6	8.0	7.2	6.3	8.3
重 庆 Chongqing	5.1	4.0	7.1	5.4	4.2	7.8
四 川 Sichuan	5.6	4.3	6.5	6.0	4.6	7.0
贵 州 Guizhou	5.9	3.8	7.8	6.2	4.1	8.1
云 南 Yunnan	5.3	3.1	7.9	5.5	3.3	8.0
西 藏 Xizang	8.1	5.8	8.7	8.7	6.5	9.4
陕 西 Shaanxi	6.5	5.3	7.6	6.7	5.4	8.2
甘 肃 Gansu	7.6	6.1	7.9	7.5	6.0	7.9
青 海 Qinghai	5.6	4.0	7.8	5.9	4.3	8.0
宁 夏 Ningxia	7.3	6.2	8.0	6.8	5.5	8.2
新 疆 Xinjiang	6.4	5.0	8.6	7.0	5.6	8.4

2-26 全国31省(自治区、直辖市)城乡居民人均消费支出(分季度)

Per Capita Consumption Expenditure of Urban and Rural Households by 31 Regions (by Quarters) (2023)

单位：元 (yuan)

地区	Regions	一季度 The First Quarter			上半年 The First Half		
		全体居民 Urban and Rural Households	城镇居民 Urban Households	农村居民 Rural Households	全体居民 Urban and Rural Households	城镇居民 Urban Households	农村居民 Rural Households
全国	**National Average**	**6738**	**8303**	**4629**	**12739**	**15810**	**8550**
北京	Beijing	12045	12875	6706	22861	24391	13014
天津	Tianjin	8472	9048	5678	16685	17901	10733
河北	Hebei	5789	6984	4506	10414	12532	8087
山西	Shanxi	4830	5786	3659	9427	11508	6840
内蒙古	Inner Mongolia	6497	7676	4644	12667	15162	8718
辽宁	Liaoning	5962	7018	3812	11825	13934	7461
吉林	Jilin	4956	6026	3549	10065	12488	6849
黑龙江	Heilongjiang	5301	6156	4067	10374	12188	7736
上海	Shanghai	12986	13608	7501	26155	27439	14607
江苏	Jiangsu	9343	10569	6846	16689	19245	11419
浙江	Zhejiang	10666	11949	8063	20667	23060	15720
安徽	Anhui	6465	7513	5354	11519	13714	9163
福建	Fujian	7994	9503	5430	15125	18077	10050
江西	Jiangxi	5766	6916	4500	10590	12792	8131
山东	Shandong	5923	7340	4033	10954	13500	7537
河南	Henan	5369	6509	4328	10275	12596	8122
湖北	Hubei	6811	7802	5454	12719	14862	9742
湖南	Hunan	6536	8050	4902	11956	14715	8936
广东	Guangdong	8554	9806	5574	16339	18774	10468
广西	Guangxi	5105	6551	3802	9687	12293	7315
海南	Hainan	6222	7748	4276	11746	14389	8339
重庆	Chongqing	6784	8328	4252	12934	15843	8068
四川	Sichuan	5642	7182	4180	10874	13889	7968
贵州	Guizhou	4811	6521	3528	9463	13436	6427
云南	Yunnan	5361	7515	3716	10028	14130	6846
西藏	Xizang	4206	8208	2691	8029	15823	5055
陕西	Shaanxi	5687	7012	4128	10897	13491	7803
甘肃	Gansu	4819	6753	3326	8908	13030	5683
青海	Qinghai	5513	7078	3857	10250	13457	6809
宁夏	Ningxia	5262	6626	3554	10474	13266	6947
新疆	Xinjiang	5021	7037	3171	10214	14131	6566

2-26 续表 continued

单位：元 (yuan)

地区 Regions	前三季度 The First Three Quarters			全年 All Year		
	全体居民 Urban and Rural Households	城镇居民 Urban Households	农村居民 Rural Households	全体居民 Urban and Rural Households	城镇居民 Urban Households	农村居民 Rural Households
全 国 National Average	**19530**	**24315**	**12998**	**26796**	**32994**	**18175**
北 京 Beijing	34783	37225	19068	47586	50897	26277
天 津 Tianjin	25719	27722	15917	34914	37586	21553
河 北 Hebei	15949	19307	12261	22920	27906	17244
山 西 Shanxi	14259	17418	10332	19756	24524	13684
内蒙古 Inner Mongolia	19241	23434	12603	27025	32249	18650
辽 宁 Liaoning	18148	21438	11338	24865	29091	16040
吉 林 Jilin	15521	19320	10477	21411	26677	14354
黑龙江 Heilongjiang	16025	18900	11844	22052	25882	16453
上 海 Shanghai	39969	41867	22905	52508	54919	30782
江 苏 Jiangsu	25843	29768	17752	35491	40461	25029
浙 江 Zhejiang	31390	35388	23085	42194	47762	30468
安 徽 Anhui	17741	21177	14053	23607	27900	18905
福 建 Fujian	23262	27879	15221	31869	37674	21746
江 西 Jiangxi	16400	19931	12458	23379	27733	18421
山 东 Shandong	17118	21192	11650	24293	30251	16075
河 南 Henan	15400	18946	12110	21011	25570	16638
湖 北 Hubei	19701	23035	15071	27106	31500	20922
湖 南 Hunan	17825	22187	13051	25462	31035	19210
广 东 Guangdong	25481	29385	16069	34331	39333	22209
广 西 Guangxi	14809	18721	11250	19749	24427	15435
海 南 Hainan	17504	21533	12310	23752	28930	16924
重 庆 Chongqing	19312	23564	12203	26515	31531	17964
四 川 Sichuan	16821	21478	12331	23550	29280	17901
贵 州 Guizhou	14512	20547	9901	20161	27693	14260
云 南 Yunnan	15455	21228	10977	20995	28338	15147
西 藏 Xizang	11854	23036	7586	17220	28858	12619
陕 西 Shaanxi	16310	20288	11568	22012	27303	15647
甘 肃 Gansu	13695	20085	8697	19013	27044	12575
青 海 Qinghai	15778	20354	10868	20327	25373	14790
宁 夏 Ningxia	16014	20586	10238	21629	27076	14649
新 疆 Xinjiang	15269	21306	9645	19715	26134	13645

2-27 全国31省(自治区、直辖市)城乡居民人均消费支出增速(分季度)
Per Capita Consumption Expenditure Growth of Urban and Rural Households by 31 Regions (by Quarters) (2023)

单位: % (%)

地 区	Regions	一季度 The First Quarter			上半年 The First Half		
		全体居民 Urban and Rural Households	城镇居民 Urban Households	农村居民 Rural Households	全体居民 Urban and Rural Households	城镇居民 Urban Households	农村居民 Rural Households
全 国	**National Average**	**5.4**	**4.8**	**5.5**	**8.4**	**7.7**	**8.5**
北 京	Beijing	6.3	6.4	5.2	8.7	8.6	9.8
天 津	Tianjin	7.5	7.2	9.5	9.7	9.1	14.4
河 北	Hebei	5.8	6.1	4.4	6.9	6.8	6.2
山 西	Shanxi	6.5	4.1	10.5	7.6	5.9	10.1
内蒙古	Inner Mongolia	12.0	10.9	13.8	17.3	15.9	19.9
辽 宁	Liaoning	-1.4	-1.2	-3.1	9.6	8.9	11.1
吉 林	Jilin	1.3	2.1	-1.1	23.3	24.9	18.5
黑龙江	Heilongjiang	3.0	3.0	2.9	8.1	7.8	8.7
上 海	Shanghai	1.2	1.7	-6.2	24.4	24.5	22.7
江 苏	Jiangsu	7.9	7.4	8.7	9.1	8.0	12.2
浙 江	Zhejiang	5.1	4.8	5.3	8.8	8.1	10.4
安 徽	Anhui	2.5	1.9	2.9	3.6	3.1	3.5
福 建	Fujian	5.5	4.5	6.8	5.1	4.0	7.1
江 西	Jiangxi	6.0	5.2	6.4	6.5	5.2	8.0
山 东	Shandong	3.5	3.0	3.5	5.9	5.0	6.9
河 南	Henan	7.6	5.7	9.4	9.2	8.0	10.1
湖 北	Hubei	3.8	4.0	2.8	5.7	4.4	7.4
湖 南	Hunan	4.1	3.6	4.2	4.4	3.4	5.1
广 东	Guangdong	1.9	1.7	1.8	3.9	3.7	3.5
广 西	Guangxi	9.3	12.4	4.1	10.8	13.1	6.6
海 南	Hainan	6.4	6.5	5.3	7.9	7.0	9.0
重 庆	Chongqing	2.9	1.9	4.4	3.5	2.4	5.9
四 川	Sichuan	4.6	3.8	4.7	4.4	3.3	5.1
贵 州	Guizhou	3.3	0.3	6.2	7.8	8.4	5.4
云 南	Yunnan	9.7	9.6	8.5	10.3	7.9	12.9
西 藏	Xizang	7.2	2.6	11.0	6.7	2.3	10.4
陕 西	Shaanxi	14.4	14.3	13.5	14.0	13.5	13.7
甘 肃	Gansu	6.1	4.4	7.4	7.8	6.3	8.6
青 海	Qinghai	9.3	8.6	9.3	18.1	18.6	15.6
宁 夏	Ningxia	4.0	3.2	4.2	10.3	9.8	9.9
新 疆	Xinjiang	2.7	2.1	2.6	6.3	4.2	9.4

2-27 续表 continued

单位：% (%)

地 区 Regions	前三季度 The First Three Quarters			全年 All Year		
	全体居民 Urban and Rural Households	城镇居民 Urban Households	农村居民 Rural Households	全体居民 Urban and Rural Households	城镇居民 Urban Households	农村居民 Rural Households
全 国 National Average	**9.2**	**8.6**	**9.3**	**9.2**	**8.6**	**9.3**
北 京 Beijing	9.8	9.9	9.0	11.5	11.6	10.7
天 津 Tianjin	10.2	9.6	14.8	11.5	11.1	13.8
河 北 Hebei	6.7	7.0	5.3	9.7	11.3	6.0
山 西 Shanxi	7.4	6.1	9.2	12.7	11.9	13.2
内蒙古 Inner Mongolia	16.3	16.2	15.5	21.2	20.9	20.8
辽 宁 Liaoning	10.0	9.4	10.9	10.0	9.1	12.0
吉 林 Jilin	22.1	24.1	16.5	19.6	22.2	12.8
黑龙江 Heilongjiang	8.5	8.1	9.3	8.0	7.8	8.5
上 海 Shanghai	21.9	22.0	20.7	14.0	14.2	12.2
江 苏 Jiangsu	8.8	7.7	11.7	8.0	7.1	10.8
浙 江 Zhejiang	9.0	8.3	10.6	8.3	7.3	10.9
安 徽 Anhui	6.0	5.5	6.0	4.7	4.0	5.1
福 建 Fujian	6.8	6.2	7.2	6.1	5.6	6.3
江 西 Jiangxi	7.8	7.0	8.2	7.7	6.8	8.5
山 东 Shandong	7.9	6.9	9.0	7.3	5.9	9.5
河 南 Henan	9.0	8.2	9.2	10.5	8.6	12.2
湖 北 Hubei	9.4	7.7	11.9	9.2	8.2	10.2
湖 南 Hunan	5.3	4.4	6.0	5.7	4.9	6.3
广 东 Guangdong	5.2	5.0	5.1	6.7	6.5	6.8
广 西 Guangxi	12.4	13.1	10.5	7.7	8.9	5.3
海 南 Hainan	11.3	10.7	11.8	10.5	9.5	11.7
重 庆 Chongqing	5.2	3.9	8.0	4.5	3.1	7.4
四 川 Sichuan	6.3	5.8	5.9	5.6	5.9	4.1
贵 州 Guizhou	9.3	9.6	7.2	12.4	14.3	8.3
云 南 Yunnan	9.7	7.2	12.3	10.8	8.0	13.8
西 藏 Xizang	7.0	1.8	11.5	8.4	2.1	13.3
陕 西 Shaanxi	13.0	12.6	12.5	10.9	10.2	11.0
甘 肃 Gansu	9.7	8.0	10.7	8.7	7.3	9.4
青 海 Qinghai	21.8	21.2	21.6	17.8	16.9	18.2
宁 夏 Ningxia	11.2	10.3	11.5	13.0	11.8	14.2
新 疆 Xinjiang	8.2	7.0	9.6	10.0	8.2	12.1

2-28 全市各区城乡居民人均可支配收入
Per Capita Disposable Income of Urban and Rural Households by Districts (2022-2023)

地 区	Districts	全体居民 Urban and Rural Households			城镇居民 Urban Households			农村居民 Rural Households		
		绝对数(元) Number(yuan)		增速 Growth (%)	绝对数(元) Number(yuan)		增速 Growth (%)	绝对数(元) Number(yuan)		增速 Growth (%)
		2022	2023		2022	2023		2022	2023	
全 市	**City Average**	**48976**	**51271**	**4.7**	**53003**	**55355**	**4.4**	**29018**	**30851**	**6.3**
和平区	Heping	66531	69649	4.7	66531	69649	4.7			
河东区	Hedong	54068	56568	4.6	54068	56568	4.6			
河西区	Hexi	62568	65597	4.8	62568	65597	4.8			
南开区	Nankai	60436	63151	4.5	60436	63151	4.5			
河北区	Hebei	56029	58343	4.1	56029	58343	4.1			
红桥区	Hongqiao	52950	55158	4.2	52950	55158	4.2			
东丽区	Dongli	46393	48349	4.2	47631	49640	4.2			
西青区	Xiqing	47262	49503	4.7	48623	50719	4.3			
津南区	Jinnan	44764	46650	4.2	45992	47896	4.1			
北辰区	Beichen	45449	47416	4.3	46744	48703	4.2			
武清区	Wuqing	37188	39321	5.7	45066	47238	4.8	29557	31499	6.6
宝坻区	Baodi	34296	35938	4.8	41912	43811	4.5	27861	29548	6.1
滨海新区	Binhai	61265	64246	4.9	61594	64624	4.9			
宁河区	Ninghe	33091	35025	5.8	41051	42766	4.2	27981	29668	6.0
静海区	Jinghai	35168	37210	5.8	41931	44040	5.0	28697	30516	6.3
蓟州区	Jizhou	33073	35116	6.2	40968	42926	4.8	27472	29224	6.4

2-29 全市各区城乡居民人均可支配收入(2023年一季度)
Per Capita Disposable Income of Urban and Rural Households by Districts (the First Quarter of 2023)

地 区	Districts	全体居民 Urban and Rural Households			城镇居民 Urban Households			农村居民 Rural Households		
		绝对数(元) Number(yuan)		增速 Growth (%)	绝对数(元) Number(yuan)		增速 Growth (%)	绝对数(元) Number(yuan)		增速 Growth (%)
		2022	2023		2022	2023		2022	2023	
全 市	**City Average**	**14082**	**14524**	**3.1**	**15288**	**15737**	**2.9**	**8283**	**8638**	**4.3**
和平区	Heping	17808	18423	3.5	17808	18423	3.5			
河东区	Hedong	15563	16032	3.0	15563	16032	3.0			
河西区	Hexi	17354	17977	3.6	17354	17977	3.6			
南开区	Nankai	17074	17649	3.4	17074	17649	3.4			
河北区	Hebei	15819	16196	2.4	15819	16196	2.4			
红桥区	Hongqiao	15533	15973	2.8	15533	15973	2.8			
东丽区	Dongli	13145	13528	2.9	13495	13889	2.9			
西青区	Xiqing	14088	14551	3.3	14585	15046	3.2			
津南区	Jinnan	12534	12954	3.3	12878	13309	3.3			
北辰区	Beichen	12884	13162	2.2	13108	13398	2.2			
武清区	Wuqing	11255	11777	4.6	13620	14117	3.6	8664	9180	6.0
宝坻区	Baodi	10074	10377	3.0	12750	13096	2.7	7823	8107	3.6
滨海新区	Binhai	16359	16730	2.3	16412	16792	2.3			
宁河区	Ninghe	9290	9633	3.7	11215	11435	2.0	8028	8441	5.2
静海区	Jinghai	10069	10492	4.2	11830	12296	3.9	8384	8765	4.5
蓟州区	Jizhou	9289	9616	3.5	11120	11527	3.7	7913	8175	3.3

2-30 全市各区城乡居民人均可支配收入(2023年上半年)
Per Capita Disposable Income of Urban and Rural Households by Districts (the First Half of 2023)

地区	Districts	全体居民 Urban and Rural Households			城镇居民 Urban Households			农村居民 Rural Households		
		绝对数(元) Number(yuan)		增速 Growth (%)	绝对数(元) Number(yuan)		增速 Growth (%)	绝对数(元) Number(yuan)		增速 Growth (%)
		2022	2023		2022	2023		2022	2023	
全 市	**City Average**	**25454**	**26655**	**4.7**	**27715**	**28948**	**4.4**	**14488**	**15440**	**6.6**
和平区	Heping	34302	35971	4.9	34302	35971	4.9			
河东区	Hedong	28810	30113	4.5	28810	30113	4.5			
河西区	Hexi	33094	34734	5.0	33094	34734	5.0			
南开区	Nankai	32113	33618	4.7	32113	33618	4.7			
河北区	Hebei	29297	30482	4.0	29297	30482	4.0			
红桥区	Hongqiao	28413	29584	4.1	28413	29584	4.1			
东丽区	Dongli	24642	25818	4.8	25404	26507	4.3			
西青区	Xiqing	25505	26722	4.8	26431	27622	4.5			
津南区	Jinnan	24106	25233	4.7	24826	25926	4.4			
北辰区	Beichen	23137	24056	4.0	23808	24728	3.9			
武清区	Wuqing	19653	20958	6.6	23947	25141	5.0	15494	16621	7.3
宝坻区	Baodi	17546	18342	4.5	22031	23007	4.4	13584	14448	6.4
滨海新区	Binhai	30630	32042	4.6	30807	32195	4.5			
宁河区	Ninghe	16283	17156	5.4	19934	20729	4.0	13766	14694	6.7
静海区	Jinghai	18152	19249	6.0	21936	23087	5.2	14531	15488	6.6
蓟州区	Jizhou	16656	17600	5.7	20613	21671	5.1	13683	14528	6.2

2-31 全市各区城乡居民人均可支配收入(2023年前三季度)
Per Capita Disposable Income of Urban and Rural Households by Districts (the First Three Quarters of 2023)

地区	Districts	全体居民 Urban and Rural Households			城镇居民 Urban Households			农村居民 Rural Households		
		绝对数(元) Number(yuan)		增速 Growth (%)	绝对数(元) Number(yuan)		增速 Growth (%)	绝对数(元) Number(yuan)		增速 Growth (%)
		2022	2023		2022	2023		2022	2023	
全 市	**City Average**	**38935**	**40713**	**4.6**	**42416**	**44253**	**4.3**	**22057**	**23394**	**6.1**
和平区	Heping	52921	55384	4.7	52921	55384	4.7			
河东区	Hedong	43004	44918	4.5	43004	44918	4.5			
河西区	Hexi	50357	52750	4.8	50357	52750	4.8			
南开区	Nankai	49017	51252	4.6	49017	51252	4.6			
河北区	Hebei	43619	45344	4.0	43619	45344	4.0			
红桥区	Hongqiao	42715	44406	4.0	42715	44406	4.0			
东丽区	Dongli	37980	39684	4.5	39155	40744	4.1			
西青区	Xiqing	38635	40408	4.6	39999	41703	4.3			
津南区	Jinnan	37051	38640	4.3	38157	39671	4.0			
北辰区	Beichen	36531	38048	4.2	37606	39136	4.1			
武清区	Wuqing	29982	31645	5.5	36892	38646	4.8	23290	24783	6.4
宝坻区	Baodi	27002	28185	4.4	34130	35581	4.3	20706	21936	5.9
滨海新区	Binhai	44929	47069	4.8	45183	47332	4.8			
宁河区	Ninghe	24906	26180	5.1	30861	32148	4.2	20803	22033	5.9
静海区	Jinghai	27424	28973	5.6	32961	34572	4.9	22125	23484	6.1
蓟州区	Jizhou	25729	27153	5.5	32345	33919	4.9	20758	22048	6.2

主要统计指标解释

一体化住户调查 从 2012 年四季度起，国家统计局对分别进行的城乡住户调查实施了一体化改革。改革后的农村住户调查，样本地域范围由涉农区县城乡结合区、镇中心区、乡村缩小到只包括乡村，城乡结合区和镇中心区均纳入城镇。同时，统一了城乡居民收入指标名称、分类和统计标准，建立了城乡统一的一体化住户调查《住户收支与生活状况调查》，并据此获得居民有关数据。自 2013 年起发布一体化住户调查新口径收支数据。目前，天津市住户调查样本涉及全市 16 个区的 400 个调查小区的 4000 个调查户。

常住成员 指住户成员中，经常在家居住或者调查期内居住时间超过一半的人员，以及本住户供养的学生。常住成员为住户收支的调查对象。

居民可支配收入 指居民可用于最终消费支出和储蓄的总和，即居民可用于自由支配的收入。既包括现金收入，也包括实物收入。按照收入的来源，可支配收入包含四项，分别为：工资性收入、经营净收入、财产净收入和转移净收入。

工资性收入 指就业人员通过各种途径得到的全部劳动报酬和各种福利，包括受雇于单位或个人、从事各种自由职业、兼职和零星劳动得到的全部劳动报酬和福利。

经营净收入 指住户或住户成员从事生产经营活动所获得的净收入，是全部经营收入中扣除经营费用、生产性固定资产折旧和生产税之后得到的净收入，包括第一、二、三产业经营净收入。计算公式为：

经营净收入=经营收入-经营费用-生产性固定资产折旧-生产税

财产净收入 指住户或住户成员将其所拥有的金融资产、住房等非金融资产和自然资源交由其他机构单位、住户或个人支配而获得的回报并扣除相关的费用之后得到的净收入。财产净收入包括利息净收入、红利收入、储蓄性保险净收益、转让承包土地经营权租金净收入、出租房屋净收入、出租其他资产净收入和自有住房折算净租金等。财产净收入不包括转让资产所有权的溢价所得。

转移净收入 计算公式为：转移净收入=转移性收入-转移性支出

转移性收入 指国家、单位、社会团体对住户的各种经常性转移支付和住户之间的经常性收入转移。包括养老金或退休金、社会救济和补助、政策性生产补贴、政策性生活补贴、经常性捐赠和赔偿、报销医疗费、住户之间的赡养收入、本住户非常住成员寄回带回的收入等。转移性收入不包括住户之间的实物馈赠。

转移性支出 指调查户对国家、单位、住户或个人的经常性或义务性转移支付。包括缴纳的税款、各项社会保障支出、赡养支出、经常性捐赠和赔偿支出以及其他经常转移支出等。

居民消费支出 指居民用于满足家庭日常生活消费需要的全部支出，既包括现金消费支出，也包括实物消费支出。消费支出可划分为食品烟酒、衣着、居住、生活用品及服务、交通通信、教育文化娱乐、医疗保健以及其他用品及服务八大类。

食品烟酒 指用于各种食品和烟草、酒类的支出，包括食品、烟酒、饮料和饮食服务。

衣着 指与居民穿着有关的支出，包括服装、服装材料、鞋类、其他衣类及配件、衣着相关加工服务的支出。

居住 指与居住有关的支出，包括房租、水、电、燃料、物业管理等方面的支出，也包括自有住房折算租金。

生活用品及服务 指家庭及个人的各类生活品及家庭服务。包括家具及室内装饰品、家用器具、家用纺织品、家庭日用杂品、个人用品和家庭服务。

交通通信 指用于交通和通信工具及相关的各种服务费、维修费和车辆保险等支出。

教育文化娱乐 指用于教育、文化和娱乐方面的支出。

教育 指按一定的目的要求，对受教育者的德育、智育、体育、爱好、技能等诸方面施以影响的一种有计划的活动，与这一活动直接相关的支出即为教育支出。包括学前教育、小学教育、初中教育、高中教育、中专职高教育、大专及以上教育、其他教育和培训的各项费用。如学杂费、培训费、赞助费、一揽子教育服务、教育用品等。

文化娱乐 指用于文娱耐用消费品、其他文娱用品和文化娱乐服务的费用。

医疗保健 指用于医疗和保健的药品、用品和服务的总费用。包括医疗器具及药品，以及医疗服务。

医疗器具及药品 包括购买药品、滋补保健品、医疗卫生器具及用品和保健器具的费用。

医疗服务 包括门诊和住院的医疗总费用。其中包括从各种医疗保险或其他医疗救助计划中获得的医药费和医疗费的报销款额。报销医疗费应按收付实现制记录。

其他用品及服务 指无法直接归入上述各类支出的其他用品与服务支出。

其他用品 包括首饰、手表和其他杂项用品等支出。

其他服务 指用于个人消费中的服务费，包括旅馆住宿费、美容美发洗浴、其他杂项服务；以及丧葬费、请律师的诉讼费、公证费、房地产中介服务费等。

Explanatory Notes on Main Statistical Indicators

Integrated Household Survey means in the fourth quarter of 2012, the National Bureau of Statistics launched its reform on the household survey programme, to develop an integrated survey, instead of two separate urban and rural household surveys. After the reform, the geographic area of the rural household survey has shrunk from urban-rural fringe zone and town center and villages of all the districts and counties to only villages. Urban-rural fringe zone and town center have been brought into urban area. Meanwhile, the reform has unified the indicators, classifies and statistical standards of urban and rural household income. Also it has established a unified and integrated household survey "the household budget and living conditions survey", and thus to obtain the data. Integrated household survey data in new scope has been published since 2013. There are 4000 samples involved in the Tianjin's 16 districts.

Permanent Member means household members who stay at home regularly or for over the half of the survey period, also including the students supported by family. Permanent members are the respondents of the household survey.

Disposable Income means the income of residents for purpose of final expenditure and savings. It includes income both in cash and in kind. By sources of income, disposable income includes four categories: income from wages and salaries, net business income, net income from properties and net income from transfer.

Income of Wages and Salaries means the remuneration and benefits of all kinds of employed persons, including those employed by other units or individuals, freelance workers, part-time jobs, and sporadic workers.

Net Business Income means net income earned by households and their members engaged in production and business activities. It refers to the net income of operating revenue minus operating costs, depreciation of productive fixed assets, and production tax. It includes net income of primary, secondary and tertiary industries. The formula is:

Net business income= operating revenue-operating costs-depreciation of productive fixed assets - production tax

Net Income from Property means the net income received as returns by households or members through lending of their financial assets, non-financial assets such as housing, to other institutions, households or individuals, minus relevant costs. Net income from property includes net income of interest, bonus income, net income of saving insurance, net income from transferring management right of contract land, net income from lending of housing, net income from lending other assets, net converted rents of self-owned housing. Net income from property do not include premium of transferring ownership of assets.

Net Income from Transfer The formula is:

Net income from transfer = income from transfer - expenditure from transfer

Income from Transfer means the regular transfer received from governments, institutions, social organizations to households and between households. It includes old-age and retirement pension, regular donation and compensation, reimbursement of medical fees, supporting income between households, income from non-resident members of households, etc. Income from transfer do not include gifts in kinds between households.

Expenditure from Transfer means regular or obligatory transfer paid to government, institutions, households or individuals. It includes tax payment, expenditure on all kinds of social security, supporting expenditure, regular donation, compensation payment and other regular transfer expenditure.

Consumption Expenditure of Households means all expenditure of residents for living expenditure to satisfy family daily living. It includes expenditure in cash and in kind. It includes eight categories: food, tobacco and liquor; clothing and footwear; housing; household equipments, furnishings and services; transport and communications; education, culture and recreation; health care and medical services; miscellaneous goods and services.

Food, Tobacco and Liquor means the expenditure for food, tobacco and liquor of all kinds. It includes the expenditure on food, tobacco, liquor, drink and catering services.

Clothing and Footwear means the expenditure related to clothing, including clothes, clothing materials, footwear, other clothing and accessories, processing services related to clothing.

Housing means the expenditure related to housing, including rents, water, electricity, fuel, property management, as well as imputed rent on owner-occupied dwellings.

Household Equipments, Furnishings and Services means the expenditure of households and individuals on equipments, furnishings and articles for living purpose and on household services. It includes furniture and interior decoration, home appliances, home textiles, household miscellaneous daily articles, personal articles, and household services.

Transport and Communications means the expenditure on transport and communication and related services, maintenance and repairs, and vehicle insurance.

Education, Culture and Recreation means the expenditure on educational, cultural and recreational activities.

Education means according to the certain requirements and purpose, training the educates in moral, knowledge, sports, hobbies, skills and all aspects. The education expenditure is directly related to activities for education. It includes the expenditure on the pre-school education, primary education, secondary education, high school education, secondary vocational education, junior college or above education, other education and training. Such as tuition and miscellaneous fees, training expenses, sponsorship, packages of education services, education supplies.

Culture and Recreation means the expenditure on recreational durable goods, other recreational goods, cultural and recreational services.

Health Care and Medical Services means the expenditure on drugs, supplies and services of medical and health care. It includes medical appliances and drugs, and medical services.

Medical Equipment and Medicine means the expenditure on drugs, nourishing health products, medical and health care instruments.

Medical Services includes the expenditure in outpatient clinic and hospitalization. It includes the reimbursement amount from medical insurance or medical financial assistance. The reimbursement signed in cash basis.

Miscellaneous Goods and Services means the expenditure on all other articles and services that can not classified into the above categories.

Other Goods includes the expenditure on jewelry, watch and so on.

Other Services means the expenditure on service charge. It includes hotel bills, grooming, salon fee, miscellaneous services, funeral expenses, court costs, notary fees, inter-ediation services and so on.

三、价格指数

Chapter 3

PRICE INDICES

3-1 居民消费价格分类指数
Consumer Price Indices by Category (2019-2023)

(上年=100) (preceding year=100)

项 目	Item	2019	2020	2021	2022	2023
居民消费价格指数	**Consumer Price Index**	**102.7**	**102.0**	**101.3**	**101.9**	**100.4**
#服务价格指数	Services Price Index	102.6	101.5	101.4	100.7	101.5
#消费品价格指数	Consumer Goods Price Index	102.7	102.5	101.3	102.7	99.7
一、食品烟酒	Food, Tobacco and Alcohol	104.6	106.5	101.3	102.2	100.5
1.食品	Food	106.0	107.6	100.2	102.4	99.8
(1)粮食	Grain	101.8	101.7	101.3	102.9	100.1
(2)薯类	Tubers	91.6	104.9	98.6	103.8	111.6
(3)豆类	Beans	102.2	109.9	108.5	106.3	102.1
(4)食用油	Edible Oil and Fats	100.4	98.9	106.3	104.7	101.5
(5)菜及食用菌	Vegetables and Edible Mushrooms	100.5	109.8	106.1	99.2	97.4
(6)畜肉类	Meat of Livestock	124.1	131.1	88.2	97.4	93.3
(7)禽肉类	Meat of Poultry	108.8	99.4	97.4	101.3	101.8
(8)水产品	Aquatic Products	96.4	102.7	106.6	98.6	102.5
(9)蛋类	Eggs	105.1	87.5	120.2	107.4	99.7
(10)奶类	Milk and Other Dairy Products	101.6	100.0	101.1	101.4	98.6
(11)干鲜瓜果类	Fruits and Nuts	107.5	93.5	98.3	110.8	103.6
(12)糖果糕点类	Candy and Cake	101.3	101.2	102.1	103.9	101.7
(13)调味品	Flavoring	101.4	102.1	100.9	103.4	101.7
(14)其他食品类	Other Foods	100.3	102.0	101.8	102.7	101.0
2.茶及饮料	Tea and Beverages	101.5	101.5	101.8	101.5	99.6
3.烟酒	Tobacco and Alcohol	101.5	102.5	103.5	102.7	100.8
(1)卷烟	Tobacco	101.7	103.2	103.7	103.9	101.3
(2)酒类	Alcohol	101.2	101.8	103.1	101.1	100.1
4.在外餐饮	Dining out	102.4	104.9	102.9	101.6	101.9
二、衣着	Clothing	102.1	98.5	97.8	101.4	101.0
1.服装	Garments	102.0	99.0	99.2	101.0	100.8
2.鞋类	Footwear	102.2	96.1	93.3	102.4	101.4
三、居住	Residence	102.4	100.7	100.7	100.3	100.5
1.租赁房房租	Rent of Rental Housing	103.0	101.0	100.1	101.0	101.4
2.住房保养维修及管理	Housing Maintenance and Management	103.3	100.8	103.4	103.4	99.8
3.水电燃料	Water, Electricity and Fuels	100.4	99.9	98.8	98.8	100.3
4.自有住房	Private Housing	102.7	100.9	100.9	100.2	100.5
四、生活用品及服务	Articles for Daily Use and Services	100.9	100.2	101.0	101.6	100.0
1.家具及室内装饰品	Furniture and Interior Decorations	99.4	100.9	103.8	100.0	99.1
2.家用器具	Home Appliances	99.5	98.5	97.9	101.6	99.0
3.家用纺织品	Home Textiles	100.3	99.4	100.9	101.4	98.9
4.家庭日用杂品	Daily Use Household Articles	101.0	99.8	100.3	101.9	100.1
5.个人护理用品	Personal-care Supplies	100.5	100.7	101.9	102.1	100.7
6.家庭服务	Household Services	106.1	102.8	103.5	102.4	102.2
五、交通通信	Transport and Communications	99.3	97.1	104.7	105.9	97.2
1.交通	Transport	98.7	96.6	105.8	107.4	96.6
2.通信	Communications	100.3	98.0	101.1	100.4	99.6
六、教育文化娱乐	Education, Culture and Recreation	104.2	102.6	103.4	101.8	103.1
1.教育	Education	104.5	104.9	102.9	102.2	102.3
2.文化娱乐	Culture and Recreation	104.0	100.4	103.9	101.4	104.1
七、医疗保健	Health Care	100.9	99.9	100.0	100.2	100.4
1.药品及医疗器具	Medicine and Medical Instruments	101.8	99.8	99.0	100.5	100.4
2.医疗服务	Medical Services	100.1	100.0	100.5	100.1	100.3
八、其他用品及服务	Other Articles and Services	105.0	107.9	97.8	100.3	103.6
1.其他用品	Other Articles	107.8	116.8	98.8	100.6	106.3
2.其他服务	Other Services	102.8	100.6	97.0	100.0	101.3

注：2021年居民消费价格指数目录进行了调整。
Note: Consumer price index catalogue was adjusted in 2021.

3-2 主要商品和服务价格指数
Major Goods and Services Price Indices (2019-2023)

(上年=100) (preceding year=100)

项　目	Item	2019	2020	2021	2022	2023
大米	Rice	100.5	101.6	99.2	98.9	100.1
面粉	Flour	102.5	99.4	100.1	107.7	98.8
食用植物油	Edible Vegetable Oil	100.4	98.9	106.4	104.8	101.4
鲜菜	Fresh Vegetables	100.3	109.8	106.3	98.8	96.9
猪肉	Pork	138.0	147.7	70.0	95.2	87.6
牛肉	Beef	113.9	112.1	102.2	101.2	95.5
羊肉	Mutton	111.8	105.0	106.9	93.6	97.7
淡水鱼	Freshwater Fish	97.8	104.0	121.5	92.6	93.2
海水鱼	Seawater Fish	100.7	105.4	96.2	100.9	109.3
鸡蛋	Eggs	104.8	85.8	122.1	107.4	98.9
鲜奶	Milk	100.4	99.8	101.6	100.0	96.1
鲜果	Fresh Fruits	109.0	90.7	98.6	113.0	104.3
食糖	Sugar	100.7	104.7	102.6	106.8	104.5
食用盐	Salt	100.4	97.5	97.9	103.5	100.4
卷烟	Tobacco	101.7	103.2	103.7	103.9	101.3
白酒	Wine	101.3	102.4	104.6	102.2	98.9
啤酒	Beer	101.2	100.3	101.1	100.7	104.3
男式衬衫T恤	Men's Shirt and T-shirt	100.2	100.3	99.3	99.9	99.7
男式裤子	Men's Trousers	95.9	100.1	98.8	98.5	99.3
女式外套	Women's Coat	105.4	97.5	101.4	102.5	101.4
女式衬衫T恤	Women's Shirt and T-shirt	100.9	97.3	101.0	101.2	98.2
鞋	Shoes	102.0	96.0	93.3	102.4	101.4
木地板	Floorboard	102.7	97.6	101.4	101.1	98.7
瓷砖	Ceramic Tile	101.1	102.4	100.0	102.1	98.0
水	Water	100.0	100.0	100.0	100.0	100.0
电	Electricity	100.0	100.0	100.0	100.0	100.0
管道燃气	Pipeline Gas	107.4	98.7	96.8	100.0	103.2
柜	Cabinet	98.6	101.3	103.7	100.6	99.4
桌	Desk	98.8	101.8	106.6	101.9	98.1
沙发	Sofa	103.3	100.1	101.5	98.8	98.4
洗衣机	Washing Machine	99.2	100.3	100.9	100.8	99.1
电冰箱(柜)	Refrigerator	98.9	100.2	100.7	100.6	97.9
空调器	Air-conditioner	96.6	97.2	93.8	102.2	98.8
热水器	Water Heater	102.6	100.3	100.0	102.9	97.7
清洗用品	Cleaning Supplies	103.0	100.6	100.4	101.9	96.7
燃油小汽车	Fuel Car	98.7	96.1	98.9	99.5	94.7
自行车	Bicycle	104.8	100.1	103.0	99.2	100.4
汽油	Gasoline	94.1	85.6	117.7	121.5	94.4
市内公共交通	Urban Public Transport	100.0	100.0	100.0	100.0	100.0
飞机票	Air Ticket	96.4	92.8	97.3	101.6	106.2
火车票	Railway Ticket	99.3	100.0	100.6	100.2	101.0
教材	Teaching Materials	99.4	106.1	101.2	100.8	101.2
电视机	TV Set	98.7	94.4	99.9	94.1	98.5
台式计算机	Desktop Computer	103.8	101.7	102.2	99.7	97.9
笔记本电脑	Laptop	101.1	98.2	100.5	102.0	97.8
音响	Sound System	100.7	94.4	97.3	98.9	96.4
景点门票	Park Ticket	97.1	99.7	100.2	100.1	100.0
电视服务	Cable Television	112.4	100.0	100.0	100.0	100.0
健身活动	Sport Activity	98.7	102.6	103.3	102.3	100.5
中药材	Traditional Chinese Medicinal Materials	105.8	100.7	101.4	100.2	107.2
中成药	Ready-made Traditional Chinese Medicine	102.8	104.1	102.7	99.4	102.3
消化系统用药	Digestive Medicine	100.2	93.6	93.2	101.1	100.6
呼吸系统用药	Respiratory Medicine	101.7	98.2	97.2	101.3	95.4
滋补保健品	Medical Products	101.1	104.2	100.7	101.1	99.9
金饰品	Gold Ornaments	113.4	126.7	95.8	103.3	116.3

3-3 居民货币购买力指数
Indices of Monetary Purchasing Power of Residents(1991-2023)

年 度 Year	上年=100 Preceding Year=100	年 度 Year	1990=100 Year of 1990=100
1991	90.7	1991	90.7
1992	89.8	1992	81.4
1993	85.0	1993	69.3
1994	80.6	1994	55.9
1995	86.7	1995	48.4
1996	91.7	1996	44.4
1997	97.0	1997	43.1
1998	100.5	1998	43.3
1999	101.1	1999	43.8
2000	100.4	2000	44.0
2001	98.8	2001	43.5
2002	100.4	2002	43.6
2003	99.0	2003	43.2
2004	97.8	2004	42.2
2005	98.5	2005	41.6
2006	98.5	2006	41.0
2007	96.0	2007	39.3
2008	94.9	2008	37.3
2009	101.0	2009	37.7
2010	96.6	2010	36.4
2011	95.3	2011	34.7
2012	97.4	2012	33.8
2013	97.0	2013	32.8
2014	98.1	2014	32.2
2015	98.3	2015	31.7
2016	98.0	2016	31.0
2017	98.0	2017	30.4
2018	98.0	2018	29.8
2019	97.4	2019	29.0
2020	98.0	2020	28.4
2021	98.7	2021	28.0
2022	98.1	2022	27.5
2023	99.6	2023	27.4

3-4 工业生产者出厂价格指数
Producer Price Indices for Industrial Products (2019-2023)

(上年=100) (preceding year=100)

项目	Item	2019	2020	2021	2022	2023
工业生产者出厂价格指数	**Producer Price Indices for Industrial Products**	**99.3**	**97.1**	**110.9**	**105.8**	**96.4**
#轻工业	Light Industry	102.6	102.5	103.9	104.4	98.7
以农产品为原料	Using Farm Products as Raw Materials	103.7	104.5	106.8	107.0	98.6
以非农产品为原料	Using Non-farm Products as Raw Materials	100.9	99.4	102.0	102.6	98.8
重工业	Heavy Industry	98.5	95.7	112.5	106.1	95.9
采　掘	Mining and Quarrying Industry	97.9	81.6	138.0	135.7	89.1
原材料	Raw Materials Industry	97.2	92.4	117.6	110.8	96.5
加　工	Processing Industry	99.2	99.1	107.2	100.1	97.0
#生产资料	Means of Production	98.8	95.8	113.5	106.6	96.1
采　掘	Mining & Quarrying Industry	97.9	81.6	138.0	135.7	89.1
原材料	Raw Materials Industry	97.5	92.2	117.7	110.8	96.5
加　工	Processing Industry	99.6	99.4	108.4	100.8	97.4
生活资料	Consumer Goods	100.8	100.9	101.0	102.4	97.7
食　品	Food	105.6	105.9	108.2	108.2	99.0
衣　着	Clothing	100.8	100.2	96.5	102.4	101.8
一般日用品	Articles for Daily Use	99.9	98.7	100.0	99.5	98.5
耐用消费品	Durable Consumer Goods	96.5	96.9	97.3	100.1	96.3
按行业分	**By Sector**					
煤炭开采和洗选业	Mining and Washing of Coal	100.0	100.0	96.8	99.7	100.0
石油和天然气开采业	Extraction of Petroleum and Natural Gas	96.0	66.9	150.6	148.4	86.5
黑色金属矿采选业	Mining and Processing of Ferrous Metal Ores	119.7	104.9	130.6	86.3	98.6
非金属矿采选业	Mining and Processing of Nonmetal Ores	108.2	98.6	134.6	158.9	85.3
开采专业及辅助性活动	Mining Specialty and Support Activities	98.4	104.7	100.1	103.8	100.0
农副食品加工业	Processing of Food from Agricultural Products	108.9	112.3	116.4	115.5	96.1
食品制造业	Processing of Foodstuff	103.9	103.3	100.9	104.2	101.0
酒、饮料和精制茶制造业	Manufacture of Wine, Beverages and refined tea	105.1	100.6	101.0	95.7	108.0
烟草制品业	Manufacture of Tobacco	102.3	102.7	102.7	101.3	100.0
纺织业	Manufacture of Textile	100.7	100.8	103.4	105.5	101.8
纺织服装、服饰业	Manufacture of Textile Wearing Apparel	99.7	100.0	96.2	101.8	101.8
皮革、毛皮、羽毛及其制品和制鞋业	Manufacture of Leather, Fur, Feather and Related Products, Footwear	106.2	102.1	100.8	106.4	102.3
木材加工及木、竹、藤、棕、草制品业	Processing of Timber, Manufacture of Wood, Bamboo, Rattan, Palm and Straw Products	99.4	99.3	101.7	103.1	100.4
家具制造业	Manufacture of Furniture	101.6	101.3	102.9	102.1	100.1
造纸及纸制品业	Manufacture of Paper and Paper Products	90.1	93.7	101.7	99.9	94.1
印刷和记录媒介复制业	Printing, Reproduction of Recording Media	103.7	105.8	103.3	99.7	93.5
文教、工美、体育和娱乐用品制造业	Manufacture of Articles for Culture, Education, Artwork, Sport Activities and Entertainment Goods	103.0	100.2	96.8	105.3	110.1
石油、煤炭及其他燃料加工业	Processing of Petroleum, Coal and other Fuels	99.2	86.3	119.5	123.9	94.5
化学原料及化学制品制造业	Manufacture of Raw Chemical Materials and Chemical Products	93.3	91.2	122.7	107.6	93.8
医药制造业	Manufacture of Medicines	96.6	98.4	100.3	97.5	97.9
化学纤维制造业	Manufacture of Chemical Fibers	99.2	100.5	86.7	96.0	98.6
橡胶和塑料制品业	Manufacture of Rubber and Plastics	99.4	98.7	100.3	100.5	97.3
非金属矿物制品业	Manufacture of Non-metallic Mineral Products	107.0	98.7	104.7	99.6	96.7
黑色金属冶炼和压延加工业	Smelting and Pressing of Ferrous Metals	100.0	98.6	127.8	93.3	92.2
有色金属冶炼和压延加工业	Smelting and Pressing of Non-ferrous Metals	96.5	101.8	134.1	104.1	95.0
金属制品业	Manufacture of Metal Products	97.1	96.4	105.2	102.6	95.5
通用设备制造业	Manufacture of General Purpose Machinery	100.1	102.6	101.9	100.2	100.0
专用设备制造业	Manufacture of Special Purpose Machinery	98.4	99.0	101.3	101.0	100.1
汽车制造业	Manufacture of Automobile	94.7	95.0	97.4	99.8	96.9
铁路、船舶、航空航天和其他运输设备制造业	Manufacture of Railway, Shipbuilding, Aerospace and Other Transportation Equipment	100.3	100.5	102.6	101.1	99.4
电气机械及器材制造业	Manufacture of Electrical Machinery and Equipment	99.8	97.5	104.7	105.0	98.6
计算机、通信和其他电子设备制造业	Manufacture of Computers, Communication Equipment and Other Electronic Equipment	101.2	101.2	100.8	103.1	100.7
仪器仪表制造业	Manufacture of Measuring Instruments	103.1	101.0	98.4	101.0	102.9
其他制造业	Other Manufacturing	99.6	95.1	91.8	103.4	100.2
废弃资源综合利用业	Recycling and Disposal of Waste	107.1	96.6	120.9	115.4	87.3
金属制品、机械和设备修理业	Metal Products, Machinery and Equipment Repair Industry	107.8	107.4	100.0	101.3	98.5
电力、热力的生产和供应业	Production and Supply of Electric Power and Heat Energy	99.1	97.9	99.2	111.8	101.1
燃气生产和供应业	Production and Supply of Gas	105.1	97.7	102.2	119.8	105.7
水的生产和供应业	Production and Supply of Tap Water	101.6	100.0	100.0	99.7	100.4

3-5 按工业部门分工业生产者出厂价格指数
Producer Price Indices for Industrial Products by Industrial Sector (2019-2023)

(上年=100) (preceding year=100)

项 目	Item	2019	2020	2021	2022	2023
按工业部门分	**By Industrial Sector**					
冶金工业	Metallurgical Industry	99.5	98.7	125.2	96.3	93.2
电力工业	Power Industry	99.0	97.9	99.2	111.8	101.1
煤炭及炼焦工业	Coal Industry	101.3	100.1	113.2	105.5	99.7
石油工业	Petroleum Industry	97.3	77.6	128.4	131.0	92.0
化学工业	Chemical Industry	95.6	94.6	113.1	105.2	94.9
机械工业	Mechanical Industry	99.0	99.1	100.5	101.6	98.9
建筑材料工业	Building Materials Industry	108.0	99.0	104.3	100.4	97.0
森林工业	Timber Industry	101.7	101.6	101.4	100.8	99.9
食品工业	Food Industry	105.8	106.4	108.9	108.8	99.1
纺织工业	Textile Industry	99.6	100.8	103.5	105.5	101.8
缝纫工业	Tailoring Industry	100.2	100.3	97.2	102.6	102.0
皮革工业	Leather Industry	101.2	101.3	95.9	104.3	102.8
造纸工业	Paper Industry	90.1	93.7	101.7	99.9	94.1
文教艺术用品工业	Cultural, Educational & Handicrafts Articles	102.1	102.5	102.7	102.1	96.8
其他工业	Other Industry	102.0	98.8	100.6	100.7	101.9

3-6 工业生产者出厂价格月度指数
Monthly Producer Price Indices for Industrial Products
(2023年1月)

项 目	Item	环比	同比	1-1月平均
工业生产者出厂价格指数	**Producer Price Indices for Industrial Products**	**99.9**	**99.4**	**99.4**
#轻工业	Light Industry	99.8	103.4	103.4
以农产品为原料	Using Farm Products as Raw Materials	100.0	106.7	106.7
以非农产品为原料	Using Non-farm Products as Raw Materials	99.6	101.2	101.2
重工业	Heavy Industry	99.9	98.5	98.5
采 掘	Mining and Quarrying Industry	96.9	99.7	99.7
原材料	Raw Materials Industry	101.0	100.2	100.2
加 工	Processing Industry	99.9	97.6	97.6
#生产资料	Means of Production	99.9	99.0	99.0
采 掘	Mining and Quarrying Industry	96.9	99.7	99.7
原材料	Raw Materials Industry	101.0	100.2	100.2
加 工	Processing Industry	99.9	98.3	98.3
生活资料	Consumer Goods	99.8	101.1	101.1
食 品	Food	99.7	107.7	107.7
衣 着	Clothing	99.9	103.1	103.1
一般日用品	Articles for Daily Use	100.0	98.4	98.4
耐用消费品	Durable Consumer Goods	99.9	98.2	98.2
按工业部门分	**By Industrial Sector**			
冶金工业	Metallurgical Industry	101.9	90.7	90.7
电力工业	Power Industry	100.7	104.0	104.0
煤炭及炼焦工业	Coal Industry	101.2	106.6	106.6
石油工业	Petroleum Industry	97.2	103.3	103.3
化学工业	Chemical Industry	99.4	95.7	95.7
机械工业	Machine Building Industry	99.7	101.1	101.1
建筑材料工业	Building Materials Industry	101.4	101.1	101.1
森林工业	Timber Industry	100.1	100.7	100.7
食品工业	Food Industry	99.7	108.2	108.2
纺织工业	Textile Industry	101.7	108.1	108.1
缝纫工业	Tailoring Industry	100.2	102.2	102.2
皮革工业	Leather Industry	98.3	108.6	108.6
造纸工业	Paper Industry	100.5	98.4	98.4
文教艺术用品工业	Cultural, Educational & Handicrafts Articles	99.5	98.6	98.6
其他工业	Other Industry	99.7	98.5	98.5

3-7 工业生产者出厂价格月度指数
Monthly Producer Price Indices for Industrial Products
(2023年2月)

项 目	Item	环比	同比	1-2月平均
工业生产者出厂价格指数	**Producer Price Indices for Industrial Products**	**99.9**	**97.9**	**98.7**
#轻工业	Light Industry	99.4	102.6	103.0
以农产品为原料	Using Farm Products as Raw Materials	99.3	103.8	105.3
以非农产品为原料	Using Non-farm Products as Raw Materials	99.5	101.8	101.5
重工业	Heavy Industry	100.1	96.9	97.7
采 掘	Mining and Quarrying Industry	100.1	90.8	95.1
原材料	Raw Materials Industry	100.8	98.3	99.2
加 工	Processing Industry	99.8	97.4	97.5
#生产资料	Means of Production	100.2	97.4	98.2
采 掘	Mining and Quarrying Industry	100.1	90.8	95.1
原材料	Raw Materials Industry	100.8	98.3	99.2
加 工	Processing Industry	99.9	98.2	98.3
生活资料	Consumer Goods	99.1	100.0	100.6
食 品	Food	99.2	104.1	105.8
衣 着	Clothing	100.2	102.8	102.9
一般日用品	Articles for Daily Use	99.5	100.5	99.4
耐用消费品	Durable Consumer Goods	98.7	97.1	97.6
按工业部门分	**By Industrial Sector**			
冶金工业	Metallurgical Industry	100.9	90.9	90.8
电力工业	Power Industry	100.3	98.9	101.4
煤炭及炼焦工业	Coal Industry	100.1	107.0	106.8
石油工业	Petroleum Industry	100.4	96.1	99.6
化学工业	Chemical Industry	100.2	98.0	96.9
机械工业	Machine Building Industry	99.4	100.5	100.8
建筑材料工业	Building Materials Industry	98.5	99.4	100.2
森林工业	Timber Industry	99.5	100.1	100.4
食品工业	Food Industry	99.2	104.7	106.4
纺织工业	Textile Industry	99.5	106.9	107.5
缝纫工业	Tailoring Industry	100.4	102.6	102.4
皮革工业	Leather Industry	99.1	105.3	106.9
造纸工业	Paper Industry	100.0	97.6	98.0
文教艺术用品工业	Cultural, Educational & Handicrafts Articles	98.9	97.5	98.1
其他工业	Other Industry	100.6	100.1	99.3

3-8 工业生产者出厂价格月度指数
Monthly Producer Price Indices for Industrial Products
(2023年3月)

项　　目	Item	环比	同比	1-3月平均
工业生产者出厂价格指数	**Producer Price Indices for Industrial Products**	**99.8**	**95.2**	**97.5**
#轻工业	Light Industry	99.6	100.3	102.1
以农产品为原料	Using Farm Products as Raw Materials	99.1	99.2	103.2
以非农产品为原料	Using Non-farm Products as Raw Materials	99.9	101.2	101.4
重工业	Heavy Industry	99.8	94.1	96.5
采　掘	Mining and Quarrying Industry	99.2	79.0	89.1
原材料	Raw Materials Industry	99.9	93.8	97.3
加　工	Processing Industry	99.9	97.1	97.4
#生产资料	Means of Production	100.2	94.8	97.1
采　掘	Mining and Quarrying Industry	99.2	79.0	89.1
原材料	Raw Materials Industry	99.9	93.8	97.4
加　工	Processing Industry	100.3	98.4	98.3
生活资料	Consumer Goods	98.4	96.9	99.3
食　品	Food	99.3	98.7	103.4
衣　着	Clothing	100.1	103.2	103.0
一般日用品	Articles for Daily Use	99.8	99.9	99.6
耐用消费品	Durable Consumer Goods	97.0	94.0	96.4
按工业部门分	**By Industrial Sector**			
冶金工业	Metallurgical Industry	101.4	90.3	90.6
电力工业	Power Industry	99.6	98.6	100.4
煤炭及炼焦工业	Coal Industry	99.4	107.7	107.1
石油工业	Petroleum Industry	99.2	85.6	94.5
化学工业	Chemical Industry	99.8	96.6	96.8
机械工业	Machine Building Industry	99.3	99.6	100.4
建筑材料工业	Building Materials Industry	100.2	99.9	100.1
森林工业	Timber Industry	100.0	100.1	100.3
食品工业	Food Industry	99.3	99.0	103.9
纺织工业	Textile Industry	99.3	106.2	107.1
缝纫工业	Tailoring Industry	100.1	102.8	102.5
皮革工业	Leather Industry	100.5	106.9	106.9
造纸工业	Paper Industry	98.5	96.5	97.5
文教艺术用品工业	Cultural, Educational & Handicrafts Articles	99.9	97.5	97.9
其他工业	Other Industry	100.3	98.8	99.1

3-9 工业生产者出厂价格月度指数
Monthly Producer Price Indices for Industrial Products
(2023年4月)

项 目	Item	环比	同比	1-4月平均
工业生产者出厂价格指数	**Producer Price Indices for Industrial Products**	**100.1**	**95.5**	**97.0**
#轻工业	Light Industry	99.2	99.5	101.5
以农产品为原料	Using Farm Products as Raw Materials	98.6	98.2	101.9
以非农产品为原料	Using Non-farm Products as Raw Materials	99.7	100.5	101.1
重工业	Heavy Industry	100.3	94.6	96.0
采 掘	Mining and Quarrying Industry	106.8	89.1	89.1
原材料	Raw Materials Industry	99.7	94.0	96.5
加 工	Processing Industry	99.8	96.1	97.0
#生产资料	Means of Production	100.1	95.1	96.6
采 掘	Mining and Quarrying Industry	106.8	89.1	89.1
原材料	Raw Materials Industry	99.7	94.0	96.5
加 工	Processing Industry	99.4	96.9	97.9
生活资料	Consumer Goods	100.2	97.3	98.8
食 品	Food	98.7	98.0	102.0
衣 着	Clothing	99.5	103.4	103.1
一般日用品	Articles for Daily Use	100.2	99.7	99.6
耐用消费品	Durable Consumer Goods	101.2	95.3	96.1
按工业部门分	**By Industrial Sector**			
冶金工业	Metallurgical Industry	98.2	88.7	90.2
电力工业	Power Industry	104.3	102.7	101.0
煤炭及炼焦工业	Coal Industry	99.6	107.2	107.1
石油工业	Petroleum Industry	103.2	90.9	93.5
化学工业	Chemical Industry	99.4	95.1	96.4
机械工业	Machine Building Industry	99.9	99.2	100.1
建筑材料工业	Building Materials Industry	102.8	98.6	99.7
森林工业	Timber Industry	100.3	100.5	100.4
食品工业	Food Industry	98.7	98.2	102.4
纺织工业	Textile Industry	99.6	106.3	106.9
缝纫工业	Tailoring Industry	99.6	103.4	102.7
皮革工业	Leather Industry	99.3	105.2	106.5
造纸工业	Paper Industry	97.7	94.9	96.9
文教艺术用品工业	Cultural, Educational & Handicrafts Articles	99.6	97.5	97.8
其他工业	Other Industry	100.9	100.0	99.4

3-10 工业生产者出厂价格月度指数
Monthly Producer Price Indices for Industrial Products
（2023年5月）

项　目	Item	环比	同比	1-5月平均
工业生产者出厂价格指数	**Producer Price Indices for Industrial Products**	**98.5**	**93.4**	**96.3**
#轻工业	Light Industry	99.3	98.2	100.8
以农产品为原料	Using Farm Products as Raw Materials	99.6	96.8	100.8
以非农产品为原料	Using Non-farm Products as Raw Materials	99.1	99.3	100.8
重工业	Heavy Industry	98.3	92.4	95.3
采　掘	Mining and Quarrying Industry	92.2	77.5	86.6
原材料	Raw Materials Industry	98.2	91.8	95.5
加　工	Processing Industry	99.1	95.4	96.7
#生产资料	Means of Production	98.2	92.5	95.7
采　掘	Mining and Quarrying Industry	92.2	77.5	86.6
原材料	Raw Materials Industry	98.2	91.8	95.5
加　工	Processing Industry	99.0	95.8	97.5
生活资料	Consumer Goods	99.6	97.1	98.5
食　品	Food	99.9	96.4	100.8
衣　着	Clothing	99.9	102.8	103.1
一般日用品	Articles for Daily Use	98.8	98.7	99.4
耐用消费品	Durable Consumer Goods	99.9	96.5	96.2
按工业部门分	**By Industrial Sector**			
冶金工业	Metallurgical Industry	96.2	86.2	89.4
电力工业	Power Industry	101.9	102.2	101.2
煤炭及炼焦工业	Coal Industry	98.5	103.0	106.3
石油工业	Petroleum Industry	95.0	83.1	91.3
化学工业	Chemical Industry	98.4	93.3	95.7
机械工业	Machine Building Industry	99.9	99.0	99.9
建筑材料工业	Building Materials Industry	98.9	95.9	98.9
森林工业	Timber Industry	99.7	100.2	100.3
食品工业	Food Industry	99.8	96.5	101.2
纺织工业	Textile Industry	98.5	104.9	106.5
缝纫工业	Tailoring Industry	100.2	103.2	102.8
皮革工业	Leather Industry	99.1	102.9	105.7
造纸工业	Paper Industry	99.0	94.5	96.4
文教艺术用品工业	Cultural, Educational & Handicrafts Articles	99.2	97.4	97.7
其他工业	Other Industry	100.5	100.5	99.6

3-11 工业生产者出厂价格月度指数
Monthly Producer Price Indices for Industrial Products
(2023年6月)

项 目	Item	环比	同比	1-6月平均
工业生产者出厂价格指数	**Producer Price Indices for Industrial Products**	**99.3**	**91.8**	**95.5**
#轻工业	Light Industry	98.8	97.0	100.2
以农产品为原料	Using Farm Products as Raw Materials	98.3	95.3	99.9
以非农产品为原料	Using Non-farm Products as Raw Materials	99.1	98.2	100.3
重工业	Heavy Industry	99.4	90.7	94.5
采 掘	Mining and Quarrying Industry	100.3	70.2	83.4
原材料	Raw Materials Industry	98.1	89.3	94.5
加 工	Processing Industry	99.8	95.7	96.5
#生产资料	Means of Production	99.3	90.8	94.9
采 掘	Mining and Quarrying Industry	100.3	70.2	83.4
原材料	Raw Materials Industry	98.1	89.3	94.5
加 工	Processing Industry	99.6	95.9	97.2
生活资料	Consumer Goods	99.3	96.2	98.1
食 品	Food	98.4	95.0	99.8
衣 着	Clothing	100.6	102.1	102.9
一般日用品	Articles for Daily Use	99.7	98.0	99.2
耐用消费品	Durable Consumer Goods	99.7	95.7	96.1
按工业部门分	**By Industrial Sector**			
冶金工业	Metallurgical Industry	99.3	87.9	89.1
电力工业	Power Industry	96.1	98.7	100.8
煤炭及炼焦工业	Coal Industry	98.9	102.2	105.6
石油工业	Petroleum Industry	99.6	75.9	88.4
化学工业	Chemical Industry	98.9	91.9	95.1
机械工业	Machine Building Industry	99.8	98.8	99.7
建筑材料工业	Building Materials Industry	99.3	97.1	98.6
森林工业	Timber Industry	100.2	100.4	100.3
食品工业	Food Industry	98.4	94.9	100.1
纺织工业	Textile Industry	98.7	103.4	106.0
缝纫工业	Tailoring Industry	100.4	102.1	102.7
皮革工业	Leather Industry	101.8	103.9	105.4
造纸工业	Paper Industry	97.5	93.1	95.9
文教艺术用品工业	Cultural, Educational & Handicrafts Articles	100.4	97.3	97.6
其他工业	Other Industry	101.2	102.0	100.0

3-12 工业生产者出厂价格月度指数
Monthly Producer Price Indices for Industrial Products
(2023年7月)

项　　目	Item	环比	同比	1-7月平均
工业生产者出厂价格指数	**Producer Price Indices for Industrial Products**	**100.4**	**94.0**	**95.3**
#轻工业	Light Industry	100.1	97.6	99.8
以农产品为原料	Using Farm Products as Raw Materials	100.6	96.9	99.5
以非农产品为原料	Using Non-farm Products as Raw Materials	99.8	98.0	100.0
重工业	Heavy Industry	100.4	93.2	94.3
采　掘	Mining and Quarrying Industry	105.4	78.7	82.7
原材料	Raw Materials Industry	99.6	91.3	94.0
加　工	Processing Industry	100.1	97.1	96.6
#生产资料	Means of Production	100.3	93.2	94.7
采　掘	Mining and Quarrying Industry	105.4	78.7	82.7
原材料	Raw Materials Industry	99.6	91.3	94.0
加　工	Processing Industry	99.9	97.2	97.2
生活资料	Consumer Goods	100.6	97.3	98.0
食　品	Food	101.3	97.8	99.5
衣　着	Clothing	100.4	101.8	102.7
一般日用品	Articles for Daily Use	100.0	98.2	99.1
耐用消费品	Durable Consumer Goods	100.4	96.3	96.2
按工业部门分	**By Industrial Sector**			
冶金工业	Metallurgical Industry	100.6	93.1	89.7
电力工业	Power Industry	100.5	101.6	100.9
煤炭及炼焦工业	Coal Industry	97.7	93.2	103.7
石油工业	Petroleum Industry	103.4	81.8	87.4
化学工业	Chemical Industry	97.9	90.8	94.5
机械工业	Machine Building Industry	100.0	98.8	99.6
建筑材料工业	Building Materials Industry	98.9	97.1	98.4
森林工业	Timber Industry	100.0	99.8	100.3
食品工业	Food Industry	101.3	97.7	99.8
纺织工业	Textile Industry	100.2	102.2	105.4
缝纫工业	Tailoring Industry	100.4	102.0	102.6
皮革工业	Leather Industry	101.1	103.5	105.1
造纸工业	Paper Industry	97.5	90.1	95.0
文教艺术用品工业	Cultural, Educational & Handicrafts Articles	99.9	97.1	97.6
其他工业	Other Industry	99.8	102.8	100.4

3-13 工业生产者出厂价格月度指数
Monthly Producer Price Indices for Industrial Products
(2023年8月)

项目	Item	环比	同比	1-8月平均
工业生产者出厂价格指数	**Producer Price Indices for Industrial Products**	**100.7**	**96.5**	**95.4**
#轻工业	Light Industry	100.4	97.8	99.5
以农产品为原料	Using Farm Products as Raw Materials	101.4	97.9	99.3
以非农产品为原料	Using Non-farm Products as Raw Materials	99.8	97.8	99.7
重工业	Heavy Industry	100.7	96.2	94.5
采掘	Mining and Quarrying Industry	106.8	92.1	83.8
原材料	Raw Materials Industry	101.2	95.3	94.2
加工	Processing Industry	99.8	97.7	96.8
#生产资料	Means of Production	100.7	96.2	94.8
采掘	Mining and Quarrying Industry	106.8	92.1	83.8
原材料	Raw Materials Industry	101.2	95.3	94.2
加工	Processing Industry	99.8	97.8	97.3
生活资料	Consumer Goods	100.4	97.6	97.9
食品	Food	101.8	99.1	99.5
衣着	Clothing	99.6	100.8	102.5
一般日用品	Articles for Daily Use	99.4	97.4	98.9
耐用消费品	Durable Consumer Goods	100.1	96.5	96.2
按工业部门分	**By Industrial Sector**			
冶金工业	Metallurgical Industry	100.1	95.5	90.3
电力工业	Power Industry	98.4	99.7	100.8
煤炭及炼焦工业	Coal Industry	98.4	91.7	102.1
石油工业	Petroleum Industry	105.8	93.4	88.1
化学工业	Chemical Industry	100.1	92.7	94.3
机械工业	Machine Building Industry	99.9	98.7	99.5
建筑材料工业	Building Materials Industry	97.4	96.9	98.2
森林工业	Timber Industry	100.0	100.0	100.2
食品工业	Food Industry	101.9	99.1	99.7
纺织工业	Textile Industry	99.4	100.5	104.8
缝纫工业	Tailoring Industry	99.7	101.0	102.4
皮革工业	Leather Industry	99.2	102.3	104.8
造纸工业	Paper Industry	99.9	90.6	94.5
文教艺术用品工业	Cultural, Educational & Handicrafts Articles	98.2	95.6	97.3
其他工业	Other Industry	99.9	103.0	100.7

3-14 工业生产者出厂价格月度指数
Monthly Producer Price Indices for Industrial Products
(2023年9月)

项　目	Item	环比	同比	1-9月平均
工业生产者出厂价格指数	**Producer Price Indices for Industrial Products**	**101.1**	**98.3**	**95.8**
#轻工业	Light Industry	100.3	98.3	99.4
以农产品为原料	Using Farm Products as Raw Materials	100.9	98.9	99.2
以非农产品为原料	Using Non-farm Products as Raw Materials	100.0	98.0	99.5
重工业	Heavy Industry	101.3	98.4	94.9
采　掘	Mining and Quarrying Industry	108.0	106.1	86.1
原材料	Raw Materials Industry	101.6	97.4	94.5
加　工	Processing Industry	100.2	98.0	96.9
#生产资料	Means of Production	101.3	98.5	95.2
采　掘	Mining and Quarrying Industry	108.0	106.1	86.1
原材料	Raw Materials Industry	101.6	97.4	94.5
加　工	Processing Industry	100.3	98.2	97.4
生活资料	Consumer Goods	100.2	97.9	97.9
食　品	Food	100.9	100.3	99.6
衣　着	Clothing	100.0	100.6	102.3
一般日用品	Articles for Daily Use	100.2	97.8	98.7
耐用消费品	Durable Consumer Goods	99.9	96.2	96.2
按工业部门分	**By Industrial Sector**			
冶金工业	Metallurgical Industry	100.8	97.4	91.1
电力工业	Power Industry	99.4	96.2	100.2
煤炭及炼焦工业	Coal Industry	100.3	95.6	101.4
石油工业	Petroleum Industry	105.3	102.6	89.7
化学工业	Chemical Industry	101.6	95.6	94.4
机械工业	Machine Building Industry	100.1	98.6	99.4
建筑材料工业	Building Materials Industry	99.0	95.6	97.9
森林工业	Timber Industry	99.8	99.6	100.2
食品工业	Food Industry	100.9	100.2	99.7
纺织工业	Textile Industry	98.6	99.0	104.1
缝纫工业	Tailoring Industry	99.9	101.0	102.3
皮革工业	Leather Industry	100.1	100.9	104.3
造纸工业	Paper Industry	101.3	91.8	94.2
文教艺术用品工业	Cultural, Educational & Handicrafts Articles	100.7	95.2	97.1
其他工业	Other Industry	101.0	104.4	101.1

3-15 工业生产者出厂价格月度指数
Monthly Producer Price Indices for Industrial Products
(2023年10月)

项 目	Item	环比	同比	1-10月平均
工业生产者出厂价格指数	**Producer Price Indices for Industrial Products**	**100.2**	**98.5**	**96.0**
#轻工业	Light Industry	99.8	97.3	99.2
以农产品为原料	Using Farm Products as Raw Materials	99.5	97.1	99.0
以非农产品为原料	Using Non-farm Products as Raw Materials	99.9	97.5	99.3
重工业	Heavy Industry	100.3	98.7	95.3
采 掘	Mining and Quarrying Industry	98.6	100.4	87.5
原材料	Raw Materials Industry	102.8	103.2	95.3
加 工	Processing Industry	99.6	97.4	96.9
#生产资料	Means of Production	100.3	98.9	95.6
采 掘	Mining and Quarrying Industry	98.6	100.4	87.5
原材料	Raw Materials Industry	102.8	103.2	95.3
加 工	Processing Industry	99.6	97.6	97.4
生活资料	Consumer Goods	99.7	96.9	97.8
食 品	Food	99.0	97.8	99.4
衣 着	Clothing	100.1	100.5	102.1
一般日用品	Articles for Daily Use	100.1	98.0	98.7
耐用消费品	Durable Consumer Goods	100.0	95.5	96.1
按工业部门分	**By Industrial Sector**			
冶金工业	Metallurgical Industry	99.1	98.9	91.8
电力工业	Power Industry	102.1	102.4	100.5
煤炭及炼焦工业	Coal Industry	99.8	94.5	100.7
石油工业	Petroleum Industry	100.6	101.7	90.8
化学工业	Chemical Industry	102.7	97.5	94.7
机械工业	Machine Building Industry	99.9	97.7	99.2
建筑材料工业	Building Materials Industry	99.7	93.7	97.5
森林工业	Timber Industry	99.8	99.2	100.1
食品工业	Food Industry	99.0	97.7	99.5
纺织工业	Textile Industry	99.3	96.7	103.4
缝纫工业	Tailoring Industry	100.3	101.3	102.2
皮革工业	Leather Industry	100.0	99.4	103.8
造纸工业	Paper Industry	101.7	93.5	94.1
文教艺术用品工业	Cultural, Educational & Handicrafts Articles	100.2	95.6	96.9
其他工业	Other Industry	99.4	104.1	101.4

3-16 工业生产者出厂价格月度指数
Monthly Producer Price Indices for Industrial Products
(2023年11月)

项　　目	Item	环比	同比	1-11月平均
工业生产者出厂价格指数	**Producer Price Indices for Industrial Products**	**100.0**	**98.1**	**96.2**
#轻工业	Light Industry	99.9	96.4	98.9
以农产品为原料	Using Farm Products as Raw Materials	99.5	96.3	98.7
以非农产品为原料	Using Non-farm Products as Raw Materials	100.1	96.4	99.1
重工业	Heavy Industry	100.0	98.6	95.6
采　掘	Mining and Quarrying Industry	96.0	96.3	88.3
原材料	Raw Materials Industry	101.5	103.2	96.0
加　工	Processing Industry	100.0	97.7	97.0
#生产资料	Means of Production	100.0	98.4	95.9
采　掘	Mining and Quarrying Industry	96.0	96.3	88.3
原材料	Raw Materials Industry	101.5	103.2	96.0
加　工	Processing Industry	100.0	97.5	97.4
生活资料	Consumer Goods	99.9	97.1	97.8
食　品	Food	99.4	96.9	99.2
衣　着	Clothing	100.1	100.3	101.9
一般日用品	Articles for Daily Use	99.7	97.2	98.5
耐用消费品	Durable Consumer Goods	100.4	97.0	96.2
按工业部门分	**By Industrial Sector**			
冶金工业	Metallurgical Industry	101.7	101.8	92.6
电力工业	Power Industry	103.9	104.5	100.8
煤炭及炼焦工业	Coal Industry	101.2	94.6	100.1
石油工业	Petroleum Industry	97.0	96.8	91.4
化学工业	Chemical Industry	98.8	96.5	94.9
机械工业	Machine Building Industry	99.9	97.5	99.0
建筑材料工业	Building Materials Industry	100.1	94.3	97.2
森林工业	Timber Industry	100.0	99.3	100.0
食品工业	Food Industry	99.4	96.7	99.3
纺织工业	Textile Industry	99.5	94.4	102.5
缝纫工业	Tailoring Industry	100.0	101.2	102.1
皮革工业	Leather Industry	99.8	97.7	103.2
造纸工业	Paper Industry	100.1	93.9	94.1
文教艺术用品工业	Cultural, Educational & Handicrafts Articles	100.0	95.9	96.8
其他工业	Other Industry	100.6	104.2	101.7

3-17 工业生产者出厂价格月度指数
Monthly Producer Price Indices for Industrial Products
(2023年12月)

项 目	Item	环比	同比	1-12月平均
工业生产者出厂价格指数	**Producer Price Indices for Industrial Products**	**98.5**	**98.3**	**96.4**
#轻工业	Light Industry	99.8	96.5	98.7
以农产品为原料	Using Farm Products as Raw Materials	99.5	96.4	98.6
以非农产品为原料	Using Non-farm Products as Raw Materials	99.9	96.5	98.8
重工业	Heavy Industry	98.3	98.7	95.9
采 掘	Mining and Quarrying Industry	91.5	100.0	89.1
原材料	Raw Materials Industry	97.4	101.9	96.5
加 工	Processing Industry	99.5	97.4	97.0
#生产资料	Means of Production	98.1	98.5	96.1
采 掘	Mining and Quarrying Industry	91.5	100.0	89.1
原材料	Raw Materials Industry	97.4	101.9	96.5
加 工	Processing Industry	99.4	97.1	97.4
生活资料	Consumer Goods	100.1	97.5	97.7
食 品	Food	99.3	97.0	99.0
衣 着	Clothing	100.0	100.4	101.8
一般日用品	Articles for Daily Use	100.5	97.8	98.5
耐用消费品	Durable Consumer Goods	100.4	97.4	96.3
按工业部门分	**By Industrial Sector**			
冶金工业	Metallurgical Industry	100.5	100.6	93.2
电力工业	Power Industry	97.3	104.1	101.1
煤炭及炼焦工业	Coal Industry	100.1	95.2	99.7
石油工业	Petroleum Industry	93.2	99.0	92.0
化学工业	Chemical Industry	98.4	95.5	94.9
机械工业	Machine Building Industry	99.3	97.1	98.9
建筑材料工业	Building Materials Industry	97.7	94.0	97.0
森林工业	Timber Industry	100.1	99.4	99.9
食品工业	Food Industry	99.3	96.8	99.1
纺织工业	Textile Industry	100.3	94.7	101.8
缝纫工业	Tailoring Industry	100.1	101.4	102.0
皮革工业	Leather Industry	99.5	97.8	102.8
造纸工业	Paper Industry	100.1	93.7	94.1
文教艺术用品工业	Cultural, Educational & Handicrafts Articles	99.7	96.2	96.8
其他工业	Other Industry	100.3	104.4	101.9

3-18 工业生产者购进价格指数
Purchasing Price Indices for Industrial Producers (2019-2023)

(上年=100) (preceding year=100)

项 目	Item	2019	2020	2021	2022	2023
工业生产者购进价格指数	**Purchasing Price Indices for Industrial Producers**	**98.8**	**96.9**	**114.7**	**104.4**	**96.0**
燃料、动力类	Fuels and Power	96.6	86.2	130.0	120.8	93.0
黑色金属材料类	Ferrous Metals	98.6	99.4	129.2	91.3	93.1
#钢 材	Rolled-Steel	97.3	98.5	124.8	96.8	91.0
其 他	Others	100.7	100.8	142.1	78.5	98.6
有色金属材料及电线类	Nonferrous Metals	97.4	100.1	123.8	106.8	97.5
化工原料类	Raw Chemical Materials	93.5	91.0	117.6	107.3	93.0
木材及纸浆类	Timber and Paper Pulp	98.3	96.1	103.0	105.4	94.3
建筑材料及非金属矿类	Building Materials	98.3	93.4	104.4	104.8	89.2
其他工业原材料及半成品类	Other Industrial Raw Materials and Semi-products	100.2	100.1	101.1	100.7	100.0
农副产品类	Agricultural Products	114.5	125.4	109.9	113.1	92.0
纺织原料类	Textile Materials	100.5	93.3	98.8	100.8	99.0

3-19 工业生产者购进价格月度指数
Monthly Purchasing Price Indices for Industrial Producers
(2023年1月)

项 目	Item	环比	同比	1-1月平均
工业生产者购进价格指数	**Purchasing Price Indices for Industrial Producers**	**99.2**	**100.6**	**100.6**
燃料、动力类	Fuels and Power	96.4	112.4	112.4
黑色金属材料类	Ferrous Metals	102.2	89.9	89.9
#钢 材	Rolled-Steel	101.9	88.4	88.4
其 他	Others	103.0	95.7	95.7
有色金属材料及电线类	Nonferrous Metals	100.2	95.6	95.6
化工原料类	Raw Chemical Materials	98.8	98.1	98.1
木材及纸浆类	Timber and Paper Pulp	99.7	101.4	101.4
建筑材料及非金属矿类	Building Materials	97.5	90.6	90.6
其他工业原材料及半成品类	Other Industrial Raw Materials and Semi-products	99.8	101.5	101.5
农副产品类	Agricultural Products	95.5	105.1	105.1
纺织原料类	Textile Materials	100.3	99.7	99.7

3-20 工业生产者购进价格月度指数
Monthly Purchasing Price Indices for Industrial Producers
(2023年2月)

项　目	Item	环比	同比	1-2月平均
工业生产者购进价格指数	**Purchasing Price Indices for Industrial Producers**	**99.6**	**98.9**	**99.7**
燃料、动力类	Fuels and Power	98.6	104.6	108.4
黑色金属材料类	Ferrous Metals	101.6	90.0	89.9
#钢　材	Rolled-Steel	100.2	89.7	89.0
其　他	Others	106.1	89.9	92.6
有色金属材料及电线类	Nonferrous Metals	101.4	94.9	95.2
化工原料类	Raw Chemical Materials	98.1	96.4	97.3
木材及纸浆类	Timber and Paper Pulp	99.0	100.7	101.0
建筑材料及非金属矿类	Building Materials	99.0	90.2	90.4
其他工业原材料及半成品类	Other Industrial Raw Materials and Semi-products	99.7	101.1	101.3
农副产品类	Agricultural Products	97.3	102.9	104.0
纺织原料类	Textile Materials	100.1	99.7	99.7

3-21 工业生产者购进价格月度指数
Monthly Purchasing Price Indices for Industrial Producers
(2023年3月)

项　目	Item	环比	同比	1-3月平均
工业生产者购进价格指数	**Purchasing Price Indices for Industrial Producers**	**100.6**	**97.4**	**98.9**
燃料、动力类	Fuels and Power	100.8	98.4	104.9
黑色金属材料类	Ferrous Metals	102.2	89.5	89.8
#钢　材	Rolled-Steel	100.6	88.4	88.8
其　他	Others	106.9	91.3	92.1
有色金属材料及电线类	Nonferrous Metals	100.7	93.7	94.7
化工原料类	Raw Chemical Materials	100.7	93.2	95.9
木材及纸浆类	Timber and Paper Pulp	98.6	98.3	100.1
建筑材料及非金属矿类	Building Materials	98.3	90.8	90.5
其他工业原材料及半成品类	Other Industrial Raw Materials and Semi-products	100.1	101.5	101.4
农副产品类	Agricultural Products	100.2	102.6	103.5
纺织原料类	Textile Materials	100.1	99.4	99.6

3-22 工业生产者购进价格月度指数
Monthly Purchasing Price Indices for Industrial Producers
（2023年4月）

项　　目	Item	环比	同比	1-4月平均
工业生产者购进价格指数	**Purchasing Price Indices for Industrial Producers**	**99.6**	**94.9**	**97.9**
燃料、动力类	Fuels and Power	98.8	92.5	101.5
黑色金属材料类	Ferrous Metals	99.2	87.3	89.1
#钢　材	Rolled-Steel	99.3	86.6	88.3
其　他	Others	98.8	87.7	90.9
有色金属材料及电线类	Nonferrous Metals	100.0	92.8	94.2
化工原料类	Raw Chemical Materials	101.6	91.0	94.6
木材及纸浆类	Timber and Paper Pulp	98.1	95.8	99.0
建筑材料及非金属矿类	Building Materials	98.4	84.8	89.1
其他工业原材料及半成品类	Other Industrial Raw Materials and Semi-products	100.0	101.0	101.3
农副产品类	Agricultural Products	97.7	97.1	101.9
纺织原料类	Textile Materials	100.0	99.3	99.5

3-23 工业生产者购进价格月度指数
Monthly Purchasing Price Indices for Industrial Producers
（2023年5月）

项　　目	Item	环比	同比	1-5月平均
工业生产者购进价格指数	**Purchasing Price Indices for Industrial Producers**	**98.4**	**93.1**	**96.9**
燃料、动力类	Fuels and Power	95.7	89.9	99.0
黑色金属材料类	Ferrous Metals	97.2	84.3	88.1
#钢　材	Rolled-Steel	98.1	84.4	87.5
其　他	Others	94.7	82.9	89.2
有色金属材料及电线类	Nonferrous Metals	98.1	91.0	93.6
化工原料类	Raw Chemical Materials	98.6	88.9	93.4
木材及纸浆类	Timber and Paper Pulp	98.4	94.2	98.1
建筑材料及非金属矿类	Building Materials	102.5	86.8	88.6
其他工业原材料及半成品类	Other Industrial Raw Materials and Semi-products	99.8	100.2	101.0
农副产品类	Agricultural Products	98.0	92.9	100.0
纺织原料类	Textile Materials	100.0	99.2	99.5

3-24 工业生产者购进价格月度指数
Monthly Purchasing Price Indices for Industrial Producers
(2023年6月)

项　目	Item	环比	同比	1-6月平均
工业生产者购进价格指数	**Purchasing Price Indices for Industrial Producers**	**98.3**	**91.4**	**96.0**
燃料、动力类	Fuels and Power	95.7	83.0	96.2
黑色金属材料类	Ferrous Metals	98.1	86.0	87.8
#钢　材	Rolled-Steel	98.2	84.9	87.0
其　他	Others	97.8	88.6	89.1
有色金属材料及电线类	Nonferrous Metals	98.8	90.3	93.0
化工原料类	Raw Chemical Materials	97.3	87.8	92.4
木材及纸浆类	Timber and Paper Pulp	98.3	93.0	97.2
建筑材料及非金属矿类	Building Materials	97.3	87.0	88.3
其他工业原材料及半成品类	Other Industrial Raw Materials and Semi-products	99.7	99.5	100.8
农副产品类	Agricultural Products	97.6	87.1	97.7
纺织原料类	Textile Materials	99.6	98.0	99.2

3-25 工业生产者购进价格月度指数
Monthly Purchasing Price Indices for Industrial Producers
(2023年7月)

项　目	Item	环比	同比	1-7月平均
工业生产者购进价格指数	**Purchasing Price Indices for Industrial Producers**	**99.4**	**92.0**	**95.4**
燃料、动力类	Fuels and Power	98.0	80.7	93.8
黑色金属材料类	Ferrous Metals	101.7	91.3	88.3
#钢　材	Rolled-Steel	100.1	88.1	87.2
其　他	Others	106.1	100.9	90.7
有色金属材料及电线类	Nonferrous Metals	100.9	99.4	93.9
化工原料类	Raw Chemical Materials	97.0	88.1	91.8
木材及纸浆类	Timber and Paper Pulp	98.2	91.4	96.4
建筑材料及非金属矿类	Building Materials	98.2	88.6	88.4
其他工业原材料及半成品类	Other Industrial Raw Materials and Semi-products	99.7	99.2	100.6
农副产品类	Agricultural Products	98.1	80.5	95.0
纺织原料类	Textile Materials	99.9	98.3	99.1

3-26 工业生产者购进价格月度指数
Monthly Purchasing Price Indices for Industrial Producers
(2023年8月)

项目	Item	环比	同比	1-8月平均
工业生产者购进价格指数	**Purchasing Price Indices for Industrial Producers**	**100.7**	**94.7**	**95.3**
燃料、动力类	Fuels and Power	102.4	85.6	92.7
黑色金属材料类	Ferrous Metals	100.4	95.9	89.2
#钢　材	Rolled-Steel	100.4	94.6	88.0
其　他	Others	100.2	98.2	91.6
有色金属材料及电线类	Nonferrous Metals	101.0	104.0	95.0
化工原料类	Raw Chemical Materials	100.0	91.3	91.8
木材及纸浆类	Timber and Paper Pulp	98.7	90.5	95.6
建筑材料及非金属矿类	Building Materials	100.1	91.3	88.7
其他工业原材料及半成品类	Other Industrial Raw Materials and Semi-products	100.2	99.3	100.4
农副产品类	Agricultural Products	103.0	84.5	93.6
纺织原料类	Textile Materials	100.0	99.1	99.1

3-27 工业生产者购进价格月度指数
Monthly Purchasing Price Indices for Industrial Producers
(2023年9月)

项目	Item	环比	同比	1-9月平均
工业生产者购进价格指数	**Purchasing Price Indices for Industrial Producers**	**101.2**	**96.5**	**95.4**
燃料、动力类	Fuels and Power	103.7	90.4	92.5
黑色金属材料类	Ferrous Metals	99.9	97.7	90.0
#钢　材	Rolled-Steel	100.0	96.1	88.9
其　他	Others	99.5	100.9	92.5
有色金属材料及电线类	Nonferrous Metals	100.8	104.7	96.0
化工原料类	Raw Chemical Materials	102.5	94.9	92.1
木材及纸浆类	Timber and Paper Pulp	100.4	90.8	95.1
建筑材料及非金属矿类	Building Materials	98.2	89.8	88.8
其他工业原材料及半成品类	Other Industrial Raw Materials and Semi-products	100.2	99.6	100.3
农副产品类	Agricultural Products	105.7	88.2	92.9
纺织原料类	Textile Materials	100.0	99.6	99.1

3-28 工业生产者购进价格月度指数
Monthly Purchasing Price Indices for Industrial Producers
(2023年10月)

项　　目	Item	环比	同比	1-10月平均
工业生产者购进价格指数	**Purchasing Price Indices for Industrial Producers**	**101.1**	**97.5**	**95.6**
燃料、动力类	Fuels and Power	105.1	95.0	92.7
黑色金属材料类	Ferrous Metals	100.5	99.8	90.9
#钢　材	Rolled-Steel	99.7	96.9	89.6
其　他	Others	102.7	107.2	93.9
有色金属材料及电线类	Nonferrous Metals	98.9	103.3	96.7
化工原料类	Raw Chemical Materials	102.3	95.5	92.4
木材及纸浆类	Timber and Paper Pulp	101.1	91.4	94.7
建筑材料及非金属矿类	Building Materials	100.9	90.3	89.0
其他工业原材料及半成品类	Other Industrial Raw Materials and Semi-products	100.0	99.3	100.2
农副产品类	Agricultural Products	100.6	88.1	92.4
纺织原料类	Textile Materials	99.2	98.9	99.1

3-29 工业生产者购进价格月度指数
Monthly Purchasing Price Indices for Industrial Producers
(2023年11月)

项　　目	Item	环比	同比	1-11月平均
工业生产者购进价格指数	**Purchasing Price Indices for Industrial Producers**	**99.9**	**98.1**	**95.9**
燃料、动力类	Fuels and Power	99.7	94.7	92.9
黑色金属材料类	Ferrous Metals	100.9	105.9	92.1
#钢　材	Rolled-Steel	100.4	98.2	90.3
其　他	Others	102.2	135.2	96.7
有色金属材料及电线类	Nonferrous Metals	100.4	101.9	97.2
化工原料类	Raw Chemical Materials	99.5	95.6	92.7
木材及纸浆类	Timber and Paper Pulp	100.8	91.6	94.4
建筑材料及非金属矿类	Building Materials	100.7	90.5	89.1
其他工业原材料及半成品类	Other Industrial Raw Materials and Semi-products	99.8	98.9	100.1
农副产品类	Agricultural Products	99.0	88.8	92.1
纺织原料类	Textile Materials	98.8	98.0	99.0

3-30 工业生产者购进价格月度指数
Monthly Purchasing Price Indices for Industrial Producers
(2023年12月)

项 目	Item	环比	同比	1-12月平均
工业生产者购进价格指数	**Purchasing Price Indices for Industrial Producers**	**100.0**	**98.1**	**96.0**
燃料、动力类	Fuels and Power	99.2	93.6	93.0
黑色金属材料类	Ferrous Metals	101.0	104.8	93.1
#钢 材	Rolled-Steel	100.2	99.0	91.0
其 他	Others	102.9	122.2	98.6
有色金属材料及电线类	Nonferrous Metals	100.3	101.3	97.5
化工原料类	Raw Chemical Materials	99.5	95.9	93.0
木材及纸浆类	Timber and Paper Pulp	101.1	92.5	94.3
建筑材料及非金属矿类	Building Materials	98.3	89.8	89.2
其他工业原材料及半成品类	Other Industrial Raw Materials and Semi-products	100.2	99.1	100.0
农副产品类	Agricultural Products	99.3	91.9	92.0
纺织原料类	Textile Materials	100.4	98.4	99.0

3-31 住宅销售价格指数
Housing Price Indices of Residential Buildings
(2023年1-12月)

(上年同月=100) (same month of preceding year=100)

项 目	Item	1月	2月	3月	4月	5月	6月
新建商品住宅	**Newly Constructed Commercial Residential Buildings**	**97.0**	**97.8**	**98.4**	**99.1**	**99.7**	**100.2**
90平方米以下	90m^2 and below	97.2	98.5	98.6	99.3	99.6	100.5
90-144平方米	90-144m^2	97.4	98.1	98.8	99.2	99.8	100.1
144平方米以上	Above 144m^2	95.3	95.7	96.8	98.3	99.6	100.1
二手住宅	**Second-Hand Residential Buildings**	**93.8**	**94.1**	**94.6**	**94.8**	**95.9**	**96.1**
90平方米以下	90m^2 and below	94.2	94.1	94.5	94.7	95.7	95.6
90-144平方米	90-144m^2	93.4	94.4	94.7	95.3	96.4	96.9
144平方米以上	Above 144m^2	93.3	93.7	94.4	93.7	95.1	95.7

3-31 续表 continued

(上年同月=100) (same month of preceding year=100)

项 目	Item	7月	8月	9月	10月	11月	12月
新建商品住宅	**Newly Constructed Commercial Residential Buildings**	**100.5**	**100.6**	**100.6**	**100.9**	**102.0**	**102.3**
90平方米以下	90m^2 and below	100.3	100.1	100.2	100.4	101.7	102.2
90-144平方米	90-144m^2	100.5	100.8	100.8	101.1	102.0	102.3
144平方米以上	Above 144m^2	100.8	100.4	100.4	100.7	102.1	102.1
二手住宅	**Second-Hand Residential Buildings**	**96.5**	**96.4**	**97.5**	**97.7**	**98.0**	**98.1**
90平方米以下	90m^2 and below	96.4	96.6	97.7	97.6	97.7	98.2
90-144平方米	90-144m^2	96.6	96.1	97.3	98.0	98.4	98.3
144平方米以上	Above 144m^2	96.3	96.5	96.9	97.5	97.8	97.6

3-32 各省(自治区、直辖市)工业生产者出厂价格指数
Producer Price Indices for Industrial Products by Region (2019-2023)

(上年=100) (preceding year=100)

地 区	Region	2019	2020	2021	2022	2023
全 国	**National**	**99.7**	**98.2**	**108.1**	**104.1**	**97.0**
北 京	Beijing	99.6	99.1	101.1	102.3	99.2
天 津	Tianjin	99.3	97.1	110.9	105.8	96.4
河 北	Hebei	100.2	98.5	116.4	100.5	94.7
山 西	Shanxi	99.7	96.7	130.2	111.4	91.3
内蒙古	Inner Mongolia	102.1	99.7	128.5	108.6	92.1
辽 宁	Liaoning	99.5	97.0	113.6	107.9	96.6
吉 林	Jilin	98.9	98.6	105.1	101.9	98.1
黑龙江	Heilongjiang	98.2	93.4	112.3	110.9	95.7
上 海	Shanghai	98.8	98.3	102.1	102.6	99.7
江 苏	Jiangsu	98.9	97.8	106.3	103.2	96.7
浙 江	Zhejiang	98.9	96.9	106.3	104.0	97.3
安 徽	Anhui	100.3	99.1	107.7	103.2	96.6
福 建	Fujian	100.6	98.4	104.9	102.9	98.2
江 西	Jiangxi	98.9	98.3	110.5	103.5	96.6
山 东	Shandong	99.7	98.1	110.3	105.1	96.5
河 南	Henan	100.2	99.2	107.8	105.0	97.4
湖 北	Hubei	100.2	99.1	104.1	103.4	97.4
湖 南	Hunan	99.6	99.0	105.9	102.0	98.5
广 东	Guangdong	100.2	99.0	103.4	103.0	98.5
广 西	Guangxi	99.3	99.4	108.9	102.5	97.0
海 南	Hainan	97.4	93.8	113.5	115.0	97.3
重 庆	Chongqing	99.8	99.1	103.2	102.3	97.8
四 川	Sichuan	100.4	98.8	105.9	102.8	97.6
贵 州	Guizhou	99.8	98.3	106.5	105.7	98.1
云 南	Yunnan	100.0	98.6	110.0	105.4	96.7
西 藏	Xizang	98.9	99.4	101.5	104.1	101.1
陕 西	Shaanxi	100.8	95.1	116.9	107.3	94.9
甘 肃	Gansu	98.3	93.9	116.4	110.9	95.9
青 海	Qinghai	98.5	96.6	114.5	112.2	96.3
宁 夏	Ningxia	99.4	96.9	119.9	111.1	92.7
新 疆	Xinjiang	98.5	91.6	119.4	112.3	93.5

3-33 各省(自治区、直辖市)工业生产者购进价格指数
Purchasing Price Indices for Industrial Producers by Region (2019-2023)

(上年=100) (preceding year=100)

地 区	Region	2019	2020	2021	2022	2023
全 国	**National**	**99.3**	**97.7**	**111.0**	**106.1**	**96.4**
北 京	Beijing	99.6	99.5	103.7	106.2	98.7
天 津	Tianjin	98.8	96.9	114.7	104.4	96.0
河 北	Hebei	102.1	98.4	119.8	104.7	93.8
山 西	Shanxi	101.1	97.2	116.3	109.7	94.7
内蒙古	Inner Mongolia	101.1	99.5	128.0	111.2	93.0
辽 宁	Liaoning	100.8	98.2	115.0	110.1	95.8
吉 林	Jilin	99.2	98.7	106.2	104.6	98.9
黑龙江	Heilongjiang	100.3	95.1	110.5	110.0	97.5
上 海	Shanghai	98.7	96.9	107.3	104.9	98.9
江 苏	Jiangsu	97.2	96.5	113.8	105.8	96.4
浙 江	Zhejiang	97.1	95.9	114.5	106.1	94.8
安 徽	Anhui	99.9	98.5	111.5	104.0	95.1
福 建	Fujian	99.0	98.6	109.2	105.2	96.2
江 西	Jiangxi	98.2	97.0	112.3	109.4	95.8
山 东	Shandong	99.2	97.5	109.5	105.8	97.0
河 南	Henan	101.2	99.4	109.5	105.7	95.3
湖 北	Hubei	99.3	98.4	108.5	107.8	95.9
湖 南	Hunan	100.2	98.9	108.1	104.8	97.5
广 东	Guangdong	99.2	97.4	108.0	104.1	97.6
广 西	Guangxi	99.5	98.5	110.7	107.3	95.7
海 南	Hainan	103.1	92.0	116.5	119.8	100.5
重 庆	Chongqing	100.1	99.9	107.2	104.4	97.0
四 川	Sichuan	100.6	98.1	107.5	105.8	97.1
贵 州	Guizhou	99.4	98.6	112.0	111.2	95.7
云 南	Yunnan	99.0	97.3	108.9	107.9	96.8
西 藏	Xizang					
陕 西	Shaanxi	100.3	97.6	116.3	106.2	94.3
甘 肃	Gansu	99.0	94.1	118.1	113.5	92.5
青 海	Qinghai	98.2	96.1	111.5	114.0	97.7
宁 夏	Ningxia	97.5	94.7	120.8	117.6	94.1
新 疆	Xinjiang	100.0	93.4	115.0	114.6	93.6

3-34 70个大中城市新建商品住宅销售价格指数
Housing Price Indices of Newly Constructed Residential Buildings in 70 Large and Medium-Sized Cities (2023年1-12月)

(上年同月=100) (same month of preceding year=100)

地 区	City	1月	2月	3月	4月	5月	6月	7月	8月	9月	10月	11月	12月
北 京	Beijing	105.2	104.7	104.6	104.5	104.3	103.5	103.5	102.8	102.9	102.1	101.9	101.7
天 津	Tianjin	97.0	97.8	98.4	99.1	99.7	100.2	100.5	100.6	100.6	100.9	102.0	102.3
石家庄	Shijiazhuang	97.6	97.8	98.2	98.7	99.4	99.5	99.6	99.3	99.1	100.2	100.0	101.0
太 原	Taiyuan	95.6	96.5	96.8	97.7	98.6	98.4	98.8	99.5	99.7	99.6	100.1	101.2
呼和浩特	Hohhot	96.7	97.4	98.0	98.8	98.7	99.4	99.1	99.9	99.5	99.3	98.9	100.0
沈 阳	Shenyang	95.0	95.4	96.2	96.6	97.0	96.6	96.4	97.3	97.8	98.3	98.3	98.7
大 连	Dalian	95.2	95.3	95.6	95.3	95.3	95.8	95.2	95.8	95.7	96.5	96.1	95.9
长 春	Changchun	95.0	95.0	95.2	95.6	95.5	96.7	96.3	95.3	95.6	96.4	96.6	97.9
哈尔滨	Harbin	93.0	94.0	95.1	96.4	97.1	98.0	97.8	97.7	97.8	98.2	98.7	98.4
上 海	Shanghai	104.2	103.9	104.1	104.6	104.9	104.8	104.5	104.1	104.4	104.4	104.7	104.5
南 京	Nanjing	100.2	99.7	100.1	101.2	101.5	100.9	100.5	99.8	99.5	99.2	98.0	96.9
杭 州	Hangzhou	106.5	106.2	105.8	105.3	105.1	104.5	103.7	103.3	103.0	103.0	102.7	102.2
宁 波	Ningbo	101.9	102.2	102.6	103.1	103.8	104.1	103.8	103.4	103.5	102.1	101.6	101.2
合 肥	Hefei	102.4	103.3	104.0	104.3	104.4	103.8	102.8	102.3	101.5	101.2	100.8	100.7
福 州	Fuzhou	97.5	97.6	98.6	99.4	99.6	99.1	98.4	98.6	98.8	98.7	98.6	98.2
厦 门	Xiamen	96.1	96.7	97.4	98.1	98.3	97.6	97.5	97.7	97.4	97.9	97.6	96.7
南 昌	Nanchang	101.7	101.7	101.9	101.9	102.2	102.9	101.8	101.2	100.3	100.1	99.3	98.9
济 南	Jinan	101.6	102.4	102.8	103.6	103.8	103.7	103.5	103.1	102.5	102.2	102.1	101.8
青 岛	Qingdao	101.5	102.1	102.1	102.2	102.3	101.9	102.0	101.5	101.2	101.2	100.9	99.8
郑 州	Zhengzhou	97.0	97.8	99.4	100.2	100.1	100.0	99.1	99.0	98.7	98.3	98.3	98.4
武 汉	Wuhan	94.3	95.3	96.9	98.3	99.2	99.6	99.7	100.5	101.1	101.6	101.4	100.3
长 沙	Changsha	103.4	103.3	103.5	103.6	103.8	103.6	103.5	103.5	103.6	103.7	102.9	102.4
广 州	Guangzhou	99.7	99.4	99.8	99.9	99.6	99.2	98.7	98.6	98.3	98.0	97.6	97.0
深 圳	Shenzhen	99.1	98.9	98.5	98.9	98.2	97.6	97.2	97.0	97.0	97.2	96.9	96.4
南 宁	Nanning	96.0	96.9	98.0	98.1	98.2	97.8	98.0	98.1	98.3	98.7	98.3	98.7
海 口	Haikou	100.9	101.5	101.5	101.8	101.7	102.3	102.1	102.3	102.5	102.7	102.6	102.1
重 庆	Chongqing	99.4	99.6	100.0	101.2	101.3	100.6	100.5	101.8	101.7	102.2	102.3	102.2
成 都	Chengdu	108.6	108.6	108.5	108.7	108.3	107.2	106.4	106.4	105.8	105.6	105.4	104.9
贵 阳	Guiyang	97.9	98.0	98.4	97.9	98.5	98.5	98.3	98.3	98.1	98.9	99.1	99.2
昆 明	Kunming	96.9	97.3	98.8	99.0	99.1	98.9	99.2	99.0	98.9	98.9	99.2	99.4
西 安	Xi'an	102.2	101.2	101.2	101.6	101.7	101.7	101.6	101.9	102.7	103.6	104.1	104.5
兰 州	Lanzhou	94.4	95.2	96.2	97.2	98.0	98.8	99.4	99.9	100.3	99.4	99.4	99.3
西 宁	Xining	97.3	98.4	98.9	99.2	100.5	100.2	99.7	99.0	98.9	99.1	98.6	97.8
银 川	Yinchuan	100.9	101.4	101.7	102.6	102.5	102.8	101.8	101.7	101.4	100.9	101.5	100.5
乌鲁木齐	Urumqi	101.8	101.5	101.3	100.9	100.5	100.3	100.3	100.6	100.6	100.5	100.4	100.2

3-34 续表 continued

(上年同月=100) (same month of preceding year=100)

地 区	City	1月	2月	3月	4月	5月	6月	7月	8月	9月	10月	11月	12月
唐 山	Tangshan	97.4	97.8	98.1	98.6	98.3	99.0	98.5	98.8	98.8	98.3	98.4	98.3
秦皇岛	Qinhuangdao	94.4	94.4	95.4	95.4	95.2	95.9	95.9	96.4	96.5	97.1	96.8	97.1
包 头	Baotou	95.5	96.2	96.7	97.7	98.0	97.9	97.4	97.4	97.2	96.9	97.0	97.1
丹 东	Dandong	96.0	96.0	96.3	97.5	97.1	97.1	98.0	98.2	98.1	98.1	97.9	97.8
锦 州	Jinzhou	96.2	96.5	96.3	98.1	97.9	97.9	98.2	98.6	99.2	99.8	99.6	99.1
吉 林	Jilin	95.4	95.5	96.2	96.3	97.5	97.6	98.0	98.2	98.4	98.8	99.6	99.4
牡丹江	Mudanjiang	97.0	97.4	97.0	97.2	97.0	97.0	96.5	96.1	95.2	95.7	96.3	96.5
无 锡	Wuxi	99.1	98.8	98.9	99.5	99.5	98.9	98.6	97.9	98.4	98.7	98.4	97.6
徐 州	Xuzhou	98.4	99.1	100.3	101.4	101.3	100.7	100.8	100.3	99.9	98.8	98.5	97.9
扬 州	Yangzhou	97.6	98.4	99.3	100.4	101.3	101.8	100.7	100.0	99.6	99.1	98.4	97.3
温 州	Wenzhou	92.1	93.1	93.8	94.8	95.0	95.9	96.2	96.2	96.6	97.1	97.5	97.0
金 华	Jinhua	97.6	97.9	97.7	97.0	96.8	97.0	96.4	95.7	96.3	96.4	96.3	96.0
蚌 埠	Bengbu	97.7	97.8	97.9	99.4	100.1	99.6	99.8	99.9	99.7	99.6	100.0	99.6
安 庆	Anqing	95.7	96.6	97.7	98.3	99.0	99.3	100.2	100.3	100.6	99.5	98.9	98.4
泉 州	Quanzhou	96.3	95.5	95.4	95.4	96.3	96.5	97.2	98.2	99.2	99.5	99.1	98.2
九 江	Jiujiang	98.3	98.8	99.3	99.9	100.3	100.5	100.1	99.9	99.5	98.8	98.8	98.2
赣 州	Ganzhou	99.7	99.3	99.1	99.3	98.9	98.1	97.5	97.3	96.8	96.7	96.6	96.8
烟 台	Yantai	98.2	98.6	99.3	99.6	100.3	100.2	100.2	100.3	100.5	100.4	99.3	99.0
济 宁	Jining	95.6	96.1	96.9	96.9	96.4	96.8	97.4	97.9	97.9	97.7	98.2	97.7
洛 阳	Luoyang	95.0	95.6	96.5	97.8	98.6	98.6	98.2	97.8	97.8	98.1	98.0	98.2
平顶山	Pingdingshan	97.0	97.6	98.3	98.6	99.0	98.8	98.3	98.1	97.9	98.1	98.1	97.6
宜 昌	Yichang	94.8	95.8	96.2	96.3	95.5	96.7	96.2	96.5	96.6	97.1	97.4	97.5
襄 阳	Xiangyang	96.0	96.6	96.8	98.2	98.9	99.5	99.1	99.3	99.2	98.8	99.0	98.6
岳 阳	Yueyang	91.9	92.7	93.9	95.3	95.6	97.0	96.9	96.5	97.1	97.8	97.7	97.8
常 德	Changde	94.4	95.3	95.6	96.8	97.1	97.0	97.8	98.2	98.2	98.5	98.0	97.8
韶 关	Shaoguan	97.4	97.9	97.9	99.3	100.0	100.3	99.8	99.1	98.8	98.0	97.9	97.9
湛 江	Zhanjiang	93.0	93.9	95.5	97.2	99.2	100.1	100.4	101.0	101.3	100.8	100.6	100.2
惠 州	Huizhou	97.1	96.9	97.7	98.7	98.6	97.3	96.5	96.4	96.3	95.5	95.0	95.3
桂 林	Guilin	95.5	96.4	97.0	98.0	97.8	97.4	97.3	97.4	97.2	97.2	97.7	97.9
北 海	Beihai	90.2	92.7	94.0	95.9	97.2	98.3	99.8	101.5	101.7	101.7	101.6	101.4
三 亚	Sanya	98.8	99.4	100.3	100.8	101.7	102.4	102.3	102.8	103.2	103.5	103.1	103.1
泸 州	Luzhou	95.6	96.2	97.0	98.1	99.4	99.3	99.0	98.9	98.8	98.8	97.9	97.8
南 充	Nanchong	98.2	98.9	99.4	100.5	101.1	101.1	100.7	100.9	101.0	99.9	99.3	99.0
遵 义	Zunyi	99.5	100.0	100.5	101.2	101.3	100.7	101.1	100.9	100.5	100.6	99.9	100.0
大 理	Dali	95.3	96.1	97.1	97.3	96.8	97.0	98.1	97.6	97.4	97.3	97.4	97.6

3-35 70个大中城市二手住宅销售价格指数
Housing Price Indices of Second-Hand Residential Buildings in 70 Large and Medium-Sized Cities (2023年1-12月)

(上年同月=100) (same month of preceding year=100)

地区	City	1月	2月	3月	4月	5月	6月	7月	8月	9月	10月	11月	12月
北京	Beijing	104.3	104.4	103.8	103.3	102.8	101.5	100.6	100.8	101.1	99.8	98.6	97.8
天津	Tianjin	93.8	94.1	94.6	94.8	95.9	96.1	96.5	96.4	97.5	97.7	98.0	98.1
石家庄	Shijiazhuang	96.6	97.0	97.7	97.7	97.4	97.6	97.4	97.4	97.7	98.0	98.3	98.2
太原	Taiyuan	95.3	96.1	96.9	98.1	97.8	96.8	97.1	97.2	97.0	97.2	97.2	97.1
呼和浩特	Hohhot	94.6	95.0	95.0	95.1	95.1	95.5	95.8	96.1	96.1	95.4	94.7	95.2
沈阳	Shenyang	93.3	93.8	94.7	94.7	94.3	94.1	94.1	94.5	94.2	94.4	94.4	94.8
大连	Dalian	94.9	95.3	96.0	96.5	96.4	95.7	95.1	94.8	95.0	95.3	95.2	95.0
长春	Changchun	93.2	93.3	93.2	93.0	94.0	94.4	94.6	94.7	93.9	94.0	93.8	94.2
哈尔滨	Harbin	90.9	91.5	92.9	94.3	94.8	95.3	95.1	95.3	95.2	95.0	95.3	95.2
上海	Shanghai	102.3	102.5	102.8	102.5	101.7	100.2	98.8	98.0	98.1	97.7	96.7	96.6
南京	Nanjing	97.4	98.7	99.2	99.7	99.9	99.3	98.3	97.0	96.0	95.6	94.6	93.9
杭州	Hangzhou	98.5	98.7	99.0	99.1	98.8	97.6	97.3	97.2	97.4	98.7	98.9	97.9
宁波	Ningbo	99.2	98.8	99.0	99.2	99.3	98.1	97.5	97.3	96.8	96.2	96.1	95.3
合肥	Hefei	98.8	99.5	100.0	100.8	100.9	99.9	98.7	98.2	97.6	97.2	96.7	96.0
福州	Fuzhou	97.5	98.3	98.8	98.4	97.9	97.5	97.0	96.9	96.4	96.2	95.9	94.9
厦门	Xiamen	98.0	97.9	98.0	97.2	96.1	95.1	94.9	95.1	94.9	94.5	93.5	92.9
南昌	Nanchang	97.8	97.8	97.5	97.6	98.0	98.1	97.3	96.6	96.6	96.2	96.0	95.1
济南	Jinan	96.5	96.8	97.4	98.3	98.6	98.4	98.5	98.3	97.3	97.3	97.2	97.1
青岛	Qingdao	96.6	96.9	96.9	97.2	97.3	96.4	95.9	95.6	95.7	95.8	95.2	95.2
郑州	Zhengzhou	94.1	94.8	95.4	95.6	95.4	95.3	94.9	94.8	94.8	94.5	94.5	93.9
武汉	Wuhan	93.9	94.7	95.8	96.5	96.5	96.6	96.1	95.9	96.2	96.3	95.7	94.6
长沙	Changsha	100.1	100.4	100.8	101.6	102.0	102.0	101.5	100.8	100.2	100.1	99.4	98.7
广州	Guangzhou	99.5	99.3	99.2	99.0	98.6	97.8	96.8	96.3	96.2	96.1	95.7	94.8
深圳	Shenzhen	97.3	98.0	98.7	98.6	98.4	98.7	98.3	98.6	99.0	98.7	97.5	96.9
南宁	Nanning	93.5	93.4	94.4	94.9	95.2	95.0	95.0	95.2	95.2	94.7	94.0	94.3
海口	Haikou	97.9	98.0	97.7	97.1	97.1	96.4	96.2	96.0	96.2	96.2	95.6	94.9
重庆	Chongqing	96.8	97.2	97.4	98.2	98.1	97.1	96.0	95.9	95.5	95.5	95.4	94.5
成都	Chengdu	108.8	109.2	109.4	109.4	108.7	106.8	105.2	104.1	103.7	103.1	102.2	100.5
贵阳	Guiyang	95.9	96.2	97.6	98.0	98.6	98.8	98.6	97.6	97.4	97.6	97.3	96.1
昆明	Kunming	100.3	100.1	100.4	100.3	100.6	99.9	101.0	99.9	99.2	98.6	97.1	96.0
西安	Xi'an	98.3	99.4	100.0	100.4	100.4	99.8	98.9	99.1	99.0	99.2	99.3	99.1
兰州	Lanzhou	94.8	94.9	95.5	95.5	96.1	96.6	96.8	96.3	95.9	95.7	94.9	94.8
西宁	Xining	97.6	98.4	98.5	98.3	98.6	99.4	99.3	98.8	98.5	99.1	98.7	98.0
银川	Yinchuan	96.3	97.0	97.6	98.3	98.6	98.3	97.9	97.8	97.9	97.5	97.5	97.4
乌鲁木齐	Urumqi	97.5	98.0	97.4	97.3	97.2	97.5	97.2	96.8	96.4	96.3	96.1	96.4

3-35 续表 continued

(上年同月=100) (same month of preceding year=100)

地区	City	1月	2月	3月	4月	5月	6月	7月	8月	9月	10月	11月	12月
唐山	Tangshan	93.6	93.3	93.1	94.0	94.7	94.5	94.5	94.4	94.9	94.8	94.6	94.1
秦皇岛	Qinhuangdao	95.5	95.6	96.2	96.1	95.9	95.9	95.8	96.3	96.4	96.9	96.6	96.1
包头	Baotou	95.5	95.6	95.9	96.6	96.7	96.7	96.5	96.5	96.6	96.0	95.9	95.9
丹东	Dandong	93.5	94.0	94.0	94.5	94.3	93.8	94.1	93.8	94.3	94.2	93.8	94.5
锦州	Jinzhou	94.0	94.3	94.3	95.1	95.4	95.3	95.1	94.8	95.0	95.5	95.0	94.9
吉林	Jilin	91.2	91.3	91.1	90.7	92.0	92.3	92.2	92.6	92.8	93.1	93.3	93.4
牡丹江	Mudanjiang	89.0	89.9	91.7	91.8	92.6	92.5	92.5	93.2	93.7	93.7	93.8	94.0
无锡	Wuxi	99.7	100.8	101.0	101.0	99.8	98.6	97.7	96.9	96.9	97.2	96.5	96.0
徐州	Xuzhou	98.0	99.2	100.2	99.4	98.5	98.2	97.8	98.0	97.1	95.8	94.0	92.4
扬州	Yangzhou	97.3	97.7	97.9	99.0	99.0	98.7	97.8	97.1	96.9	95.9	95.1	94.1
温州	Wenzhou	94.9	95.7	96.5	96.6	96.6	97.1	96.7	96.6	95.9	96.0	95.3	94.4
金华	Jinhua	93.8	94.3	95.4	95.6	96.2	96.3	96.1	95.6	95.8	95.7	95.4	95.2
蚌埠	Bengbu	96.8	97.2	97.6	97.6	98.3	98.0	98.1	98.5	98.5	98.3	97.4	96.9
安庆	Anqing	93.7	94.2	95.2	95.3	95.3	95.6	95.7	96.0	96.4	96.2	96.5	96.0
泉州	Quanzhou	93.6	93.5	93.7	93.8	94.1	94.0	94.2	94.2	94.3	94.1	94.0	93.9
九江	Jiujiang	97.1	96.8	97.4	97.6	97.5	97.3	96.9	97.0	96.8	97.0	96.2	95.6
赣州	Ganzhou	99.0	99.0	99.2	99.2	99.0	99.2	99.6	99.7	99.9	99.8	99.5	99.3
烟台	Yantai	97.7	98.7	99.3	99.4	99.9	99.6	97.8	97.7	97.4	96.2	95.3	94.9
济宁	Jining	93.1	93.4	94.1	94.8	94.7	94.9	95.0	95.7	95.6	95.6	95.5	95.5
洛阳	Luoyang	92.6	93.2	93.7	94.3	94.6	94.9	95.1	95.2	95.5	96.0	95.9	95.5
平顶山	Pingdingshan	95.7	95.7	96.2	96.7	96.8	96.5	96.8	96.9	97.0	96.8	97.0	96.6
宜昌	Yichang	93.2	93.4	93.6	93.5	93.6	93.9	93.5	94.4	94.4	94.6	94.6	94.8
襄阳	Xiangyang	94.3	94.4	94.6	95.4	96.1	96.4	96.0	96.1	96.4	95.8	95.1	94.0
岳阳	Yueyang	94.7	95.6	95.0	95.3	95.7	96.6	96.7	95.9	96.6	96.5	96.6	96.8
常德	Changde	93.9	94.6	95.1	95.8	96.6	96.5	97.5	98.0	97.5	98.3	97.8	97.2
韶关	Shaoguan	95.4	95.5	96.1	97.4	97.7	97.6	97.5	97.4	96.9	96.6	96.4	96.1
湛江	Zhanjiang	94.1	94.6	95.3	95.8	97.2	97.0	96.9	97.4	97.5	97.4	97.5	97.1
惠州	Huizhou	97.8	97.1	97.5	98.1	98.0	97.6	97.6	97.5	97.4	97.0	97.1	96.7
桂林	Guilin	95.9	96.7	97.0	96.9	97.0	96.7	96.7	96.4	96.5	96.2	96.5	95.9
北海	Beihai	92.2	92.5	93.2	93.7	94.8	94.5	95.6	95.8	96.3	96.4	96.4	96.6
三亚	Sanya	98.8	98.9	99.3	99.4	100.1	100.3	100.1	100.0	99.9	100.5	100.2	99.5
泸州	Luzhou	97.2	97.5	98.1	98.4	98.9	98.9	98.1	97.6	97.0	97.4	98.0	97.5
南充	Nanchong	101.5	101.6	102.2	101.9	101.7	100.7	99.8	99.8	99.6	98.8	98.8	98.7
遵义	Zunyi	94.7	95.5	97.0	96.9	97.4	97.4	96.5	96.2	96.4	96.2	96.1	96.9
大理	Dali	95.4	95.9	96.8	97.2	97.7	96.8	97.4	97.2	96.9	97.0	96.8	96.8

3-36 36个大中城市居民消费价格指数
Consumer Price Indices for 36 Major Large and Medium-sized Cities (2019-2023)

(上年=100) (preceding year=100)

城市	City	2019	2020	2021	2022	2023
平均指数	**Average Index**	**102.8**	**102.1**	**101.1**	**102.1**	**100.4**
北京	Beijing	102.3	101.7	101.1	101.8	100.4
天津	Tianjin	102.7	102.0	101.3	101.9	100.4
石家庄	Shijiazhuang	102.7	102.3	100.9	101.2	100.7
太原	Taiyuan	102.7	102.6	101.0	102.1	99.7
呼和浩特	Hohhot	102.6	102.0	100.9	102.1	100.5
沈阳	Shenyang	102.4	102.3	101.3	101.7	100.3
大连	Dalian	102.4	102.1	101.4	102.2	100.4
长春	Changchun	102.9	101.9	100.5	101.9	99.8
哈尔滨	Harbin	102.6	101.4	100.6	101.9	100.7
上海	Shanghai	102.5	101.7	101.2	102.5	100.3
南京	Nanjing	103.1	102.4	101.5	102.2	100.6
杭州	Hangzhou	103.1	102.1	101.3	102.4	100.2
宁波	Ningbo	103.0	101.9	102.1	102.3	100.4
合肥	Hefei	102.9	102.3	101.7	102.4	100.0
福州	Fuzhou	102.5	102.4	100.6	102.4	100.2
厦门	Xiamen	103.0	102.5	101.2	101.8	100.2
南昌	Nanchang	102.8	102.5	101.0	101.8	100.6
济南	Jinan	103.3	102.4	101.5	101.4	100.6
青岛	Qingdao	103.3	102.4	101.5	102.0	100.5
郑州	Zhengzhou	103.1	102.3	101.1	101.2	99.4
武汉	Wuhan	103.2	102.4	100.6	102.3	100.4
长沙	Changsha	102.9	101.8	101.1	101.7	100.4
广州	Guangzhou	103.0	102.6	101.1	102.4	101.0
深圳	Shenzhen	103.4	102.3	100.9	102.3	100.8
南宁	Nanning	103.4	102.3	101.4	101.7	99.7
海口	Haikou	103.3	101.6	100.5	101.1	100.3
重庆	Chongqing	102.7	102.3	100.3	102.1	99.7
成都	Chengdu	102.8	102.5	100.5	102.4	100.2
贵阳	Guiyang	102.7	102.4	100.5	101.9	100.1
昆明	Kunming	102.3	103.1	100.2	101.7	100.8
拉萨	Lhasa	102.2	102.0	100.5	101.8	100.3
西安	Xi'an	102.7	102.1	101.7	102.2	100.0
兰州	Lanzhou	102.2	102.0	101.3	102.3	100.6
西宁	Xining	102.5	102.7	101.3	102.5	100.3
银川	Yinchuan	102.2	101.8	101.4	102.0	100.6
乌鲁木齐	Urumqi	102.0	100.9	101.3	101.6	100.2

3-37 36个大中城市居民消费价格分类指数(环比)
Consumer Price Indices by Category for 36 Major Large and Medium-sized Cities (2023年1月)

(上月=100) (preceding month=100)

城市	City	居民消费价格指数 Consumer Price Index	食品烟酒 Food, Tobacco and Alcohol	粮食 Grain	鲜菜 Fresh Vegetables	畜肉类 Meat of Livestock	水产品 Aquatic Products	蛋类 Eggs	鲜果 Fresh Fruits
平均指数	**Average Index**	**100.9**	**102.2**	**99.5**	**120.2**	**95.7**	**106.1**	**97.8**	**107.9**
北京	Beijing	100.4	101.6	98.6	124.1	95.6	102.5	97.9	103.6
天津	Tianjin	101.1	103.0	99.8	127.0	95.7	105.3	98.4	111.8
石家庄	Shijiazhuang	100.4	101.3	100.9	120.3	93.7	101.3	96.9	109.4
太原	Taiyuan	100.3	101.6	100.8	117.4	95.9	102.0	96.0	105.2
呼和浩特	Hohhot	100.8	102.4	101.2	121.2	97.1	102.5	94.8	116.9
沈阳	Shenyang	101.3	103.8	99.2	125.0	96.8	107.6	96.2	113.4
大连	Dalian	101.2	103.4	99.9	123.4	96.3	110.3	103.2	106.5
长春	Changchun	101.0	101.9	99.4	115.9	95.6	102.2	95.5	108.5
哈尔滨	Harbin	101.3	102.7	98.5	124.2	94.8	103.9	94.4	114.3
上海	Shanghai	101.1	102.6	98.7	120.7	97.7	108.1	95.9	109.4
南京	Nanjing	100.9	102.0	98.3	129.6	95.6	101.9	97.8	111.4
杭州	Hangzhou	101.2	102.8	100.7	122.1	97.6	108.6	100.2	108.2
宁波	Ningbo	101.4	103.2	99.1	120.5	97.6	110.7	98.9	107.9
合肥	Hefei	100.6	102.0	98.3	129.1	94.2	107.9	98.2	111.4
福州	Fuzhou	100.9	102.5	99.9	115.2	96.1	106.4	95.4	116.3
厦门	Xiamen	100.4	100.9	100.6	105.5	95.5	105.9	96.5	106.8
南昌	Nanchang	101.5	103.5	99.7	117.3	97.7	109.9	98.7	122.0
济南	Jinan	100.7	102.4	100.1	125.5	96.2	105.4	98.4	104.3
青岛	Qingdao	101.0	103.5	100.6	124.1	95.5	108.6	98.0	112.6
郑州	Zhengzhou	100.5	101.6	100.1	120.0	93.0	102.5	95.9	108.8
武汉	Wuhan	100.7	101.3	100.3	114.7	95.8	103.2	99.3	100.7
长沙	Changsha	100.5	101.5	100.0	119.5	92.7	104.1	98.8	108.2
广州	Guangzhou	101.3	102.7	97.8	110.7	97.6	104.0	100.2	104.9
深圳	Shenzhen	101.2	102.4	99.3	111.1	100.6	106.2	101.7	106.8
南宁	Nanning	100.7	101.3	100.1	102.2	100.0	109.5	97.8	105.8
海口	Haikou	101.7	102.9	100.5	110.1	100.8	113.6	99.5	105.1
重庆	Chongqing	100.0	100.1	100.0	120.7	88.0	102.6	95.6	103.8
成都	Chengdu	101.1	101.3	100.7	124.0	93.2	103.0	97.9	103.6
贵阳	Guiyang	100.7	102.2	99.7	121.7	95.0	105.8	99.8	110.7
昆明	Kunming	100.7	101.3	100.3	116.9	94.6	109.4	98.6	105.6
拉萨	Lasa	100.0	99.9	100.2	100.9	98.1	101.0	100.1	102.3
西安	Xi'an	101.0	103.2	100.2	132.0	95.6	100.1	96.9	116.5
兰州	Lanzhou	100.8	101.6	100.1	124.1	93.0	98.9	93.7	104.0
西宁	Xining	100.4	100.8	100.7	120.2	94.8	98.8	95.0	103.3
银川	Yinchuan	100.7	102.4	99.0	124.0	94.6	100.7	98.6	113.5
乌鲁木齐	Urumqi	100.5	104.1	99.6	134.5	97.1	100.0	91.3	118.8

3-37 续表 continued

(上月=100) (preceding month=100)

城　市	City	衣着 Clothing	居住 Residence	生活用品及服务 Articles for Daily Use and Services	交通通信 Transport and Communications	教育文化娱乐 Education, Culture and Recreation	医疗保健 Health Care	其他用品及服务 Other Articles and Services
平均指数	**Average Index**	**99.4**	**99.9**	**100.0**	**100.5**	**102.0**	**100.2**	**100.8**
北　京	Beijing	98.8	100.0	99.6	100.4	100.6	99.9	100.0
天　津	Tianjin	99.7	100.1	100.1	100.6	102.1	100.3	100.4
石家庄	Shijiazhuang	99.0	100.0	99.5	99.8	101.3	100.1	100.9
太　原	Taiyuan	97.7	99.8	99.6	100.5	100.5	100.0	98.6
呼和浩特	Hohhot	99.5	100.0	99.6	99.4	102.6	100.0	100.2
沈　阳	Shenyang	99.9	100.0	100.8	100.6	100.6	100.0	101.6
大　连	Dalian	99.8	99.9	99.6	100.2	101.8	100.0	101.0
长　春	Changchun	99.2	100.0	99.5	100.1	104.5	100.0	101.3
哈尔滨	Harbin	100.0	100.0	100.0	101.7	102.5	100.0	101.0
上　海	Shanghai	99.6	100.0	100.3	100.7	103.0	100.0	99.8
南　京	Nanjing	99.6	100.0	99.6	100.7	101.1	101.8	101.3
杭　州	Hangzhou	99.9	99.9	100.2	100.8	102.2	101.3	101.0
宁　波	Ningbo	99.7	100.2	100.1	101.0	102.1	100.4	102.0
合　肥	Hefei	99.2	99.7	99.9	99.9	101.4	100.1	100.6
福　州	Fuzhou	99.7	100.0	99.9	100.7	100.5	100.0	102.3
厦　门	Xiamen	97.7	100.1	100.2	100.6	100.7	100.5	101.2
南　昌	Nanchang	99.5	100.6	100.3	100.7	102.1	100.0	101.3
济　南	Jinan	99.9	99.9	100.0	99.9	100.6	100.0	100.8
青　岛	Qingdao	99.1	99.9	99.8	100.1	101.0	100.0	100.6
郑　州	Zhengzhou	100.0	99.8	99.9	100.1	100.5	100.1	100.6
武　汉	Wuhan	98.0	99.9	99.7	101.0	102.5	100.1	101.8
长　沙	Changsha	100.1	99.9	100.0	100.0	100.7	100.0	100.6
广　州	Guangzhou	99.5	99.5	100.5	100.7	103.7	99.8	101.2
深　圳	Shenzhen	98.8	99.8	101.2	100.9	103.3	100.0	101.9
南　宁	Nanning	99.6	99.8	99.0	101.1	102.0	100.2	101.6
海　口	Haikou	98.7	100.5	101.0	102.1	102.9	100.0	101.8
重　庆	Chongqing	98.8	100.1	99.3	99.5	100.8	100.0	101.1
成　都	Chengdu	99.6	99.8	100.3	100.9	104.9	100.8	100.9
贵　阳	Guiyang	100.4	100.0	99.6	99.7	101.1	100.0	100.7
昆　明	Kunming	99.9	100.0	99.9	101.2	101.4	100.1	100.2
拉　萨	Lasa	100.0	100.0	99.3	100.7	100.2	100.0	99.2
西　安	Xi'an	99.7	100.3	99.4	99.8	100.9	100.3	102.1
兰　州	Lanzhou	100.2	100.0	99.8	100.4	101.7	100.4	100.7
西　宁	Xining	98.9	100.0	99.4	101.2	100.9	100.1	100.5
银　川	Yinchuan	99.4	100.1	99.6	100.1	100.6	100.0	100.4
乌鲁木齐	Urumqi	101.6	99.7	99.7	94.5	101.4	100.1	100.1

3-38 36个大中城市居民消费价格分类指数(环比)
Consumer Price Indices by Category for 36 Major Large and Medium-sized Cities (2023年2月)

(上月=100) (preceding month=100)

城市	City	居民消费价格指数 Consumer Price Index	食品烟酒 Food, Tobacco and Alcohol	粮食 Grain	鲜菜 Fresh Vegetables	畜肉类 Meat of Livestock	水产品 Aquatic Products	蛋类 Eggs	鲜果 Fresh Fruits
平均指数	**Average Index**	**99.4**	**98.6**	**100.1**	**94.7**	**94.1**	**98.3**	**97.3**	**98.6**
北京	Beijing	99.6	98.6	99.3	93.7	94.6	99.2	95.9	97.8
天津	Tianjin	99.4	98.7	99.9	95.2	95.5	100.6	94.8	94.6
石家庄	Shijiazhuang	99.6	97.9	99.8	91.9	95.0	98.1	95.8	97.3
太原	Taiyuan	99.6	98.5	98.8	97.1	96.6	99.6	94.7	95.6
呼和浩特	Hohhot	99.6	99.3	100.1	93.0	96.2	100.0	97.1	99.0
沈阳	Shenyang	99.6	98.5	100.3	90.5	92.9	100.3	98.5	101.2
大连	Dalian	99.8	99.4	100.4	92.5	95.5	102.0	97.9	101.2
长春	Changchun	99.2	98.3	100.6	93.7	93.6	98.2	98.8	97.6
哈尔滨	Harbin	99.4	98.9	101.0	94.8	97.0	101.8	99.8	95.6
上海	Shanghai	99.3	98.1	100.8	93.0	93.7	97.0	98.3	97.1
南京	Nanjing	99.9	99.6	99.2	98.2	95.0	98.1	98.0	100.1
杭州	Hangzhou	99.5	99.2	99.6	98.3	94.6	99.1	99.2	101.0
宁波	Ningbo	99.4	98.7	101.4	93.9	93.1	97.9	99.2	99.8
合肥	Hefei	99.7	99.1	99.8	100.7	94.0	100.4	94.3	100.8
福州	Fuzhou	99.4	98.4	101.9	92.4	94.3	98.4	95.8	98.3
厦门	Xiamen	99.6	98.8	99.7	93.6	94.9	98.2	99.8	101.9
南昌	Nanchang	99.2	98.1	100.1	99.6	91.0	95.3	97.9	94.0
济南	Jinan	99.6	98.5	100.1	94.7	94.2	98.9	95.6	93.8
青岛	Qingdao	99.3	98.4	99.3	92.7	94.8	98.2	94.6	99.0
郑州	Zhengzhou	99.6	98.8	99.9	93.6	94.0	99.1	93.1	102.6
武汉	Wuhan	99.9	99.4	100.7	101.8	92.7	98.3	100.5	103.0
长沙	Changsha	99.6	98.5	99.9	95.5	91.7	98.9	98.2	99.8
广州	Guangzhou	99.2	99.1	100.2	94.3	97.0	97.9	98.6	99.4
深圳	Shenzhen	98.9	98.6	99.1	92.6	92.1	97.4	99.5	101.3
南宁	Nanning	99.3	98.1	100.9	91.9	92.1	96.5	98.8	99.1
海口	Haikou	98.9	97.7	98.8	92.6	94.7	95.2	98.7	96.8
重庆	Chongqing	99.3	97.9	100.3	95.3	92.5	97.3	97.5	98.0
成都	Chengdu	99.1	98.7	100.0	98.1	91.7	99.2	98.0	99.6
贵阳	Guiyang	99.5	98.6	100.1	93.8	94.2	99.3	98.8	99.9
昆明	Kunming	99.6	98.6	99.8	96.8	93.0	95.1	96.7	96.8
拉萨	Lasa	99.6	100.4	100.0	105.2	99.7	101.2	99.2	97.7
西安	Xi'an	99.2	97.7	99.6	87.5	93.4	98.0	90.3	96.0
兰州	Lanzhou	99.4	98.1	100.1	93.1	94.1	98.9	99.4	98.2
西宁	Xining	99.6	98.5	100.3	98.0	96.0	98.4	95.1	95.4
银川	Yinchuan	99.8	99.0	100.0	96.6	98.2	97.2	100.6	98.4
乌鲁木齐	Urumqi	99.4	99.0	99.3	94.1	98.5	97.4	97.4	99.2

3-38 续表 continued

(上月=100) (preceding month=100)

城市	City	衣着 Clothing	居住 Residence	生活用品及服务 Articles for Daily Use and Services	交通通信 Transport and Communications	教育文化娱乐 Education, Culture and Recreation	医疗保健 Health Care	其他用品及服务 Other Articles and Services
平均指数	**Average Index**	**100.2**	**100.2**	**100.0**	**99.3**	**98.4**	**100.1**	**99.9**
北京	Beijing	100.8	100.2	100.2	99.4	99.3	100.0	100.1
天津	Tianjin	100.0	100.0	100.0	99.5	98.5	99.8	100.4
石家庄	Shijiazhuang	100.5	100.2	100.3	99.7	99.5	101.3	100.1
太原	Taiyuan	99.4	100.5	100.1	99.7	99.2	100.5	100.0
呼和浩特	Hohhot	99.9	100.2	100.1	100.0	98.1	100.0	100.0
沈阳	Shenyang	99.8	100.6	100.0	100.3	99.7	100.0	98.8
大连	Dalian	99.8	100.3	99.9	100.8	98.9	100.1	99.4
长春	Changchun	99.8	100.3	100.2	99.5	97.3	100.2	99.6
哈尔滨	Harbin	101.2	99.8	100.1	99.2	98.9	99.8	99.3
上海	Shanghai	101.1	100.2	100.0	98.8	97.7	100.0	101.5
南京	Nanjing	99.8	100.5	100.4	99.3	99.2	99.9	101.1
杭州	Hangzhou	101.5	100.3	99.7	99.2	97.9	100.2	99.0
宁波	Ningbo	100.3	100.0	99.9	98.9	98.9	100.2	100.3
合肥	Hefei	99.4	100.7	100.2	99.7	98.7	100.0	100.0
福州	Fuzhou	100.5	100.3	100.0	99.1	99.8	100.1	98.2
厦门	Xiamen	100.4	100.8	100.0	99.1	98.8	100.0	99.1
南昌	Nanchang	98.3	100.1	100.0	99.3	99.3	100.1	99.6
济南	Jinan	100.0	100.2	100.1	99.7	99.5	100.1	99.9
青岛	Qingdao	99.6	100.2	100.2	99.3	98.8	100.0	98.6
郑州	Zhengzhou	100.0	100.2	100.1	99.7	99.0	100.0	99.6
武汉	Wuhan	102.6	100.3	99.9	100.3	98.7	99.8	98.3
长沙	Changsha	100.0	100.2	100.0	100.2	99.7	100.0	99.9
广州	Guangzhou	98.2	100.2	100.2	99.0	96.9	100.1	99.4
深圳	Shenzhen	98.3	100.2	98.4	97.7	97.8	100.0	99.0
南宁	Nanning	100.4	99.8	100.5	99.2	99.7	100.3	99.9
海口	Haikou	100.6	100.4	99.3	99.6	97.4	100.0	98.2
重庆	Chongqing	101.0	100.1	99.9	100.0	98.9	100.1	99.5
成都	Chengdu	99.6	100.0	100.1	99.8	95.7	100.0	100.3
贵阳	Guiyang	100.3	100.0	100.6	99.7	98.8	100.0	100.0
昆明	Kunming	100.0	100.2	100.4	99.7	99.7	100.1	100.2
拉萨	Lasa	100.0	100.0	100.2	96.7	99.8	100.1	99.7
西安	Xi'an	99.0	100.3	100.2	99.8	98.9	100.2	99.8
兰州	Lanzhou	100.0	99.9	100.3	100.2	99.8	100.0	99.3
西宁	Xining	100.6	100.0	100.7	99.6	99.4	100.2	100.5
银川	Yinchuan	99.3	100.3	100.2	99.9	100.2	99.9	100.6
乌鲁木齐	Urumqi	99.4	100.0	100.1	98.7	99.4	100.1	100.5

3-39 36个大中城市居民消费价格分类指数(环比) Consumer Price Indices by Category for 36 Major Large and Medium-sized Cities (2023年3月)

(上月=100) (preceding month=100)

城市	City	居民消费价格指数 Consumer Price Index	食品烟酒 Food, Tobacco and Alcohol	粮食 Grain	鲜菜 Fresh Vegetables	畜肉类 Meat of Livestock	水产品 Aquatic Products	蛋类 Eggs	鲜果 Fresh Fruits
平均指数	**Average Index**	**99.8**	**99.0**	**99.7**	**91.7**	**97.4**	**99.4**	**100.1**	**100.6**
北京	Beijing	99.8	98.7	99.2	86.5	97.9	99.1	101.3	101.2
天津	Tianjin	99.5	98.8	99.6	84.7	98.5	100.4	102.9	100.9
石家庄	Shijiazhuang	99.7	99.3	101.5	90.0	98.3	98.2	102.6	98.5
太原	Taiyuan	99.5	97.9	98.6	86.7	97.3	98.8	103.5	101.9
呼和浩特	Hohhot	99.8	99.8	100.4	94.7	99.7	99.9	102.0	102.1
沈阳	Shenyang	99.4	98.6	100.1	89.4	98.7	98.3	100.7	99.0
大连	Dalian	99.7	98.9	99.7	88.7	99.3	103.4	96.9	96.8
长春	Changchun	99.8	99.6	100.1	91.0	98.2	100.3	99.8	103.3
哈尔滨	Harbin	99.6	98.8	99.8	88.5	98.1	99.9	101.6	101.0
上海	Shanghai	99.9	98.9	99.2	91.1	97.4	99.1	99.5	101.4
南京	Nanjing	99.4	98.0	100.4	86.2	96.3	102.1	99.5	99.8
杭州	Hangzhou	99.8	98.6	99.8	90.0	95.2	98.9	100.9	100.2
宁波	Ningbo	99.9	99.6	98.7	92.7	97.7	101.4	98.9	104.8
合肥	Hefei	100.0	99.7	102.1	93.1	98.0	100.9	101.2	100.4
福州	Fuzhou	99.5	98.5	99.3	88.3	97.0	99.6	99.9	97.8
厦门	Xiamen	99.8	99.1	100.1	93.7	98.9	98.7	97.8	98.3
南昌	Nanchang	99.5	98.8	99.7	95.3	95.8	95.3	99.4	98.9
济南	Jinan	99.7	98.9	99.4	90.3	97.1	102.6	101.2	97.3
青岛	Qingdao	99.9	99.1	100.5	90.3	98.6	99.6	102.2	101.4
郑州	Zhengzhou	99.8	99.4	99.6	94.4	98.5	101.4	98.8	100.5
武汉	Wuhan	99.7	98.9	98.2	97.8	94.6	98.3	100.9	100.1
长沙	Changsha	99.7	98.9	99.9	92.8	97.2	98.3	100.2	99.7
广州	Guangzhou	99.8	99.0	99.8	93.6	96.6	99.7	98.3	102.1
深圳	Shenzhen	100.2	99.6	98.8	91.2	98.5	98.3	99.9	103.8
南宁	Nanning	99.7	99.1	99.7	96.8	97.2	96.8	99.5	99.5
海口	Haikou	99.4	99.2	100.1	91.2	96.8	99.2	99.3	100.6
重庆	Chongqing	99.4	99.0	100.7	97.0	98.5	97.2	98.0	98.6
成都	Chengdu	99.9	99.5	99.4	99.2	96.0	98.7	99.2	99.7
贵阳	Guiyang	99.6	99.1	99.6	96.3	96.0	97.2	99.0	99.3
昆明	Kunming	99.9	100.1	100.3	101.1	99.7	97.9	99.7	99.5
拉萨	Lasa	99.9	99.3	100.0	97.4	99.0	95.5	100.0	99.6
西安	Xi'an	99.7	99.3	100.4	93.9	97.8	98.6	102.1	98.8
兰州	Lanzhou	99.2	97.8	100.1	90.2	96.9	97.8	99.5	96.2
西宁	Xining	99.8	99.1	99.8	88.7	100.5	97.0	98.7	97.4
银川	Yinchuan	99.6	98.9	98.8	87.3	99.6	98.6	101.3	102.9
乌鲁木齐	Urumqi	99.5	99.9	100.3	100.5	98.6	98.2	103.8	99.0

3-39 续表 continued

(上月=100) (preceding month=100)

城市	City	衣着 Clothing	居住 Residence	生活用品及服务 Articles for Daily Use and Services	交通通信 Transport and Communications	教育文化娱乐 Education, Culture and Recreation	医疗保健 Health Care	其他用品及服务 Other Articles and Services
平均指数	**Average Index**	**100.4**	**100.0**	**99.4**	**99.9**	**100.0**	**100.1**	**101.2**
北京	Beijing	100.5	100.0	99.0	100.6	99.9	100.0	102.1
天津	Tianjin	99.9	99.8	99.8	98.9	100.0	100.1	101.0
石家庄	Shijiazhuang	100.2	100.1	99.8	99.3	99.6	100.0	100.8
太原	Taiyuan	104.1	99.8	99.9	99.1	99.5	100.1	100.9
呼和浩特	Hohhot	99.6	100.0	99.6	99.5	99.1	100.7	102.0
沈阳	Shenyang	100.4	100.5	99.7	98.2	99.6	100.1	100.7
大连	Dalian	100.3	100.3	99.2	100.1	99.4	99.9	101.5
长春	Changchun	101.1	100.3	99.3	99.5	99.2	100.0	100.9
哈尔滨	Harbin	103.2	99.9	99.5	98.7	99.2	100.0	100.8
上海	Shanghai	100.0	100.1	99.5	100.7	100.5	100.2	100.7
南京	Nanjing	100.4	99.6	99.4	99.9	100.1	100.1	101.5
杭州	Hangzhou	99.9	100.3	99.6	100.2	100.5	100.0	102.2
宁波	Ningbo	101.5	99.9	99.7	99.7	100.0	100.2	100.1
合肥	Hefei	101.4	100.0	99.3	99.9	100.0	100.0	101.2
福州	Fuzhou	100.6	100.1	99.6	99.4	99.9	100.1	101.0
厦门	Xiamen	100.8	100.0	99.3	99.7	100.7	100.1	100.7
南昌	Nanchang	100.1	100.0	99.3	99.4	99.3	100.0	101.1
济南	Jinan	100.2	100.0	99.7	99.8	100.0	99.9	100.9
青岛	Qingdao	100.6	100.1	99.6	100.0	100.3	100.1	101.4
郑州	Zhengzhou	99.5	100.0	99.4	99.5	100.2	100.1	100.9
武汉	Wuhan	102.3	99.9	99.2	99.0	100.0	100.0	101.3
长沙	Changsha	100.3	100.0	99.7	99.6	100.2	100.0	100.7
广州	Guangzhou	100.5	100.0	99.5	100.4	100.6	100.2	101.3
深圳	Shenzhen	102.1	100.2	99.7	100.9	100.2	100.3	101.3
南宁	Nanning	100.1	100.2	99.3	99.2	99.9	100.0	100.7
海口	Haikou	99.3	99.9	99.1	98.7	100.0	99.8	100.0
重庆	Chongqing	99.0	99.9	99.4	99.6	99.1	100.1	100.7
成都	Chengdu	100.1	100.3	99.4	100.0	99.6	100.0	100.8
贵阳	Guiyang	100.2	100.0	98.9	99.6	99.6	100.0	100.8
昆明	Kunming	100.1	100.1	99.4	99.2	99.5	100.3	100.9
拉萨	Lasa	100.0	100.0	98.7	101.0	99.9	100.5	100.5
西安	Xi'an	101.5	100.3	99.5	97.9	99.7	99.9	101.5
兰州	Lanzhou	98.4	100.0	99.5	99.9	100.0	100.0	101.4
西宁	Xining	100.7	100.0	99.3	99.9	99.7	100.1	101.1
银川	Yinchuan	100.2	99.9	99.2	99.4	99.8	100.0	101.8
乌鲁木齐	Urumqi	99.6	99.9	98.4	98.2	99.5	100.0	101.6

3-40 36个大中城市居民消费价格分类指数(环比)

Consumer Price Indices by Category for 36 Major Large and Medium-sized Cities (2023年4月)

(上月=100) (preceding month=100)

城市 City	居民消费价格指数 Consumer Price Index	食品烟酒 Food, Tobacco and Alcohol	粮食 Grain	鲜菜 Fresh Vegetables	畜肉类 Meat of Livestock	水产品 Aquatic Products	蛋类 Eggs	鲜果 Fresh Fruits
平均指数 Average Index	**100.0**	**99.3**	**99.7**	**93.5**	**98.3**	**100.5**	**99.9**	**98.4**
北京 Beijing	99.9	98.8	100.0	85.9	98.7	99.6	100.7	99.0
天津 Tianjin	99.8	98.3	99.5	87.4	98.3	98.1	100.6	94.3
石家庄 Shijiazhuang	99.9	99.4	99.7	91.3	98.6	98.4	100.2	96.6
太原 Taiyuan	99.9	100.6	100.2	88.9	99.4	98.3	100.4	113.3
呼和浩特 Hohhot	99.9	98.8	99.2	91.6	99.3	101.5	101.4	96.0
沈阳 Shenyang	99.7	98.5	100.0	87.2	98.3	99.7	100.5	96.8
大连 Dalian	99.5	98.2	100.2	86.5	98.2	97.8	97.4	97.4
长春 Changchun	99.4	97.6	99.6	88.7	98.2	99.0	99.2	92.4
哈尔滨 Harbin	99.6	98.3	99.7	88.8	97.6	99.8	99.9	94.7
上海 Shanghai	100.1	99.5	98.8	94.9	98.8	101.7	99.3	93.5
南京 Nanjing	99.9	99.7	102.2	91.6	97.1	103.8	99.3	97.1
杭州 Hangzhou	100.1	99.4	100.9	96.4	98.0	100.1	98.2	97.7
宁波 Ningbo	99.8	99.1	100.5	97.3	96.7	99.4	99.5	93.9
合肥 Hefei	99.7	99.2	103.3	81.6	98.1	101.3	99.0	101.6
福州 Fuzhou	99.9	99.5	99.9	96.1	97.6	101.0	100.0	97.2
厦门 Xiamen	100.1	99.7	99.5	98.7	97.6	99.9	98.6	98.6
南昌 Nanchang	100.0	99.7	99.3	95.4	98.3	100.8	99.8	100.8
济南 Jinan	99.9	99.3	99.3	90.5	97.8	98.9	100.3	99.8
青岛 Qingdao	100.0	99.0	99.8	89.5	98.3	103.6	99.4	94.7
郑州 Zhengzhou	99.6	98.7	99.9	92.0	98.4	97.9	99.8	97.0
武汉 Wuhan	99.8	99.4	100.2	92.7	98.8	100.2	99.6	100.9
长沙 Changsha	100.1	99.7	100.0	98.9	98.8	99.5	100.1	99.6
广州 Guangzhou	100.2	100.2	97.8	103.4	98.5	101.1	99.3	99.9
深圳 Shenzhen	100.1	99.8	99.0	100.1	98.5	101.8	100.3	97.4
南宁 Nanning	99.9	99.4	97.8	97.9	98.9	99.5	99.2	96.1
海口 Haikou	99.7	99.3	99.3	97.8	98.1	99.5	100.1	101.1
重庆 Chongqing	100.0	99.1	99.8	93.5	97.3	99.8	100.7	102.7
成都 Chengdu	100.3	99.6	99.1	94.2	99.0	98.4	99.4	107.2
贵阳 Guiyang	100.0	99.5	100.7	98.0	98.2	99.6	101.3	100.3
昆明 Kunming	100.1	100.2	99.7	97.8	97.7	101.1	100.1	107.9
拉萨 Lasa	99.5	98.8	100.0	93.0	97.9	102.3	100.3	99.7
西安 Xi'an	100.4	100.8	101.3	94.0	99.5	99.0	100.8	109.4
兰州 Lanzhou	99.8	98.8	100.0	89.1	98.7	99.2	100.3	101.1
西宁 Xining	99.7	98.7	99.4	87.2	97.1	99.4	100.8	102.7
银川 Yinchuan	100.1	99.6	101.0	94.5	98.0	100.2	99.9	96.9
乌鲁木齐 Urumqi	99.9	98.6	100.5	86.8	98.8	99.7	102.3	98.9

3-40 续表 continued

(上月=100) (preceding month=100)

城市	City	衣着 Clothing	居住 Residence	生活用品及服务 Articles for Daily Use and Services	交通通信 Transport and Communications	教育文化娱乐 Education, Culture and Recreation	医疗保健 Health Care	其他用品及服务 Other Articles and Services
平均指数	**Average Index**	**100.1**	**100.0**	**100.1**	**99.9**	**100.9**	**100.0**	**101.4**
北京	Beijing	100.5	100.0	100.3	100.1	100.7	100.0	101.5
天津	Tianjin	100.2	100.2	99.9	99.6	101.5	100.0	101.8
石家庄	Shijiazhuang	99.6	100.1	100.1	99.7	100.5	100.1	100.9
太原	Taiyuan	96.6	100.1	100.6	99.4	100.1	100.1	100.4
呼和浩特	Hohhot	100.6	100.4	101.2	99.3	100.9	100.2	101.6
沈阳	Shenyang	99.9	100.1	100.2	100.2	100.3	100.0	101.1
大连	Dalian	99.8	99.8	100.4	99.5	100.2	100.0	101.6
长春	Changchun	98.4	100.1	100.0	100.0	100.8	100.0	100.8
哈尔滨	Harbin	99.8	100.0	100.6	99.2	100.6	100.1	100.9
上海	Shanghai	100.4	99.9	100.2	100.2	101.4	100.0	101.3
南京	Nanjing	100.0	100.0	100.2	99.4	100.6	99.9	101.2
杭州	Hangzhou	101.3	99.9	99.9	100.1	101.4	100.0	100.9
宁波	Ningbo	100.6	99.9	100.2	99.5	100.3	100.0	101.8
合肥	Hefei	100.6	100.0	99.8	99.0	100.5	100.1	100.1
福州	Fuzhou	100.1	100.2	100.1	99.6	100.4	100.1	101.8
厦门	Xiamen	100.6	100.2	100.2	99.6	100.5	100.1	101.6
南昌	Nanchang	99.9	100.0	100.2	100.1	101.0	100.0	100.4
济南	Jinan	100.1	99.9	99.7	99.6	101.2	100.0	101.4
青岛	Qingdao	100.2	100.1	100.0	100.0	101.8	100.0	102.2
郑州	Zhengzhou	99.4	99.9	100.4	99.4	100.3	99.9	100.7
武汉	Wuhan	97.4	100.1	100.8	99.7	100.5	100.1	101.5
长沙	Changsha	99.9	100.1	99.9	99.8	100.8	100.0	100.6
广州	Guangzhou	100.2	100.0	99.7	99.8	101.1	100.1	102.3
深圳	Shenzhen	100.5	99.9	99.9	100.4	101.1	100.0	100.1
南宁	Nanning	99.7	100.0	99.6	100.0	100.6	99.8	101.7
海口	Haikou	100.2	99.9	100.4	100.2	99.5	98.6	100.7
重庆	Chongqing	100.3	100.4	100.4	99.8	100.8	100.0	101.1
成都	Chengdu	100.4	99.8	100.0	100.6	102.0	100.1	103.2
贵阳	Guiyang	101.7	100.0	99.8	99.8	100.1	99.9	100.5
昆明	Kunming	100.4	100.0	100.2	99.2	101.1	100.0	100.5
拉萨	Lasa	100.0	100.0	100.7	98.7	100.0	100.0	101.5
西安	Xi'an	100.1	100.3	99.9	99.9	100.4	100.2	102.7
兰州	Lanzhou	100.1	100.1	99.8	100.3	99.7	100.1	102.2
西宁	Xining	99.8	100.3	99.8	99.8	99.9	100.1	101.0
银川	Yinchuan	100.5	100.0	100.2	99.7	100.8	100.1	101.8
乌鲁木齐	Urumqi	100.6	100.1	99.7	100.9	100.6	100.1	101.5

3-41 36个大中城市居民消费价格分类指数(环比)
Consumer Price Indices by Category for 36 Major Large and Medium-sized Cities
(2023年5月)

(上月=100) (preceding month=100)

城市	City	居民消费价格指数 Consumer Price Index	食品烟酒 Food, Tobacco and Alcohol	粮食 Grain	鲜菜 Fresh Vegetables	畜肉类 Meat of Livestock	水产品 Aquatic Products	蛋类 Eggs	鲜果 Fresh Fruits
平均指数	**Average Index**	**99.8**	**99.7**	**100.1**	**96.4**	**98.7**	**99.7**	**98.6**	**100.5**
北京	Beijing	100.0	99.9	100.7	94.3	99.5	100.0	97.7	104.3
天津	Tianjin	99.6	99.1	99.1	93.0	98.7	103.8	97.4	95.4
石家庄	Shijiazhuang	100.0	99.0	98.0	93.5	98.0	102.7	97.7	93.7
太原	Taiyuan	100.4	99.7	99.7	93.9	99.4	100.2	97.9	99.9
呼和浩特	Hohhot	100.3	99.6	99.5	94.7	99.2	103.1	98.1	97.2
沈阳	Shenyang	99.9	100.3	100.0	89.5	97.6	101.2	98.7	109.6
大连	Dalian	100.1	100.7	100.0	93.1	98.9	106.1	97.3	105.6
长春	Changchun	99.7	99.6	97.6	92.4	97.4	103.0	98.6	102.0
哈尔滨	Harbin	100.0	99.2	100.3	91.8	99.5	102.4	99.2	96.3
上海	Shanghai	99.9	100.0	101.2	97.5	98.0	98.0	99.0	102.4
南京	Nanjing	99.9	99.5	99.5	99.7	98.8	97.6	98.4	98.0
杭州	Hangzhou	99.6	98.9	100.0	98.0	98.6	96.1	101.0	97.0
宁波	Ningbo	99.6	98.7	99.7	97.3	98.2	97.5	99.3	92.5
合肥	Hefei	99.7	99.4	97.2	96.1	98.4	94.2	97.6	104.6
福州	Fuzhou	99.9	99.8	100.7	97.8	99.0	99.9	98.2	97.6
厦门	Xiamen	99.9	100.3	99.7	98.0	98.3	101.3	101.3	102.5
南昌	Nanchang	99.9	100.0	100.5	100.6	98.7	98.0	100.4	104.0
济南	Jinan	99.7	99.0	101.9	92.2	98.4	98.4	98.1	98.5
青岛	Qingdao	99.7	99.4	99.4	95.6	98.9	97.9	97.7	103.3
郑州	Zhengzhou	99.6	98.9	100.1	95.3	99.3	99.9	96.3	96.0
武汉	Wuhan	99.7	99.8	101.3	97.4	99.6	100.8	100.1	97.7
长沙	Changsha	100.0	99.8	100.0	98.0	98.7	99.6	99.7	101.2
广州	Guangzhou	99.6	99.4	99.9	95.0	97.5	101.2	99.1	95.5
深圳	Shenzhen	99.7	100.1	101.5	98.1	98.5	102.0	99.9	101.2
南宁	Nanning	99.8	100.1	102.0	101.6	97.4	101.0	99.9	104.7
海口	Haikou	99.9	100.5	100.5	99.7	99.5	102.3	100.2	102.4
重庆	Chongqing	100.0	99.7	98.1	94.7	99.0	103.2	96.7	107.9
成都	Chengdu	99.9	99.9	100.5	97.6	99.4	100.6	99.7	101.0
贵阳	Guiyang	100.1	100.2	100.0	104.4	98.9	100.1	100.2	101.4
昆明	Kunming	99.9	100.2	100.1	100.5	98.8	100.3	99.0	103.3
拉萨	Lasa	99.9	99.4	100.0	97.4	99.0	96.6	99.9	97.5
西安	Xi'an	99.9	100.0	100.0	97.5	99.0	101.0	98.1	102.4
兰州	Lanzhou	100.0	100.0	100.5	98.4	99.1	100.3	99.2	98.4
西宁	Xining	100.0	99.9	99.7	100.2	98.2	100.9	97.5	98.3
银川	Yinchuan	99.6	98.4	99.0	96.4	97.7	100.8	98.6	91.0
乌鲁木齐	Urumqi	99.4	98.9	100.5	91.2	99.0	101.0	100.4	99.6

3-41 续表 continued

(上月=100) (preceding month=100)

城市	City	衣着 Clothing	居住 Residence	生活用品及服务 Articles for Daily Use and Services	交通通信 Transport and Communications	教育文化娱乐 Education, Culture and Recreation	医疗保健 Health Care	其他用品及服务 Other Articles and Services
平均指数	**Average Index**	**100.4**	**100.0**	**100.0**	**99.2**	**99.8**	**100.1**	**100.4**
北京	Beijing	99.7	100.1	99.9	98.9	100.9	100.0	100.3
天津	Tianjin	100.2	99.9	100.0	99.7	98.9	99.6	100.2
石家庄	Shijiazhuang	104.1	99.9	100.0	99.7	99.4	100.1	100.6
太原	Taiyuan	105.0	100.1	100.2	99.8	100.3	100.0	101.6
呼和浩特	Hohhot	100.6	100.6	100.2	99.8	100.3	102.1	101.0
沈阳	Shenyang	99.9	100.2	100.1	98.9	99.5	100.1	100.3
大连	Dalian	99.9	100.3	100.1	98.7	100.1	100.0	100.4
长春	Changchun	101.1	99.8	100.4	99.5	98.0	100.1	100.6
哈尔滨	Harbin	99.8	100.0	100.4	99.3	99.6	103.5	100.6
上海	Shanghai	100.7	100.0	100.2	99.6	98.4	100.0	101.5
南京	Nanjing	100.8	100.2	99.9	99.5	100.4	100.0	99.5
杭州	Hangzhou	100.5	99.9	99.8	99.0	99.9	100.0	100.2
宁波	Ningbo	100.4	99.9	100.1	99.6	100.4	100.0	100.7
合肥	Hefei	101.0	99.8	100.2	99.5	99.5	100.0	100.1
福州	Fuzhou	100.4	99.9	100.0	99.6	99.9	100.0	100.2
厦门	Xiamen	100.2	99.8	99.7	99.6	99.9	100.0	100.2
南昌	Nanchang	100.2	100.0	99.9	99.1	99.8	99.9	101.1
济南	Jinan	100.3	99.9	100.1	99.6	99.5	100.5	100.9
青岛	Qingdao	100.2	99.9	100.1	99.1	99.6	100.1	101.6
郑州	Zhengzhou	100.7	99.8	100.0	99.3	99.9	100.0	100.2
武汉	Wuhan	99.4	99.8	99.2	99.2	100.0	100.0	99.7
长沙	Changsha	100.1	100.1	99.9	99.8	100.5	100.0	100.2
广州	Guangzhou	100.6	99.7	100.0	99.0	99.5	100.0	99.9
深圳	Shenzhen	100.4	100.0	100.1	98.0	99.8	100.0	100.0
南宁	Nanning	100.3	99.8	100.2	98.1	99.6	100.3	100.4
海口	Haikou	101.1	99.4	98.6	99.5	100.0	99.8	99.9
重庆	Chongqing	100.0	100.4	99.9	99.3	100.5	100.0	100.3
成都	Chengdu	99.5	100.1	99.9	99.3	100.4	100.0	99.3
贵阳	Guiyang	101.4	99.9	100.4	99.6	100.2	100.1	100.3
昆明	Kunming	99.8	99.8	100.1	99.6	99.2	100.0	100.4
拉萨	Lasa	99.8	100.0	100.3	100.6	100.0	100.0	101.3
西安	Xi'an	99.7	99.8	99.9	99.9	100.0	100.1	100.2
兰州	Lanzhou	100.9	100.1	100.1	99.6	99.8	100.0	100.3
西宁	Xining	100.5	100.0	100.1	99.4	99.9	100.0	101.7
银川	Yinchuan	99.0	99.9	100.3	100.6	99.7	100.0	101.1
乌鲁木齐	Urumqi	99.3	99.5	99.6	99.1	100.2	100.0	100.5

3-42 36个大中城市居民消费价格分类指数(环比)

Consumer Price Indices by Category for 36 Major Large and Medium-sized Cities (2023年6月)

(上月=100) (preceding month=100)

城市	City	居民消费价格指数 Consumer Price Index	食品烟酒 Food, Tobacco and Alcohol	粮食 Grain	鲜菜 Fresh Vegetables	畜肉类 Meat of Livestock	水产品 Aquatic Products	蛋类 Eggs	鲜果 Fresh Fruits
平均指数	**Average Index**	**99.9**	**99.8**	**99.8**	**102.4**	**98.9**	**98.1**	**98.0**	**98.4**
北京	Beijing	99.8	99.6	99.5	104.5	99.2	99.1	98.8	95.2
天津	Tianjin	100.1	100.8	100.5	106.6	98.6	101.7	96.9	106.2
石家庄	Shijiazhuang	99.9	100.0	100.1	107.0	97.5	100.6	95.9	98.0
太原	Taiyuan	99.3	98.8	100.6	102.8	97.7	99.5	95.0	94.6
呼和浩特	Hohhot	99.8	99.9	101.4	103.1	98.5	100.6	98.1	99.4
沈阳	Shenyang	99.4	98.1	99.9	95.3	97.6	99.1	99.5	91.5
大连	Dalian	99.2	98.0	100.0	96.0	99.2	97.9	92.0	90.7
长春	Changchun	99.7	99.6	99.3	100.3	98.9	101.9	99.1	96.7
哈尔滨	Harbin	99.5	99.4	100.1	97.0	98.2	99.7	98.3	97.0
上海	Shanghai	99.6	99.1	99.7	101.5	100.4	96.2	97.8	95.2
南京	Nanjing	99.9	99.7	99.6	101.2	99.4	98.7	99.1	98.8
杭州	Hangzhou	99.9	99.8	99.0	102.8	98.8	96.0	99.2	97.4
宁波	Ningbo	99.8	100.0	99.7	106.1	99.0	97.5	98.3	99.2
合肥	Hefei	99.8	99.4	102.3	104.2	97.6	96.6	97.4	99.8
福州	Fuzhou	99.7	100.0	100.7	104.8	98.1	98.7	96.0	101.2
厦门	Xiamen	99.9	100.3	100.7	106.5	99.3	97.9	99.8	104.3
南昌	Nanchang	99.7	99.8	100.3	101.3	98.2	98.6	97.9	100.3
济南	Jinan	100.2	101.6	100.5	109.9	99.1	100.3	97.2	108.4
青岛	Qingdao	100.0	100.0	100.9	106.2	99.5	95.9	98.7	100.5
郑州	Zhengzhou	99.6	99.2	99.9	101.8	98.6	99.2	94.3	94.1
武汉	Wuhan	99.6	99.8	100.0	96.4	98.9	98.7	99.9	103.8
长沙	Changsha	99.8	99.5	100.0	99.3	99.5	98.8	97.9	98.0
广州	Guangzhou	99.8	99.8	99.5	99.6	97.1	98.1	99.4	100.0
深圳	Shenzhen	99.9	99.8	100.9	100.8	98.8	99.3	99.1	99.9
南宁	Nanning	99.5	99.5	99.3	103.8	98.0	96.7	99.1	100.6
海口	Haikou	99.4	99.4	99.1	104.4	100.1	97.7	98.7	98.7
重庆	Chongqing	99.7	99.8	98.6	102.4	99.2	99.7	98.8	100.7
成都	Chengdu	99.9	100.4	100.0	106.6	99.3	100.2	97.0	98.1
贵阳	Guiyang	99.8	99.8	100.1	100.8	99.0	99.7	99.7	97.6
昆明	Kunming	99.9	100.2	100.0	102.0	98.5	99.6	98.4	99.3
拉萨	Lasa	99.9	99.5	100.0	95.6	100.0	99.1	98.9	97.4
西安	Xi'an	99.8	99.9	98.7	109.7	101.2	102.2	94.5	93.3
兰州	Lanzhou	100.0	100.1	100.0	95.4	97.6	101.2	98.4	106.4
西宁	Xining	99.5	99.0	99.4	102.4	97.3	98.9	96.7	96.6
银川	Yinchuan	99.7	99.8	101.2	96.0	97.5	97.9	100.4	100.7
乌鲁木齐	Urumqi	99.9	98.8	99.6	94.0	96.0	101.8	98.6	98.1

3-42 续表 continued

(上月=100)

(preceding month=100)

城 市	City	衣着 Clothing	居住 Residence	生活用品及服务 Articles for Daily Use and Services	交通通信 Transport and Communications	教育文化娱乐 Education, Culture and Recreation	医疗保健 Health Care	其他用品及服务 Other Articles and Services
平均指数	**Average Index**	**99.7**	**100.4**	**99.4**	**99.4**	**99.7**	**100.0**	**99.2**
北 京	Beijing	100.1	100.1	99.4	98.9	100.0	99.9	99.5
天 津	Tianjin	99.7	100.1	99.7	99.2	100.2	100.0	99.5
石家庄	Shijiazhuang	98.1	100.6	99.7	100.1	99.5	100.0	99.1
太 原	Taiyuan	98.4	100.1	99.7	98.8	99.2	100.0	99.6
呼和浩特	Hohhot	99.8	99.9	99.5	99.5	99.2	99.9	99.9
沈 阳	Shenyang	99.4	100.1	99.5	99.5	100.2	100.0	100.0
大 连	Dalian	99.6	100.1	99.2	99.6	99.4	100.0	99.5
长 春	Changchun	99.4	100.0	99.5	99.4	99.5	100.1	99.8
哈尔滨	Harbin	99.1	100.0	98.2	99.0	100.1	100.3	99.1
上 海	Shanghai	99.7	100.3	98.7	99.0	99.6	100.0	98.2
南 京	Nanjing	99.7	100.6	99.4	99.6	99.7	100.1	99.0
杭 州	Hangzhou	100.1	100.2	100.0	99.2	99.9	100.1	99.1
宁 波	Ningbo	99.0	100.0	99.7	99.6	99.7	100.0	98.9
合 肥	Hefei	99.6	100.4	99.6	99.7	99.6	100.0	99.8
福 州	Fuzhou	99.6	99.8	99.5	99.8	98.6	100.2	99.0
厦 门	Xiamen	99.4	99.9	99.7	99.6	99.7	99.9	98.8
南 昌	Nanchang	99.5	99.9	99.5	99.3	99.6	100.0	99.5
济 南	Jinan	99.8	99.9	99.2	99.8	99.6	100.0	99.1
青 岛	Qingdao	100.0	100.4	99.6	99.8	99.5	100.0	100.2
郑 州	Zhengzhou	100.3	99.8	99.6	99.5	99.5	100.2	99.9
武 汉	Wuhan	98.5	100.0	98.9	98.9	100.0	100.1	99.6
长 沙	Changsha	100.1	100.1	99.6	99.4	99.8	100.0	99.8
广 州	Guangzhou	100.0	100.3	99.0	99.7	99.5	100.0	98.8
深 圳	Shenzhen	100.0	100.4	99.9	99.7	99.3	99.9	99.8
南 宁	Nanning	99.8	99.6	100.0	98.9	99.5	99.7	99.6
海 口	Haikou	99.8	99.7	99.0	98.8	99.5	100.1	98.1
重 庆	Chongqing	99.5	100.1	99.2	99.6	99.5	100.2	98.9
成 都	Chengdu	99.7	100.3	99.5	99.0	100.0	100.1	98.6
贵 阳	Guiyang	100.0	100.1	99.7	99.5	99.5	100.2	99.5
昆 明	Kunming	100.2	99.9	99.7	99.4	100.6	99.7	99.3
拉 萨	Lasa	100.1	100.0	99.7	100.7	100.0	100.0	99.7
西 安	Xi'an	99.4	100.3	99.3	99.5	99.7	100.2	98.4
兰 州	Lanzhou	100.3	100.0	99.6	100.1	100.1	100.0	98.9
西 宁	Xining	99.5	100.0	99.6	99.6	99.4	100.1	100.1
银 川	Yinchuan	100.0	99.9	99.7	99.3	99.5	100.0	98.6
乌鲁木齐	Urumqi	98.6	100.1	99.3	101.7	100.7	100.0	100.9

3-43 36个大中城市居民消费价格分类指数(环比)
Consumer Price Indices by Category for 36 Major Large and Medium-sized Cities (2023年7月)

(上月=100) (preceding month=100)

城市	City	居民消费价格指数 Consumer Price Index	食品烟酒 Food, Tobacco and Alcohol	粮食 Grain	鲜菜 Fresh Vegetables	畜肉类 Meat of Livestock	水产品 Aquatic Products	蛋类 Eggs	鲜果 Fresh Fruits
平均指数	**Average Index**	**100.4**	**99.4**	**99.8**	**98.1**	**99.6**	**100.3**	**99.4**	**95.4**
北京	Beijing	100.4	99.2	99.4	98.1	99.4	100.1	100.2	93.8
天津	Tianjin	100.7	100.1	100.7	100.1	99.3	101.0	100.3	98.3
石家庄	Shijiazhuang	99.9	99.0	100.3	94.4	99.2	100.0	99.5	99.9
太原	Taiyuan	100.0	98.1	98.8	93.7	99.1	99.1	97.5	91.6
呼和浩特	Hohhot	100.2	98.5	98.4	92.1	98.4	97.7	99.8	93.6
沈阳	Shenyang	100.3	99.0	100.4	99.1	99.7	100.2	98.0	93.0
大连	Dalian	100.6	100.0	99.8	101.5	99.3	103.0	94.8	99.8
长春	Changchun	100.2	99.0	102.0	95.4	99.4	99.0	97.0	95.0
哈尔滨	Harbin	100.3	98.5	98.7	98.6	100.1	98.0	98.5	91.9
上海	Shanghai	100.5	99.2	98.9	99.8	100.9	97.5	100.0	93.6
南京	Nanjing	100.5	100.0	99.3	103.3	99.9	104.1	97.2	95.7
杭州	Hangzhou	100.2	99.6	99.9	100.0	100.3	103.8	98.3	94.7
宁波	Ningbo	100.2	100.0	101.1	100.0	100.2	101.8	100.2	97.1
合肥	Hefei	100.1	99.2	96.9	97.8	99.8	102.9	99.9	90.8
福州	Fuzhou	100.4	100.1	99.7	99.6	99.7	99.9	98.7	100.3
厦门	Xiamen	100.2	99.8	99.8	99.1	99.7	99.8	97.5	97.8
南昌	Nanchang	100.1	99.0	99.6	93.3	99.0	100.3	98.3	97.2
济南	Jinan	100.2	99.1	99.5	96.1	100.0	98.7	100.5	91.8
青岛	Qingdao	100.1	98.5	98.4	99.6	99.8	98.3	99.3	88.7
郑州	Zhengzhou	99.9	99.3	100.1	98.6	98.2	98.7	99.2	97.5
武汉	Wuhan	100.4	99.5	99.9	97.8	99.2	99.6	99.9	96.5
长沙	Changsha	100.2	99.6	100.0	99.0	100.0	99.3	100.1	96.5
广州	Guangzhou	100.6	100.0	99.4	97.8	99.0	100.3	100.1	100.0
深圳	Shenzhen	100.7	99.8	100.0	99.4	99.1	99.6	99.6	97.3
南宁	Nanning	100.3	99.6	100.0	98.3	99.0	99.8	99.2	92.1
海口	Haikou	100.8	100.4	99.2	98.0	99.2	101.9	103.7	96.9
重庆	Chongqing	100.3	98.7	102.3	96.0	99.1	99.9	100.2	88.7
成都	Chengdu	100.8	99.6	98.8	95.8	100.0	100.3	100.1	98.7
贵阳	Guiyang	100.0	99.3	99.5	95.6	99.4	100.0	101.2	97.2
昆明	Kunming	100.8	99.4	100.1	95.7	99.5	99.4	99.6	98.1
拉萨	Lasa	100.1	99.6	100.0	96.0	100.0	100.1	99.5	98.0
西安	Xi'an	100.1	98.6	99.9	90.7	98.3	100.5	98.1	95.1
兰州	Lanzhou	100.5	99.5	100.1	94.5	99.2	99.9	96.2	99.9
西宁	Xining	100.8	99.5	100.5	92.3	99.2	100.9	99.0	97.3
银川	Yinchuan	100.3	99.1	101.1	93.9	98.5	100.3	99.1	96.2
乌鲁木齐	Urumqi	100.7	99.1	99.0	99.9	96.8	99.2	98.6	95.6

3-43 续表 continued

(上月=100) (preceding month=100)

城市	City	衣着 Clothing	居住 Residence	生活用品及服务 Articles for Daily Use and Services	交通通信 Transport and Communications	教育文化娱乐 Education, Culture and Recreation	医疗保健 Health Care	其他用品及服务 Other Articles and Services
平均指数	**Average Index**	**99.8**	**100.2**	**100.5**	**101.6**	**102.1**	**100.1**	**101.1**
北京	Beijing	99.9	100.1	100.6	102.3	101.7	100.1	101.5
天津	Tianjin	100.1	100.2	100.1	101.6	103.4	100.0	100.1
石家庄	Shijiazhuang	99.1	100.2	100.3	100.9	100.9	100.0	100.2
太原	Taiyuan	98.6	100.0	100.6	101.8	102.4	100.0	100.5
呼和浩特	Hohhot	99.4	100.0	100.7	102.2	102.8	100.2	101.2
沈阳	Shenyang	100.3	100.0	100.5	102.4	101.2	100.0	100.3
大连	Dalian	99.9	100.2	100.5	101.8	101.4	100.0	104.0
长春	Changchun	99.8	100.0	100.6	100.7	102.7	100.2	100.2
哈尔滨	Harbin	98.7	100.0	101.0	103.7	102.3	100.0	101.0
上海	Shanghai	100.0	100.2	101.1	101.8	103.2	100.1	101.3
南京	Nanjing	99.8	100.9	100.3	100.9	101.0	100.1	101.2
杭州	Hangzhou	99.9	100.1	100.0	100.2	101.4	100.2	100.4
宁波	Ningbo	99.2	100.0	99.8	100.7	101.4	100.2	100.2
合肥	Hefei	99.2	100.3	100.2	101.0	101.4	100.0	100.4
福州	Fuzhou	99.9	100.1	100.4	101.4	101.1	100.2	100.4
厦门	Xiamen	99.3	100.2	100.4	100.8	100.7	100.1	101.2
南昌	Nanchang	99.4	100.2	100.8	101.1	101.3	100.1	100.8
济南	Jinan	99.8	100.0	101.1	101.0	101.7	100.4	101.3
青岛	Qingdao	100.0	100.0	100.4	102.1	100.8	100.0	102.5
郑州	Zhengzhou	100.0	100.1	100.0	100.5	100.0	99.9	100.6
武汉	Wuhan	99.2	100.9	101.3	101.2	101.4	100.1	100.3
长沙	Changsha	100.0	100.1	100.4	100.9	100.7	100.0	100.4
广州	Guangzhou	99.7	100.0	100.7	101.6	103.0	100.1	101.0
深圳	Shenzhen	99.7	100.4	100.4	101.9	103.2	100.1	100.5
南宁	Nanning	99.8	100.0	100.2	101.7	102.0	100.1	99.0
海口	Haikou	99.0	99.9	102.7	102.3	101.7	100.0	101.8
重庆	Chongqing	99.9	100.2	100.7	102.2	102.5	100.1	101.1
成都	Chengdu	100.0	100.1	100.3	102.4	104.6	99.9	102.3
贵阳	Guiyang	100.8	100.0	100.2	101.1	98.9	100.0	102.0
昆明	Kunming	100.2	100.1	100.4	103.1	102.7	100.4	101.8
拉萨	Lasa	100.0	100.0	100.6	100.7	100.0	100.0	104.0
西安	Xi'an	99.8	100.5	100.7	101.4	101.0	100.1	102.4
兰州	Lanzhou	100.0	99.9	100.6	102.0	101.9	100.5	104.4
西宁	Xining	100.2	99.9	100.4	102.9	102.4	100.7	105.5
银川	Yinchuan	100.2	100.4	100.3	102.2	101.0	100.0	100.8
乌鲁木齐	Urumqi	100.6	99.9	100.5	103.7	102.2	100.1	102.0

3-44 36个大中城市居民消费价格分类指数(环比)
Consumer Price Indices by Category for 36 Major Large and Medium-sized Cities
(2023年8月)

(上月=100) (preceding month=100)

城市	City	居民消费价格指数 Consumer Price Index	食品烟酒 Food, Tobacco and Alcohol	粮食 Grain	鲜菜 Fresh Vegetables	畜肉类 Meat of Livestock	水产品 Aquatic Products	蛋类 Eggs	鲜果 Fresh Fruits
平均指数	**Average Index**	**100.2**	**100.2**	**100.4**	**100.7**	**103.6**	**99.6**	**106.1**	**95.1**
北京	Beijing	100.1	99.9	101.8	108.3	103.0	99.4	104.3	91.0
天津	Tianjin	100.4	100.7	101.0	110.9	103.4	99.2	110.5	95.5
石家庄	Shijiazhuang	100.3	100.1	99.9	100.1	104.3	99.4	108.7	89.1
太原	Taiyuan	100.0	99.7	101.6	101.7	100.9	98.8	112.8	89.4
呼和浩特	Hohhot	100.2	99.7	100.5	96.1	102.6	100.4	108.8	93.4
沈阳	Shenyang	100.7	101.3	100.0	110.6	106.8	99.1	107.7	97.4
大连	Dalian	100.7	101.1	100.8	107.9	104.8	100.6	116.7	94.0
长春	Changchun	100.7	101.2	102.3	100.0	106.6	99.6	108.6	98.8
哈尔滨	Harbin	101.1	100.7	100.9	105.7	105.7	98.2	108.2	96.6
上海	Shanghai	100.0	99.9	99.5	98.3	103.6	99.8	104.7	94.0
南京	Nanjing	100.2	100.8	102.2	98.1	104.3	102.9	105.7	94.6
杭州	Hangzhou	100.2	99.5	101.5	98.8	102.5	98.8	102.3	94.6
宁波	Ningbo	100.1	100.2	100.4	99.9	104.5	99.6	102.0	97.2
合肥	Hefei	100.3	100.7	99.4	96.6	107.9	103.8	108.8	93.7
福州	Fuzhou	100.3	100.6	100.1	104.2	103.7	99.0	109.6	98.6
厦门	Xiamen	100.1	100.0	100.3	100.4	102.8	99.4	106.2	95.5
南昌	Nanchang	100.1	99.9	100.1	96.9	102.5	99.7	103.4	98.5
济南	Jinan	100.2	100.0	100.1	101.3	104.3	95.3	107.0	96.7
青岛	Qingdao	100.4	100.5	100.1	104.4	105.0	97.6	109.6	95.6
郑州	Zhengzhou	100.3	100.8	100.2	101.0	102.3	101.2	112.3	98.0
武汉	Wuhan	100.3	100.3	99.4	98.8	104.6	101.3	101.2	96.4
长沙	Changsha	100.3	100.2	100.0	98.3	105.1	99.8	102.5	97.6
广州	Guangzhou	100.2	100.1	100.6	100.2	100.9	99.6	101.9	96.9
深圳	Shenzhen	100.0	100.0	99.4	100.6	100.6	99.1	101.5	100.4
南宁	Nanning	100.2	100.1	100.3	99.4	103.9	100.9	102.7	93.4
海口	Haikou	100.3	99.9	103.5	98.7	99.8	99.7	101.5	97.5
重庆	Chongqing	100.3	100.7	100.0	97.5	105.6	100.7	107.1	97.2
成都	Chengdu	100.2	100.1	100.7	95.7	106.0	99.8	105.2	97.3
贵阳	Guiyang	100.3	99.8	100.0	96.4	104.1	99.7	99.1	94.8
昆明	Kunming	100.3	100.2	100.3	97.2	103.4	99.3	106.6	96.8
拉萨	Lasa	100.3	100.2	99.3	101.0	101.0	101.5	95.5	96.9
西安	Xi'an	100.1	99.8	99.7	98.1	103.3	100.7	117.1	91.1
兰州	Lanzhou	99.9	99.1	100.2	96.3	103.5	99.7	108.2	89.9
西宁	Xining	99.9	99.7	100.3	96.0	102.9	100.5	112.3	93.3
银川	Yinchuan	100.2	99.7	98.7	102.5	103.2	101.2	105.9	92.7
乌鲁木齐	Urumqi	99.4	98.8	99.4	98.5	101.3	97.5	116.8	88.3

3-44 续表 continued

(上月=100) (preceding month=100)

城市	City	衣着 Clothing	居住 Residence	生活用品及服务 Articles for Daily Use and Services	交通通信 Transport and Communications	教育文化娱乐 Education, Culture and Recreation	医疗保健 Health Care	其他用品及服务 Other Articles and Services
平均指数	**Average Index**	**100.1**	**100.1**	**99.8**	**100.9**	**100.3**	**100.0**	**100.2**
北京	Beijing	99.7	100.0	99.6	100.7	101.0	100.0	100.1
天津	Tianjin	100.2	100.2	99.6	101.5	100.0	100.0	99.9
石家庄	Shijiazhuang	100.7	100.2	99.8	100.7	100.6	100.2	100.2
太原	Taiyuan	97.9	100.2	99.3	100.9	100.7	100.5	100.1
呼和浩特	Hohhot	101.4	99.2	99.9	101.7	100.2	100.1	101.3
沈阳	Shenyang	99.7	100.0	99.8	101.9	100.6	100.1	100.5
大连	Dalian	100.2	99.9	100.3	102.2	100.1	100.0	101.3
长春	Changchun	102.2	100.0	100.0	101.5	100.0	100.1	100.8
哈尔滨	Harbin	105.3	100.0	98.6	101.4	103.0	100.1	100.2
上海	Shanghai	99.8	100.0	99.7	100.5	99.9	99.8	101.0
南京	Nanjing	99.7	99.6	100.5	100.7	100.5	100.0	100.0
杭州	Hangzhou	102.3	100.0	99.6	101.4	99.9	100.0	99.9
宁波	Ningbo	99.6	100.1	99.5	100.8	99.8	100.1	99.8
合肥	Hefei	98.6	100.1	100.2	101.1	100.2	100.1	99.8
福州	Fuzhou	100.1	100.0	100.1	101.1	99.8	100.0	100.1
厦门	Xiamen	100.0	99.7	99.7	101.2	100.2	100.1	100.0
南昌	Nanchang	98.3	100.0	99.7	101.7	100.4	100.0	100.2
济南	Jinan	99.8	100.0	99.8	101.2	100.1	100.2	100.0
青岛	Qingdao	99.9	100.1	99.6	101.7	100.2	100.0	100.3
郑州	Zhengzhou	100.0	99.9	99.8	101.0	100.1	99.4	99.8
武汉	Wuhan	99.9	100.3	100.2	100.9	100.3	100.3	100.1
长沙	Changsha	100.1	100.0	99.9	101.3	100.6	100.0	100.1
广州	Guangzhou	99.0	100.5	99.8	101.1	100.0	99.9	99.6
深圳	Shenzhen	99.5	100.1	99.8	100.4	99.9	100.1	99.6
南宁	Nanning	99.7	100.0	100.0	100.5	99.9	101.4	100.4
海口	Haikou	99.6	100.3	99.6	101.3	101.2	100.0	100.3
重庆	Chongqing	100.9	99.9	100.0	100.2	100.1	100.1	100.0
成都	Chengdu	100.2	100.1	99.5	100.0	101.6	99.9	100.3
贵阳	Guiyang	100.8	100.0	99.9	101.3	101.0	100.0	101.2
昆明	Kunming	100.0	100.0	99.7	100.6	101.0	100.1	100.0
拉萨	Lasa	99.0	100.0	99.9	102.5	99.8	99.8	98.1
西安	Xi'an	100.0	100.2	99.3	100.3	100.5	100.4	99.4
兰州	Lanzhou	99.9	100.5	99.8	100.4	100.3	100.0	100.8
西宁	Xining	99.7	100.0	99.7	99.9	100.4	100.1	100.4
银川	Yinchuan	100.1	100.7	99.5	101.0	100.0	100.0	100.2
乌鲁木齐	Urumqi	100.1	99.3	99.3	99.5	99.9	100.0	100.8

3-45 36个大中城市居民消费价格分类指数(环比)
Consumer Price Indices by Category for 36 Major Large and Medium-sized Cities (2023年9月)

(上月=100) (preceding month=100)

城市	City	居民消费价格指数 Consumer Price Index	食品烟酒 Food, Tobacco and Alcohol	粮食 Grain	鲜菜 Fresh Vegetables	畜肉类 Meat of Livestock	水产品 Aquatic Products	蛋类 Eggs	鲜果 Fresh Fruits
平均指数	**Average Index**	**100.1**	**100.3**	**100.6**	**103.2**	**100.3**	**99.0**	**102.5**	**100.2**
北京	Beijing	100.2	100.1	100.2	97.4	99.9	99.5	102.2	102.8
天津	Tianjin	100.0	99.4	100.3	94.8	99.5	97.2	102.5	98.0
石家庄	Shijiazhuang	100.2	100.4	101.4	101.2	100.7	99.9	103.3	100.7
太原	Taiyuan	100.4	100.6	100.0	108.6	100.8	100.4	105.5	97.6
呼和浩特	Hohhot	99.6	98.9	98.7	103.5	100.7	100.1	102.3	96.0
沈阳	Shenyang	99.8	99.3	100.8	97.5	99.3	95.3	99.6	98.5
大连	Dalian	99.3	98.2	100.0	97.7	99.6	85.8	103.9	101.0
长春	Changchun	99.7	99.1	100.1	98.1	99.2	99.4	102.1	94.1
哈尔滨	Harbin	99.8	99.2	100.9	92.7	99.2	94.2	102.2	101.6
上海	Shanghai	100.3	100.9	103.8	105.1	100.2	99.7	102.1	105.0
南京	Nanjing	100.0	100.3	100.3	105.7	100.4	99.2	103.0	96.9
杭州	Hangzhou	100.6	100.4	101.7	102.9	100.3	98.2	102.5	100.9
宁波	Ningbo	100.1	99.8	99.4	102.7	100.6	97.1	100.8	103.1
合肥	Hefei	100.5	100.7	101.8	104.3	101.7	100.2	102.0	103.9
福州	Fuzhou	100.0	100.1	98.5	107.8	100.5	98.9	102.5	98.3
厦门	Xiamen	99.9	100.3	99.0	108.2	100.3	99.3	100.8	98.0
南昌	Nanchang	100.5	101.2	100.5	107.1	102.2	103.7	101.6	97.7
济南	Jinan	100.0	99.9	98.6	102.6	101.6	96.2	103.0	100.1
青岛	Qingdao	100.0	100.0	101.3	101.2	99.8	101.1	101.7	98.3
郑州	Zhengzhou	100.1	100.3	100.2	105.0	99.9	99.8	105.8	96.7
武汉	Wuhan	100.5	100.6	101.2	103.1	100.7	101.6	101.0	101.7
长沙	Changsha	100.2	100.4	100.0	104.5	100.2	100.0	101.3	99.7
广州	Guangzhou	100.2	100.6	99.6	107.9	100.2	100.4	103.1	98.3
深圳	Shenzhen	100.0	100.5	101.9	108.3	100.1	100.1	100.9	100.6
南宁	Nanning	100.1	100.7	101.3	108.0	100.1	101.0	101.5	101.3
海口	Haikou	99.8	99.9	99.7	107.6	99.7	96.2	99.2	98.8
重庆	Chongqing	100.2	100.6	98.3	104.8	102.1	99.5	103.1	99.7
成都	Chengdu	99.7	100.5	99.4	102.8	99.7	101.3	103.4	99.8
贵阳	Guiyang	100.2	99.9	99.8	101.9	100.7	100.9	100.7	96.5
昆明	Kunming	99.7	99.7	100.1	99.7	100.5	101.3	101.6	95.6
拉萨	Lasa	99.8	100.3	100.0	101.6	100.2	97.9	106.5	100.1
西安	Xi'an	100.1	100.1	100.5	102.5	99.6	99.9	105.8	98.9
兰州	Lanzhou	100.0	100.2	100.2	104.1	101.0	99.9	103.5	96.7
西宁	Xining	100.2	100.0	99.9	100.4	98.8	99.7	103.4	99.3
银川	Yinchuan	100.3	99.5	99.6	97.0	100.7	99.3	101.7	96.9
乌鲁木齐	Urumqi	99.8	100.1	101.8	98.9	101.4	99.5	102.9	96.0

3-45 续表 continued

(上月=100) (preceding month=100)

城市	City	衣着 Clothing	居住 Residence	生活用品及服务 Articles for Daily Use and Services	交通通信 Transport and Communications	教育文化娱乐 Education, Culture and Recreation	医疗保健 Health Care	其他用品及服务 Other Articles and Services
平均指数	**Average Index**	**101.0**	**99.9**	**100.1**	**100.0**	**100.2**	**100.1**	**99.5**
北京	Beijing	100.6	99.9	100.4	99.9	101.6	100.0	99.4
天津	Tianjin	100.3	100.1	100.6	100.7	99.4	100.5	101.1
石家庄	Shijiazhuang	100.5	100.1	100.1	100.1	99.6	99.9	100.1
太原	Taiyuan	105.0	100.3	100.6	100.8	96.9	100.0	100.9
呼和浩特	Hohhot	101.1	99.8	100.3	99.7	99.3	99.9	98.8
沈阳	Shenyang	100.1	100.0	100.2	100.0	99.6	100.0	100.2
大连	Dalian	101.0	100.1	100.4	99.7	98.9	100.1	96.8
长春	Changchun	99.2	100.0	100.3	99.9	100.3	99.9	100.1
哈尔滨	Harbin	102.0	100.5	100.7	99.4	98.6	100.0	99.2
上海	Shanghai	101.3	99.9	100.0	100.4	100.0	100.0	99.1
南京	Nanjing	100.3	99.7	99.7	100.0	100.3	99.9	100.3
杭州	Hangzhou	101.0	100.1	99.7	99.8	103.8	100.0	100.4
宁波	Ningbo	100.7	100.1	100.4	100.2	100.4	99.8	100.1
合肥	Hefei	101.5	100.0	99.8	100.5	100.7	100.0	100.4
福州	Fuzhou	99.7	100.2	99.8	99.5	100.2	100.0	100.4
厦门	Xiamen	100.3	99.7	100.0	99.7	99.6	100.0	99.5
南昌	Nanchang	101.3	99.7	99.9	100.0	101.5	100.1	99.4
济南	Jinan	100.3	100.0	99.9	100.3	99.6	100.0	100.3
青岛	Qingdao	100.8	99.9	100.1	99.2	101.5	100.1	97.8
郑州	Zhengzhou	100.4	100.0	99.7	100.1	100.2	100.0	100.6
武汉	Wuhan	104.7	99.8	100.2	100.8	99.7	100.3	100.6
长沙	Changsha	100.3	100.1	100.1	100.2	100.3	100.0	100.3
广州	Guangzhou	101.6	99.7	99.7	100.2	100.4	100.0	99.7
深圳	Shenzhen	102.2	99.8	100.0	100.4	98.8	100.2	96.6
南宁	Nanning	100.4	99.8	99.6	99.9	99.9	100.1	100.2
海口	Haikou	103.0	99.6	100.5	98.5	98.7	101.4	101.5
重庆	Chongqing	100.8	99.9	100.5	99.9	99.5	100.0	99.9
成都	Chengdu	99.9	100.0	100.3	99.4	97.5	99.4	99.4
贵阳	Guiyang	100.1	100.0	100.6	100.6	101.5	100.0	97.9
昆明	Kunming	100.1	100.0	100.1	99.2	99.0	100.1	99.0
拉萨	Lasa	100.1	100.0	100.3	98.0	99.8	100.0	99.5
西安	Xi'an	100.9	100.1	100.3	100.0	100.0	100.0	98.3
兰州	Lanzhou	100.2	100.0	100.2	99.7	100.2	101.3	95.9
西宁	Xining	99.5	100.0	99.8	98.9	101.9	103.5	95.1
银川	Yinchuan	100.9	99.9	100.5	100.3	102.0	99.9	101.2
乌鲁木齐	Urumqi	102.5	100.1	100.8	97.6	98.8	100.1	99.4

3-46 36个大中城市居民消费价格分类指数(环比)
Consumer Price Indices by Category for 36 Major Large and Medium-sized Cities (2023年10月)

(上月=100) (preceding month=100)

城市	City	居民消费价格指数 Consumer Price Index	食品烟酒 Food, Tobacco and Alcohol	粮食 Grain	鲜菜 Fresh Vegetables	畜肉类 Meat of Livestock	水产品 Aquatic Products	蛋类 Eggs	鲜果 Fresh Fruits
平均指数	**Average Index**	**99.9**	**99.6**	**99.8**	**98.0**	**99.3**	**98.4**	**96.8**	**100.6**
北京	Beijing	99.7	99.3	101.2	94.6	98.8	99.0	95.9	100.6
天津	Tianjin	99.7	98.8	100.0	92.0	100.3	95.4	93.8	98.9
石家庄	Shijiazhuang	99.7	99.1	99.1	97.4	98.9	98.2	95.3	99.5
太原	Taiyuan	99.9	99.9	100.1	93.6	99.9	99.4	93.3	107.6
呼和浩特	Hohhot	99.8	99.5	99.7	98.7	99.3	99.1	96.0	100.4
沈阳	Shenyang	99.8	99.4	99.2	94.1	99.7	96.8	95.6	103.4
大连	Dalian	99.6	99.0	100.7	95.4	99.0	94.2	92.7	103.4
长春	Changchun	99.9	99.8	98.7	102.1	98.3	99.4	96.5	100.4
哈尔滨	Harbin	99.6	99.1	100.3	91.8	99.1	99.6	95.3	100.6
上海	Shanghai	99.7	99.6	98.4	97.4	99.3	99.1	97.9	100.5
南京	Nanjing	100.0	99.4	99.4	97.7	98.8	96.6	96.1	102.1
杭州	Hangzhou	99.8	99.4	99.8	99.1	99.5	97.2	99.2	100.7
宁波	Ningbo	99.8	99.1	100.1	95.8	98.8	96.0	98.9	99.5
合肥	Hefei	99.9	99.5	100.3	99.5	97.6	96.1	95.9	96.0
福州	Fuzhou	99.8	99.0	97.6	94.3	98.8	99.3	97.9	98.1
厦门	Xiamen	100.1	99.5	100.7	93.5	99.6	99.7	97.8	100.4
南昌	Nanchang	100.0	99.2	100.4	100.1	98.9	98.6	99.4	94.2
济南	Jinan	99.8	99.0	102.0	91.8	98.3	95.8	94.8	101.1
青岛	Qingdao	99.5	98.7	99.7	95.0	97.9	97.1	92.9	98.9
郑州	Zhengzhou	99.8	99.6	100.0	97.1	99.1	99.9	92.5	105.5
武汉	Wuhan	100.1	100.0	99.5	102.4	99.4	99.1	99.8	99.1
长沙	Changsha	100.0	99.9	100.1	100.3	99.9	99.7	99.5	100.1
广州	Guangzhou	100.3	100.5	101.0	99.9	99.7	100.9	100.0	99.4
深圳	Shenzhen	99.8	99.9	100.3	97.7	99.7	99.6	99.4	98.6
南宁	Nanning	100.0	99.7	100.0	96.5	98.8	98.4	99.5	103.0
海口	Haikou	100.2	100.3	100.7	102.0	100.0	100.7	99.1	101.4
重庆	Chongqing	100.1	100.1	100.3	103.0	99.9	98.3	97.4	101.6
成都	Chengdu	100.1	100.2	99.1	103.4	99.3	100.2	97.1	101.3
贵阳	Guiyang	99.9	99.7	99.9	101.0	99.4	99.5	99.3	97.7
昆明	Kunming	99.8	99.7	100.1	100.0	99.2	99.7	98.3	100.3
拉萨	Lasa	99.9	100.0	100.0	100.3	100.1	99.6	100.4	98.4
西安	Xi'an	99.7	99.1	97.0	96.8	99.4	97.8	94.3	101.9
兰州	Lanzhou	100.3	100.8	100.5	103.0	99.5	99.1	98.6	106.9
西宁	Xining	100.0	100.5	99.5	103.7	97.7	100.3	96.6	110.1
银川	Yinchuan	100.0	100.0	99.5	98.6	99.7	101.5	97.2	103.7
乌鲁木齐	Urumqi	99.6	99.8	99.0	98.5	97.8	99.8	90.5	107.9

3-46 续表 continued

(上月=100) (preceding month=100)

城市	City	衣着 Clothing	居住 Residence	生活用品及服务 Articles for Daily Use and Services	交通通信 Transport and Communications	教育文化娱乐 Education, Culture and Recreation	医疗保健 Health Care	其他用品及服务 Other Articles and Services
平均指数	**Average Index**	**100.3**	**99.9**	**100.0**	**99.8**	**99.9**	**100.0**	**100.2**
北京	Beijing	100.8	99.9	99.9	99.6	99.6	100.0	99.6
天津	Tianjin	100.2	99.9	99.7	100.3	99.8	100.1	100.1
石家庄	Shijiazhuang	99.1	99.9	100.4	99.6	100.3	100.0	99.8
太原	Taiyuan	99.4	100.1	99.5	100.2	99.3	100.0	100.3
呼和浩特	Hohhot	100.1	99.6	99.9	100.2	99.6	100.0	99.1
沈阳	Shenyang	99.7	99.9	99.9	100.2	99.8	100.0	100.0
大连	Dalian	100.4	99.8	100.0	99.9	99.8	100.0	99.1
长春	Changchun	99.9	100.0	99.9	100.7	99.4	100.0	99.9
哈尔滨	Harbin	99.5	100.0	100.0	99.8	99.5	100.0	99.9
上海	Shanghai	100.1	99.9	100.2	99.0	99.4	99.4	100.2
南京	Nanjing	101.2	100.0	100.2	100.5	100.2	100.0	100.2
杭州	Hangzhou	100.0	99.8	99.9	100.1	99.7	100.1	99.9
宁波	Ningbo	98.7	100.2	99.7	99.9	100.4	100.3	100.7
合肥	Hefei	100.5	99.9	100.4	100.0	99.9	100.0	100.0
福州	Fuzhou	100.6	99.9	100.3	99.9	101.0	100.0	100.0
厦门	Xiamen	101.3	100.0	100.1	100.5	100.5	100.0	100.2
南昌	Nanchang	100.0	100.2	100.3	100.4	100.4	100.0	100.8
济南	Jinan	99.5	99.8	100.3	100.1	100.7	100.1	100.1
青岛	Qingdao	100.3	99.9	99.8	99.2	99.5	100.1	99.7
郑州	Zhengzhou	99.8	99.8	99.9	99.9	100.0	100.0	99.6
武汉	Wuhan	101.7	100.1	99.8	100.2	100.0	100.1	99.9
长沙	Changsha	100.1	100.0	100.1	100.2	100.1	100.0	99.9
广州	Guangzhou	100.2	100.2	100.6	100.0	99.9	100.0	103.0
深圳	Shenzhen	99.4	99.9	100.0	98.8	100.2	100.1	100.3
南宁	Nanning	99.9	100.4	100.9	99.8	100.0	100.0	99.8
海口	Haikou	100.4	100.3	100.7	100.2	100.0	100.0	99.5
重庆	Chongqing	100.0	99.9	100.1	100.3	100.2	99.9	100.1
成都	Chengdu	101.3	100.0	99.8	100.0	99.5	99.8	100.8
贵阳	Guiyang	99.8	100.0	99.8	100.6	99.4	100.1	99.9
昆明	Kunming	100.3	100.0	100.0	99.7	99.6	99.8	99.9
拉萨	Lasa	100.0	100.0	99.7	99.5	99.2	100.4	99.1
西安	Xi'an	100.6	99.7	99.8	99.7	100.3	100.0	100.4
兰州	Lanzhou	100.8	100.0	100.1	100.7	99.7	100.0	99.3
西宁	Xining	100.9	100.0	100.2	99.0	99.5	100.2	98.3
银川	Yinchuan	101.7	99.8	99.8	99.6	99.8	100.1	99.9
乌鲁木齐	Urumqi	101.4	100.0	99.9	98.6	99.0	100.0	97.2

3-47 36个大中城市居民消费价格分类指数(环比)
Consumer Price Indices by Category for 36 Major Large and Medium-sized Cities (2023年11月)

(上月=100) (preceding month=100)

城市	City	居民消费价格指数 Consumer Price Index	食品烟酒 Food, Tobacco and Alcohol	粮食 Grain	鲜菜 Fresh Vegetables	畜肉类 Meat of Livestock	水产品 Aquatic Products	蛋类 Eggs	鲜果 Fresh Fruits
平均指数	**Average Index**	**99.5**	**99.5**	**100.2**	**96.2**	**98.7**	**98.4**	**97.3**	**102.4**
北京	Beijing	99.6	99.6	98.4	98.5	97.8	98.7	97.7	104.9
天津	Tianjin	99.5	99.4	99.7	98.4	98.2	96.6	96.2	101.1
石家庄	Shijiazhuang	100.2	100.3	100.1	97.6	98.0	98.3	96.9	113.9
太原	Taiyuan	99.7	99.3	99.7	100.7	98.9	99.3	97.0	97.6
呼和浩特	Hohhot	99.8	100.0	99.9	103.3	99.0	97.6	96.2	102.7
沈阳	Shenyang	99.8	101.0	98.7	111.1	98.4	97.8	97.8	107.8
大连	Dalian	99.5	100.0	100.2	105.7	98.6	99.0	94.9	101.3
长春	Changchun	100.2	101.8	99.6	113.8	99.5	99.9	97.2	109.7
哈尔滨	Harbin	100.2	102.4	99.2	122.5	99.7	102.8	96.7	112.0
上海	Shanghai	99.4	99.4	100.5	94.3	98.6	98.9	97.0	108.1
南京	Nanjing	99.2	98.6	100.6	90.6	97.7	97.4	98.2	98.4
杭州	Hangzhou	99.4	99.4	100.1	90.8	99.5	97.6	98.8	104.7
宁波	Ningbo	99.6	99.5	102.0	92.1	99.2	97.9	98.8	102.3
合肥	Hefei	99.4	98.9	100.4	96.0	98.4	96.3	94.7	94.4
福州	Fuzhou	99.2	98.4	102.2	86.5	99.7	98.6	96.9	97.7
厦门	Xiamen	99.2	98.5	100.1	92.0	97.5	98.6	96.7	98.1
南昌	Nanchang	99.6	99.3	100.1	93.9	98.0	98.1	98.2	101.1
济南	Jinan	99.4	99.3	100.0	96.1	97.8	98.3	99.0	100.0
青岛	Qingdao	99.7	100.2	99.8	97.4	98.7	99.4	97.6	109.4
郑州	Zhengzhou	99.6	99.5	100.1	95.6	98.7	98.3	96.1	103.3
武汉	Wuhan	99.8	99.1	100.5	96.6	98.1	98.3	98.4	96.1
长沙	Changsha	99.6	99.5	100.2	97.1	99.4	99.5	98.8	99.3
广州	Guangzhou	99.5	99.7	101.0	96.9	100.2	99.3	98.8	99.9
深圳	Shenzhen	99.4	99.2	102.0	93.9	100.1	99.0	98.9	98.4
南宁	Nanning	99.4	99.1	100.6	93.5	98.4	98.7	98.1	99.3
海口	Haikou	99.3	98.9	99.9	93.6	99.7	97.3	99.8	99.1
重庆	Chongqing	99.5	99.1	100.4	96.0	97.3	97.2	95.3	101.8
成都	Chengdu	99.1	99.2	98.6	95.4	99.0	96.7	97.5	100.7
贵阳	Guiyang	99.6	99.6	100.3	97.3	99.3	98.2	98.4	102.0
昆明	Kunming	99.6	99.7	100.1	99.3	98.9	98.3	98.7	101.1
拉萨	Lasa	100.1	100.1	100.0	101.6	100.1	98.8	98.2	101.1
西安	Xi'an	99.4	99.0	100.0	94.3	97.1	97.6	92.7	98.7
兰州	Lanzhou	99.5	99.6	99.9	100.5	99.8	98.9	95.9	97.8
西宁	Xining	99.5	99.4	99.9	98.9	98.0	97.9	95.6	99.9
银川	Yinchuan	99.4	100.3	100.9	103.8	98.5	99.4	97.8	100.3
乌鲁木齐	Urumqi	99.3	100.4	99.7	108.6	99.2	97.9	96.5	98.0

3-47 续表 continued

(上月=100)

(preceding month=100)

城 市	City	衣着 Clothing	居住 Residence	生活用品及服务 Articles for Daily Use and Services	交通通信 Transport and Communications	教育文化娱乐 Education, Culture and Recreation	医疗保健 Health Care	其他用品及服务 Other Articles and Services
平均指数	**Average Index**	**100.6**	**99.9**	**99.8**	**98.7**	**98.7**	**100.0**	**99.1**
北 京	Beijing	99.1	99.9	99.7	98.8	99.3	100.0	99.5
天 津	Tianjin	99.6	100.0	99.7	99.1	99.0	100.2	99.0
石家庄	Shijiazhuang	103.6	100.0	100.3	99.1	98.8	100.0	100.3
太 原	Taiyuan	103.6	100.0	99.9	97.8	99.2	99.8	99.1
呼和浩特	Hohhot	100.4	101.1	100.1	98.5	98.1	100.3	98.8
沈 阳	Shenyang	101.0	99.9	99.6	97.4	99.0	100.0	99.4
大 连	Dalian	100.2	99.9	99.8	97.9	99.2	100.0	98.0
长 春	Changchun	101.3	100.0	99.8	98.2	99.3	100.1	99.7
哈尔滨	Harbin	100.1	100.6	99.5	97.7	98.3	100.0	99.2
上 海	Shanghai	100.0	99.8	99.4	98.9	98.1	99.7	99.2
南 京	Nanjing	100.8	99.7	99.8	98.7	98.1	100.1	98.5
杭 州	Hangzhou	99.8	99.9	100.3	98.5	98.3	100.0	99.9
宁 波	Ningbo	100.4	100.1	100.0	98.9	98.8	100.1	98.8
合 肥	Hefei	100.5	100.1	99.6	98.6	98.9	100.0	100.2
福 州	Fuzhou	99.7	100.0	99.8	98.4	99.1	100.0	99.5
厦 门	Xiamen	99.8	99.9	99.3	98.8	99.2	100.0	99.4
南 昌	Nanchang	101.1	100.0	99.7	98.4	99.5	100.0	99.2
济 南	Jinan	100.5	99.9	100.0	98.6	98.7	100.0	99.1
青 岛	Qingdao	101.0	99.9	100.2	98.0	99.3	100.1	98.8
郑 州	Zhengzhou	98.5	100.0	99.7	99.0	99.6	100.0	100.1
武 汉	Wuhan	103.3	100.1	100.0	99.0	99.3	100.1	99.2
长 沙	Changsha	100.2	99.9	99.9	98.6	99.6	100.1	99.9
广 州	Guangzhou	102.9	99.9	99.8	98.8	98.1	100.1	97.3
深 圳	Shenzhen	100.8	99.8	99.7	99.0	98.5	100.0	99.8
南 宁	Nanning	100.2	100.0	99.4	98.4	98.8	100.0	99.9
海 口	Haikou	99.4	100.1	100.0	98.3	99.1	100.0	100.1
重 庆	Chongqing	102.1	99.9	99.5	99.0	98.5	100.0	98.8
成 都	Chengdu	101.1	99.8	100.0	97.9	96.8	100.1	98.7
贵 阳	Guiyang	100.1	100.0	99.9	99.0	98.7	100.0	99.3
昆 明	Kunming	99.7	100.0	99.7	98.4	99.5	100.0	99.7
拉 萨	Lasa	99.8	100.0	99.9	98.2	98.1	112.5	99.7
西 安	Xi'an	99.9	99.9	99.6	98.8	99.1	100.1	97.8
兰 州	Lanzhou	99.9	100.0	99.9	98.4	99.7	100.0	97.3
西 宁	Xining	99.8	100.0	100.2	99.0	99.1	99.9	98.4
银 川	Yinchuan	100.4	99.9	100.5	97.2	98.1	99.9	98.0
乌鲁木齐	Urumqi	99.2	100.1	99.4	96.9	98.2	100.2	98.7

3-48 36个大中城市居民消费价格分类指数(环比)
Consumer Price Indices by Category for 36 Major Large and Medium-sized Cities (2023年12月)

(上月=100) (preceding month=100)

城市	City	居民消费价格指数 Consumer Price Index	食品烟酒 Food, Tobacco and Alcohol	粮食 Grain	鲜菜 Fresh Vegetables	畜肉类 Meat of Livestock	水产品 Aquatic Products	蛋类 Eggs	鲜果 Fresh Fruits
平均指数	**Average Index**	**100.1**	**100.6**	**100.2**	**106.3**	**99.5**	**101.4**	**99.9**	**101.3**
北京	Beijing	100.1	101.4	100.6	117.3	99.3	100.9	99.7	101.9
天津	Tianjin	100.1	101.5	100.1	119.6	100.6	102.9	100.3	101.3
石家庄	Shijiazhuang	100.3	101.4	100.1	122.1	99.8	102.1	99.6	99.7
太原	Taiyuan	100.1	101.8	100.2	116.1	99.3	99.5	99.3	107.1
呼和浩特	Hohhot	100.3	101.4	103.0	117.3	99.9	101.0	100.3	102.7
沈阳	Shenyang	100.2	101.0	100.3	122.6	99.4	102.7	99.6	92.7
大连	Dalian	100.3	101.9	99.9	120.2	100.0	103.7	102.7	100.6
长春	Changchun	100.1	100.6	99.2	107.1	99.6	99.1	98.0	104.6
哈尔滨	Harbin	100.5	100.9	98.5	113.8	99.7	101.3	98.5	99.5
上海	Shanghai	100.2	100.9	100.2	102.4	99.7	102.8	99.9	104.5
南京	Nanjing	100.1	100.8	99.5	106.6	99.7	103.1	100.2	99.5
杭州	Hangzhou	99.8	100.4	100.1	100.2	98.8	102.1	99.9	104.4
宁波	Ningbo	100.1	100.7	99.6	103.3	99.4	101.9	100.4	102.4
合肥	Hefei	100.2	101.0	99.4	117.0	99.6	101.8	102.1	100.9
福州	Fuzhou	99.9	100.3	99.7	102.2	99.1	101.1	100.5	99.9
厦门	Xiamen	99.9	99.7	99.8	99.8	99.6	100.3	98.8	98.1
南昌	Nanchang	100.8	100.2	100.3	105.4	96.8	101.3	100.0	96.0
济南	Jinan	100.4	101.6	99.2	122.6	100.0	101.5	99.3	101.5
青岛	Qingdao	100.4	101.5	100.9	111.6	100.7	102.8	99.8	103.3
郑州	Zhengzhou	100.4	101.5	100.0	113.8	99.7	100.0	100.1	104.5
武汉	Wuhan	99.9	100.2	100.3	101.6	98.0	99.5	100.1	101.4
长沙	Changsha	100.0	100.2	100.0	102.5	99.2	100.1	100.2	101.1
广州	Guangzhou	99.9	100.0	99.9	99.1	99.4	100.9	99.9	99.9
深圳	Shenzhen	100.0	100.0	100.5	99.8	100.2	100.2	100.2	99.1
南宁	Nanning	100.0	99.8	100.0	98.6	100.2	101.0	99.4	98.6
海口	Haikou	100.4	99.8	98.9	98.6	100.4	101.0	98.7	100.3
重庆	Chongqing	100.0	100.1	101.9	101.6	99.1	97.7	100.5	98.2
成都	Chengdu	99.5	99.5	100.6	99.0	98.9	98.9	99.0	99.7
贵阳	Guiyang	100.1	100.3	99.9	100.4	99.9	98.2	99.7	104.3
昆明	Kunming	99.7	100.0	100.0	102.4	99.8	99.5	99.8	100.0
拉萨	Lasa	100.1	100.1	100.0	101.6	100.0	97.7	99.5	101.4
西安	Xi'an	100.1	100.6	100.8	110.7	100.3	99.3	98.5	103.2
兰州	Lanzhou	100.7	100.4	100.2	109.7	99.7	99.3	99.6	97.3
西宁	Xining	100.1	100.8	100.2	113.6	99.1	98.3	99.0	101.1
银川	Yinchuan	100.2	101.6	100.4	114.9	99.0	99.4	99.3	107.2
乌鲁木齐	Urumqi	100.7	101.5	99.2	111.4	100.7	100.6	98.4	102.8

3-48 续表 continued

(上月=100) (preceding month=100)

城市	City	衣着 Clothing	居住 Residence	生活用品及服务 Articles for Daily Use and Services	交通通信 Transport and Communications	教育文化娱乐 Education, Culture and Recreation	医疗保健 Health Care	其他用品及服务 Other Articles and Services
平均指数	**Average Index**	**100.0**	**99.9**	**100.6**	**98.8**	**100.2**	**100.1**	**100.2**
北京	Beijing	99.3	99.9	100.5	98.7	99.9	100.0	99.8
天津	Tianjin	100.3	99.9	100.1	98.3	99.9	100.0	100.5
石家庄	Shijiazhuang	99.2	99.9	100.5	99.3	100.3	100.0	100.5
太原	Taiyuan	99.1	99.9	100.9	97.7	100.1	100.2	100.2
呼和浩特	Hohhot	100.0	99.9	100.6	98.6	100.4	100.1	100.3
沈阳	Shenyang	99.3	99.9	100.6	99.4	100.2	100.0	100.5
大连	Dalian	100.1	99.8	100.1	98.2	100.1	100.0	100.2
长春	Changchun	99.1	100.0	100.6	99.1	100.7	100.1	100.3
哈尔滨	Harbin	99.0	100.0	101.1	100.6	101.4	99.9	101.2
上海	Shanghai	100.0	99.9	101.1	98.9	101.1	99.1	99.7
南京	Nanjing	100.1	99.9	101.2	98.8	99.6	100.0	100.7
杭州	Hangzhou	98.4	100.0	100.0	98.5	100.4	100.0	99.6
宁波	Ningbo	100.5	100.0	100.2	98.6	100.2	100.1	101.0
合肥	Hefei	99.7	100.0	100.1	98.7	100.4	100.0	100.5
福州	Fuzhou	99.4	100.0	100.7	98.6	100.0	100.0	100.3
厦门	Xiamen	100.6	100.1	101.3	98.9	100.0	100.0	100.6
南昌	Nanchang	104.8	100.0	101.4	99.0	100.5	105.3	101.1
济南	Jinan	100.3	100.0	100.6	99.1	100.3	100.1	100.4
青岛	Qingdao	100.4	100.0	100.9	99.0	100.1	100.0	100.5
郑州	Zhengzhou	101.5	99.8	100.4	98.6	100.0	100.4	100.6
武汉	Wuhan	99.3	99.8	100.9	99.0	100.1	100.1	100.2
长沙	Changsha	100.1	99.8	100.5	99.1	100.2	100.0	100.3
广州	Guangzhou	101.0	99.9	100.7	98.5	100.3	100.0	99.6
深圳	Shenzhen	101.4	100.0	100.7	99.1	100.1	100.1	100.2
南宁	Nanning	100.3	100.1	101.0	99.1	100.5	100.0	100.5
海口	Haikou	100.7	101.4	101.2	99.2	101.1	99.8	100.7
重庆	Chongqing	99.7	100.0	100.5	98.9	100.4	100.0	100.6
成都	Chengdu	100.0	100.0	100.1	97.9	98.8	100.2	99.9
贵阳	Guiyang	100.6	100.1	100.9	98.9	100.1	100.0	100.3
昆明	Kunming	99.4	100.0	100.4	98.3	99.3	100.2	100.2
拉萨	Lasa	100.0	100.0	101.1	99.6	100.2	100.0	100.6
西安	Xi'an	100.1	99.8	100.6	99.8	100.0	99.8	100.0
兰州	Lanzhou	99.9	100.0	100.8	98.9	100.1	106.7	99.9
西宁	Xining	100.4	100.0	100.8	98.9	100.2	100.0	100.1
银川	Yinchuan	100.4	99.6	100.7	99.0	99.5	100.0	100.5
乌鲁木齐	Urumqi	99.9	100.0	100.7	99.6	101.0	101.5	100.5

3-49 36个大中城市居民消费价格分类指数(同比)
Consumer Price Indices by Category for 36 Major Large and Medium-sized Cities (2023年1月)

(上年同月=100) (same month of preceding year=100)

城 市	City	居民消费价格指数 Consumer Price Index	食品烟酒 Food, Tobacco and Alcohol	粮食 Grain	鲜菜 Fresh Vegetables	畜肉类 Meat of Livestock	水产品 Aquatic Products	蛋类 Eggs	鲜果 Fresh Fruits
平均指数	**Average Index**	**102.3**	**105.0**	**102.6**	**108.9**	**107.1**	**105.1**	**107.4**	**113.0**
北 京	Beijing	102.0	105.0	100.5	105.0	105.9	107.5	106.4	116.0
天 津	Tianjin	101.9	103.4	103.0	100.8	103.4	104.4	104.7	112.8
石家庄	Shijiazhuang	102.1	104.4	106.0	99.7	106.4	100.3	108.9	110.7
太 原	Taiyuan	102.0	105.4	105.4	104.4	107.8	104.5	112.9	111.3
呼和浩特	Hohhot	101.9	103.0	104.1	98.0	100.9	101.6	105.8	116.3
沈 阳	Shenyang	102.1	104.6	98.0	106.3	106.0	99.4	104.4	119.9
大 连	Dalian	102.4	106.1	101.4	110.3	106.9	101.5	115.1	125.0
长 春	Changchun	101.6	102.7	98.7	101.9	100.2	102.4	104.4	105.9
哈尔滨	Harbin	102.2	103.5	101.4	101.8	102.4	105.5	103.1	111.8
上 海	Shanghai	102.6	105.5	101.5	119.2	106.8	105.1	109.7	110.3
南 京	Nanjing	102.5	106.1	102.1	121.4	112.4	101.9	111.5	112.0
杭 州	Hangzhou	101.8	105.8	101.6	114.5	111.5	109.3	106.7	109.2
宁 波	Ningbo	102.7	105.9	101.5	111.8	107.6	108.0	103.9	114.5
合 肥	Hefei	101.5	104.5	98.9	98.4	104.1	100.6	110.4	117.9
福 州	Fuzhou	102.3	107.9	100.0	124.2	112.0	107.6	114.7	122.8
厦 门	Xiamen	102.3	105.1	102.1	117.4	107.9	105.0	106.9	118.2
南 昌	Nanchang	103.1	105.9	104.4	111.7	108.4	107.6	110.8	120.7
济 南	Jinan	102.1	104.6	105.1	98.8	112.0	104.6	113.4	114.4
青 岛	Qingdao	102.2	104.4	104.7	104.6	106.7	109.2	107.2	108.9
郑 州	Zhengzhou	101.2	103.5	105.3	95.8	104.2	99.5	103.9	114.2
武 汉	Wuhan	102.4	104.6	100.9	102.7	107.1	98.6	106.0	113.4
长 沙	Changsha	101.9	103.5	102.8	107.5	107.6	100.9	105.6	104.2
广 州	Guangzhou	103.2	106.6	103.7	114.4	109.5	103.3	107.1	124.9
深 圳	Shenzhen	102.3	105.7	109.2	119.8	110.3	104.8	106.1	112.7
南 宁	Nanning	102.0	104.5	99.4	107.9	108.0	108.0	106.9	111.9
海 口	Haikou	102.9	107.2	100.7	123.0	108.0	118.1	112.0	111.3
重 庆	Chongqing	102.2	105.3	102.9	107.0	106.7	106.3	107.7	104.4
成 都	Chengdu	102.4	103.4	103.2	102.7	106.9	104.3	107.9	99.7
贵 阳	Guiyang	102.0	104.0	99.7	114.9	107.0	106.5	110.3	107.9
昆 明	Kunming	102.6	103.9	102.4	102.0	109.9	103.0	109.9	104.0
拉 萨	Lasa	102.2	102.6	100.6	94.1	100.5	109.1	152.7	112.3
西 安	Xi'an	100.8	100.6	103.6	92.2	96.3	94.2	99.9	106.3
兰 州	Lanzhou	103.1	107.9	107.4	110.2	110.0	99.0	108.5	128.6
西 宁	Xining	102.3	104.1	105.6	104.6	102.1	103.6	112.6	116.3
银 川	Yinchuan	102.3	104.1	103.5	107.7	101.3	105.1	106.4	117.4
乌鲁木齐	Urumqi	102.8	105.0	104.5	108.0	100.5	104.3	105.8	129.2

3-49 续表 continued

(上年同月=100) (same month of preceding year=100)

城市	City	衣着 Clothing	居住 Residence	生活用品及服务 Articles for Daily Use and Services	交通通信 Transport and Communications	教育文化娱乐 Education, Culture and Recreation	医疗保健 Health Care	其他用品及服务 Other Articles and Services
平均指数	**Average Index**	**100.6**	**100.0**	**101.7**	**102.0**	**103.3**	**100.4**	**102.9**
北京	Beijing	99.7	100.5	103.5	101.8	101.6	100.4	102.3
天津	Tianjin	101.1	100.4	101.5	101.6	103.9	100.5	101.7
石家庄	Shijiazhuang	103.3	100.3	101.5	100.5	103.2	99.5	104.2
太原	Taiyuan	99.5	99.4	100.7	103.5	100.8	100.9	101.3
呼和浩特	Hohhot	103.0	99.4	103.1	101.6	104.2	100.1	103.1
沈阳	Shenyang	99.2	100.1	100.3	103.8	101.2	100.0	103.2
大连	Dalian	101.2	99.2	103.0	101.7	102.6	99.9	102.1
长春	Changchun	102.2	98.6	102.5	101.9	103.7	100.0	104.0
哈尔滨	Harbin	101.5	99.5	102.2	105.3	102.6	99.8	103.4
上海	Shanghai	99.4	100.6	101.2	101.9	105.6	100.8	102.2
南京	Nanjing	102.1	99.7	103.2	101.1	102.3	102.1	104.6
杭州	Hangzhou	96.8	99.3	101.9	101.4	102.4	100.8	103.0
宁波	Ningbo	102.1	99.9	101.2	102.5	103.6	100.9	102.9
合肥	Hefei	101.1	98.9	101.6	100.0	102.2	100.0	103.5
福州	Fuzhou	100.5	98.6	100.4	100.2	101.3	100.4	104.9
厦门	Xiamen	99.6	101.0	100.9	100.3	103.8	100.9	102.9
南昌	Nanchang	106.1	100.8	101.1	102.7	102.0	100.4	105.6
济南	Jinan	102.1	100.3	102.1	101.6	102.4	100.3	102.2
青岛	Qingdao	100.7	100.4	101.3	102.0	103.6	100.4	102.6
郑州	Zhengzhou	100.1	98.1	102.3	101.7	101.5	100.8	103.7
武汉	Wuhan	99.2	101.3	102.9	102.4	102.1	100.4	105.4
长沙	Changsha	101.4	100.9	101.6	102.2	101.1	100.3	103.3
广州	Guangzhou	103.1	100.1	99.4	102.2	106.2	100.2	101.9
深圳	Shenzhen	102.9	99.7	100.6	100.7	104.4	100.0	103.6
南宁	Nanning	104.3	99.4	100.7	102.2	101.7	100.0	102.6
海口	Haikou	99.7	96.9	103.3	103.5	105.2	99.2	102.8
重庆	Chongqing	100.6	98.8	102.4	102.9	102.4	99.9	102.2
成都	Chengdu	99.6	100.3	102.2	104.0	106.0	100.8	102.0
贵阳	Guiyang	100.8	100.4	100.7	102.4	102.3	99.8	102.4
昆明	Kunming	101.2	100.2	102.6	104.8	103.8	100.9	102.6
拉萨	Lasa	100.0	100.9	102.3	104.8	103.3	99.2	105.5
西安	Xi'an	99.8	99.7	101.7	101.2	102.5	100.1	104.9
兰州	Lanzhou	100.3	98.9	101.2	103.5	102.6	100.8	105.2
西宁	Xining	99.9	100.1	101.2	103.6	104.7	99.9	101.9
银川	Yinchuan	100.8	100.2	101.3	103.8	101.5	102.3	102.5
乌鲁木齐	Urumqi	104.9	99.8	102.6	104.1	101.6	100.1	104.6

3-50 36个大中城市居民消费价格分类指数(同比)
Consumer Price Indices by Category for 36 Major Large and Medium-sized Cities (2023年2月)

(上年同月=100) (same month of preceding year=100)

城市	City	居民消费价格指数 Consumer Price Index	食品烟酒 Food, Tobacco and Alcohol	粮食 Grain	鲜菜 Fresh Vegetables	畜肉类 Meat of Livestock	水产品 Aquatic Products	蛋类 Eggs	鲜果 Fresh Fruits
平均指数	**Average Index**	**101.1**	**102.2**	**102.4**	**97.3**	**101.8**	**98.5**	**107.4**	**108.9**
北京	Beijing	101.2	102.6	99.9	95.4	100.7	103.4	104.4	110.6
天津	Tianjin	101.0	102.1	102.0	99.1	100.4	101.8	106.8	108.3
石家庄	Shijiazhuang	101.4	102.3	105.7	90.8	102.8	97.5	108.2	106.2
太原	Taiyuan	100.6	101.8	103.6	97.2	105.6	99.5	110.5	98.4
呼和浩特	Hohhot	101.0	102.1	104.0	92.7	98.4	99.6	106.5	111.0
沈阳	Shenyang	101.3	102.5	99.9	95.0	101.1	99.5	105.7	112.1
大连	Dalian	101.5	104.3	101.5	99.2	104.7	101.1	124.0	117.3
长春	Changchun	100.7	101.4	100.0	95.8	98.5	99.6	105.1	103.4
哈尔滨	Harbin	101.1	102.9	102.9	96.5	102.6	106.2	107.5	109.7
上海	Shanghai	101.3	102.1	102.1	105.0	101.4	97.5	110.5	106.2
南京	Nanjing	101.7	104.3	100.8	115.2	106.5	97.0	112.9	110.4
杭州	Hangzhou	100.5	102.9	102.0	103.1	105.5	98.9	105.9	107.6
宁波	Ningbo	101.4	102.8	102.4	99.6	100.5	98.4	104.8	112.4
合肥	Hefei	100.5	102.5	100.3	96.2	99.0	93.2	108.1	113.7
福州	Fuzhou	100.7	103.4	101.8	101.2	107.3	100.7	108.6	115.9
厦门	Xiamen	100.9	102.4	101.5	100.6	104.3	97.5	106.6	117.2
南昌	Nanchang	101.5	102.1	104.0	99.9	99.8	96.6	110.2	111.3
济南	Jinan	101.5	103.3	104.7	96.2	106.7	101.9	112.3	108.6
青岛	Qingdao	101.3	102.1	103.4	97.0	102.7	101.7	107.1	108.7
郑州	Zhengzhou	100.6	102.5	105.2	92.5	100.3	97.0	102.0	112.1
武汉	Wuhan	101.5	102.3	101.4	97.7	99.8	94.5	106.6	109.8
长沙	Changsha	101.0	101.1	102.7	94.5	101.6	96.7	104.6	103.1
广州	Guangzhou	101.3	101.9	103.4	89.9	106.1	98.2	106.8	114.2
深圳	Shenzhen	100.9	101.6	102.4	95.6	99.4	96.7	104.7	111.6
南宁	Nanning	100.2	100.2	100.2	82.9	100.6	98.4	106.1	106.2
海口	Haikou	100.4	102.2	100.2	100.2	100.0	104.0	111.2	104.8
重庆	Chongqing	100.5	101.1	102.5	93.3	99.4	96.0	106.3	101.9
成都	Chengdu	100.5	100.7	103.7	89.8	99.4	97.0	108.5	97.0
贵阳	Guiyang	100.6	101.8	102.1	99.2	102.4	99.1	108.8	107.6
昆明	Kunming	101.5	101.5	102.1	92.6	103.4	94.8	106.1	100.5
拉萨	Lasa	102.4	102.7	99.8	98.2	100.6	109.5	151.7	109.9
西安	Xi'an	100.6	101.4	104.5	94.2	98.4	92.7	106.9	103.1
兰州	Lanzhou	101.7	104.5	107.4	98.0	104.9	96.1	109.7	122.0
西宁	Xining	101.2	101.7	104.9	98.3	98.7	98.1	112.2	103.3
银川	Yinchuan	101.4	102.3	103.6	97.0	100.3	100.0	110.3	113.6
乌鲁木齐	Urumqi	102.1	102.9	104.8	96.1	100.1	100.5	107.8	125.4

3-50 续表 continued

(上年同月=100) (same month of preceding year=100)

城市	City	衣着 Clothing	居住 Residence	生活用品及服务 Articles for Daily Use and Services	交通通信 Transport and Communications	教育文化娱乐 Education, Culture and Recreation	医疗保健 Health Care	其他用品及服务 Other Articles and Services
平均指数	**Average Index**	**101.1**	**100.0**	**101.8**	**100.3**	**101.4**	**100.5**	**102.5**
北京	Beijing	99.6	100.6	103.3	101.0	100.4	100.5	102.1
天津	Tianjin	101.3	100.3	100.9	99.6	101.9	100.3	101.9
石家庄	Shijiazhuang	103.1	100.5	101.6	99.0	102.5	100.8	103.5
太原	Taiyuan	99.4	99.2	101.5	101.1	99.8	101.5	100.9
呼和浩特	Hohhot	102.6	99.5	102.2	99.2	101.6	100.1	102.4
沈阳	Shenyang	101.0	100.6	101.8	101.3	100.7	100.1	101.6
大连	Dalian	100.7	99.4	102.2	100.5	101.4	100.0	102.0
长春	Changchun	102.3	99.9	101.9	99.2	100.7	100.2	102.8
哈尔滨	Harbin	101.3	99.5	101.5	101.0	100.7	99.6	101.9
上海	Shanghai	101.2	100.3	101.9	100.4	102.2	101.0	103.4
南京	Nanjing	101.6	100.3	102.0	99.6	101.0	102.0	105.1
杭州	Hangzhou	98.9	98.5	102.0	99.6	100.6	100.9	101.4
宁波	Ningbo	102.6	99.6	100.9	100.6	102.2	101.1	103.7
合肥	Hefei	100.6	99.1	101.7	97.9	100.3	100.1	103.4
福州	Fuzhou	101.3	98.9	101.7	98.0	100.5	100.4	102.7
厦门	Xiamen	99.1	100.9	100.8	97.6	101.9	100.9	102.1
南昌	Nanchang	105.5	100.7	100.9	100.3	100.9	100.4	104.4
济南	Jinan	102.2	100.4	101.5	100.3	101.5	100.4	102.0
青岛	Qingdao	100.7	100.7	101.2	100.8	102.0	100.2	102.5
郑州	Zhengzhou	100.1	98.5	101.8	100.2	100.1	100.6	102.3
武汉	Wuhan	101.7	100.8	102.2	100.8	102.1	100.2	102.5
长沙	Changsha	101.4	101.0	101.1	100.9	100.7	100.4	102.3
广州	Guangzhou	101.9	100.4	101.1	100.8	102.9	100.3	102.3
深圳	Shenzhen	103.7	99.7	101.2	100.4	101.6	100.0	103.6
南宁	Nanning	104.5	99.0	100.5	99.7	100.8	100.2	101.9
海口	Haikou	100.2	97.0	102.6	100.1	102.0	99.0	101.3
重庆	Chongqing	101.0	98.9	101.6	100.8	100.7	99.6	101.7
成都	Chengdu	99.2	100.0	102.7	100.5	100.5	100.7	102.1
贵阳	Guiyang	101.5	100.4	101.3	98.9	99.9	99.8	102.2
昆明	Kunming	101.5	100.4	102.6	102.0	103.0	101.0	102.2
拉萨	Lasa	100.0	100.9	101.8	106.3	102.6	99.3	104.4
西安	Xi'an	100.3	99.6	101.2	99.8	101.1	100.4	101.8
兰州	Lanzhou	100.3	98.8	101.2	101.7	102.2	100.8	103.1
西宁	Xining	100.0	100.1	101.6	101.1	103.9	100.1	101.5
银川	Yinchuan	100.4	100.6	101.6	100.9	101.2	102.2	102.3
乌鲁木齐	Urumqi	106.3	99.8	102.1	103.4	100.8	100.2	104.3

3-51 36个大中城市居民消费价格分类指数(同比)
Consumer Price Indices by Category for 36 Major Large and Medium-sized Cities (2023年3月)

(上年同月=100) (same month of preceding year=100)

城市	City	居民消费价格指数 Consumer Price Index	食品烟酒 Food, Tobacco and Alcohol	粮食 Grain	鲜菜 Fresh Vegetables	畜肉类 Meat of Livestock	水产品 Aquatic Products	蛋类 Eggs	鲜果 Fresh Fruits
平均指数	**Average Index**	**100.8**	**101.9**	**102.1**	**88.3**	**103.2**	**99.7**	**107.4**	**111.7**
北京	Beijing	100.7	101.7	99.0	81.3	101.4	103.3	105.0	115.1
天津	Tianjin	100.4	101.3	101.0	83.1	102.3	102.1	107.0	112.7
石家庄	Shijiazhuang	101.2	102.5	105.7	81.4	104.4	96.2	108.5	116.1
太原	Taiyuan	99.9	100.7	101.6	84.3	106.0	100.2	115.9	101.9
呼和浩特	Hohhot	100.6	102.0	104.4	85.0	99.9	99.5	105.4	114.4
沈阳	Shenyang	100.1	99.1	100.5	76.1	104.4	99.7	101.7	101.2
大连	Dalian	101.2	104.0	100.6	86.3	106.3	106.6	116.9	120.1
长春	Changchun	99.6	98.5	99.1	72.1	98.7	100.4	96.3	107.1
哈尔滨	Harbin	100.6	101.2	101.0	79.2	105.4	104.6	102.9	116.3
上海	Shanghai	100.9	100.2	102.4	83.8	99.6	95.4	109.8	108.9
南京	Nanjing	101.0	102.8	99.2	97.5	106.4	100.2	112.0	113.6
杭州	Hangzhou	100.3	102.7	102.2	96.4	106.7	100.7	108.6	113.7
宁波	Ningbo	101.3	103.8	102.3	94.0	104.8	103.4	104.2	122.3
合肥	Hefei	100.4	102.6	101.8	86.0	103.6	97.6	111.4	112.8
福州	Fuzhou	100.8	103.2	104.3	92.9	106.8	103.7	111.9	117.2
厦门	Xiamen	100.6	102.3	103.3	90.7	109.2	99.3	106.2	115.1
南昌	Nanchang	100.8	101.5	104.2	91.5	100.6	95.2	110.1	116.1
济南	Jinan	100.9	102.3	102.8	82.8	109.0	105.9	112.5	111.1
青岛	Qingdao	100.9	101.9	104.0	86.9	105.5	102.0	106.4	115.3
郑州	Zhengzhou	100.4	102.8	104.1	90.4	103.0	100.9	102.3	113.3
武汉	Wuhan	100.9	101.6	99.5	95.0	97.9	95.5	109.2	110.9
长沙	Changsha	100.9	101.3	101.9	90.5	105.1	95.0	105.4	107.3
广州	Guangzhou	101.4	103.1	100.6	91.3	106.1	100.5	106.3	116.4
深圳	Shenzhen	101.1	102.7	102.0	91.4	103.3	98.8	105.1	110.6
南宁	Nanning	100.6	102.0	100.2	87.7	105.7	99.1	105.9	105.3
海口	Haikou	100.4	103.2	100.8	92.5	98.7	110.9	111.1	110.0
重庆	Chongqing	100.3	101.7	105.5	91.5	104.2	96.4	106.0	102.6
成都	Chengdu	100.6	101.7	104.1	93.6	101.9	100.8	107.4	98.6
贵阳	Guiyang	100.5	102.3	101.8	98.3	102.8	99.8	109.0	113.0
昆明	Kunming	101.3	102.2	102.2	94.8	106.8	94.9	106.2	103.3
拉萨	Lasa	101.6	101.9	99.8	94.8	100.6	104.0	151.0	108.0
西安	Xi'an	100.1	101.1	103.4	86.2	101.3	93.8	110.9	111.6
兰州	Lanzhou	101.1	103.2	107.0	89.5	103.8	96.0	111.2	118.0
西宁	Xining	101.1	101.7	104.3	90.2	101.9	95.6	110.5	103.4
银川	Yinchuan	101.0	102.0	101.0	86.4	102.7	99.0	112.1	119.2
乌鲁木齐	Urumqi	102.1	104.0	104.7	92.8	101.2	100.4	107.1	124.9

3-51 续表 continued

(上年同月=100) (same month of preceding year=100)

城市	City	衣着 Clothing	居住 Residence	生活用品及服务 Articles for Daily Use and Services	交通通信 Transport and Communications	教育文化娱乐 Education, Culture and Recreation	医疗保健 Health Care	其他用品及服务 Other Articles and Services
平均指数	**Average Index**	**101.0**	**99.9**	**101.0**	**98.6**	**101.9**	**100.5**	**102.6**
北京	Beijing	100.2	100.4	101.9	99.2	100.3	100.4	102.9
天津	Tianjin	101.2	100.2	100.6	96.4	102.6	100.3	101.7
石家庄	Shijiazhuang	103.4	100.3	101.2	97.6	102.0	100.8	102.9
太原	Taiyuan	100.2	98.4	101.3	99.2	99.7	101.6	100.3
呼和浩特	Hohhot	102.6	99.9	101.5	96.3	101.5	100.8	102.5
沈阳	Shenyang	101.5	101.1	101.3	98.7	100.7	100.1	101.0
大连	Dalian	100.5	99.3	101.3	99.6	101.1	99.8	102.3
长春	Changchun	101.0	100.0	100.8	97.9	101.1	100.2	102.1
哈尔滨	Harbin	103.2	99.3	100.4	99.5	101.3	99.6	101.9
上海	Shanghai	101.3	100.3	101.2	100.2	103.7	101.2	103.0
南京	Nanjing	102.2	99.8	101.5	97.7	101.5	101.4	105.4
杭州	Hangzhou	98.0	98.4	101.9	98.6	101.5	101.2	102.3
宁波	Ningbo	101.6	99.6	100.7	98.6	102.8	100.8	101.7
合肥	Hefei	100.7	99.1	101.0	96.6	101.6	99.9	103.2
福州	Fuzhou	101.9	100.0	101.3	96.4	101.1	100.4	102.2
厦门	Xiamen	98.7	100.6	99.8	96.5	102.8	100.9	102.1
南昌	Nanchang	103.3	100.6	100.0	98.3	100.7	100.4	104.6
济南	Jinan	102.1	100.3	101.1	98.2	101.6	100.2	101.7
青岛	Qingdao	100.5	100.7	100.5	98.8	102.3	100.2	102.5
郑州	Zhengzhou	99.6	98.1	100.8	98.1	101.3	100.7	102.1
武汉	Wuhan	102.8	100.5	101.1	98.1	102.4	100.3	102.5
长沙	Changsha	101.4	101.4	100.6	98.8	101.5	100.4	102.1
广州	Guangzhou	102.0	99.3	100.2	99.5	104.3	100.5	103.2
深圳	Shenzhen	103.6	99.9	100.8	98.7	102.4	100.2	104.3
南宁	Nanning	104.9	99.4	99.8	97.6	101.3	100.2	102.5
海口	Haikou	99.3	96.8	101.2	98.6	102.4	98.9	101.5
重庆	Chongqing	100.1	98.9	100.4	98.9	101.0	99.7	101.7
成都	Chengdu	99.1	100.3	101.6	99.0	100.4	100.5	102.3
贵阳	Guiyang	102.1	100.3	100.3	97.4	100.5	99.8	102.2
昆明	Kunming	101.4	100.5	102.1	99.5	102.8	101.2	102.1
拉萨	Lasa	100.0	100.9	100.3	103.4	102.7	99.9	102.5
西安	Xi'an	100.6	100.0	100.8	96.8	100.3	99.8	102.8
兰州	Lanzhou	99.5	98.8	100.4	100.8	102.4	100.8	101.5
西宁	Xining	100.7	100.1	100.8	100.5	103.8	100.2	102.1
银川	Yinchuan	100.1	100.1	100.3	99.5	101.5	102.3	102.4
乌鲁木齐	Urumqi	106.2	99.8	100.4	101.9	101.0	100.3	104.7

3-52 36个大中城市居民消费价格分类指数(同比)
Consumer Price Indices by Category for 36 Major Large and Medium-sized Cities (2023年4月)

(上年同月=100) (same month of preceding year=100)

城市	City	居民消费价格指数 Consumer Price Index	食品烟酒 Food, Tobacco and Alcohol	粮食 Grain	鲜菜 Fresh Vegetables	畜肉类 Meat of Livestock	水产品 Aquatic Products	蛋类 Eggs	鲜果 Fresh Fruits
平均指数	**Average Index**	**100.1**	**99.9**	**100.4**	**84.3**	**99.9**	**98.4**	**97.7**	**102.0**
北京	Beijing	100.3	100.4	98.5	79.3	99.7	102.3	102.4	105.8
天津	Tianjin	100.2	100.6	99.1	86.3	101.3	102.4	100.2	102.8
石家庄	Shijiazhuang	101.1	101.9	105.8	84.6	101.8	93.9	100.5	106.4
太原	Taiyuan	99.1	98.8	100.9	70.0	104.6	98.7	99.3	105.5
呼和浩特	Hohhot	100.4	101.2	103.4	90.2	100.3	99.6	101.9	103.0
沈阳	Shenyang	99.5	97.7	100.1	74.3	100.5	97.6	99.7	93.4
大连	Dalian	100.7	103.1	100.6	87.8	104.8	104.5	103.4	116.2
长春	Changchun	98.8	95.6	98.6	69.6	95.3	98.7	92.2	91.9
哈尔滨	Harbin	99.8	99.0	100.8	75.7	101.9	104.0	99.5	100.6
上海	Shanghai	98.9	92.4	93.0	69.1	85.5	89.5	72.0	80.8
南京	Nanjing	100.5	101.4	101.5	90.3	103.1	102.5	105.8	101.3
杭州	Hangzhou	99.5	99.2	103.0	79.9	104.9	98.6	103.4	97.7
宁波	Ningbo	100.3	100.9	101.5	83.3	101.6	103.1	102.1	105.0
合肥	Hefei	99.6	100.0	104.7	72.3	98.9	99.9	102.3	102.3
福州	Fuzhou	100.2	101.6	100.2	88.1	104.2	103.5	103.3	107.0
厦门	Xiamen	100.5	101.6	99.8	89.4	107.3	99.6	98.7	110.9
南昌	Nanchang	100.1	99.4	103.3	85.1	97.9	91.8	106.1	106.0
济南	Jinan	100.5	101.3	100.2	84.8	105.9	103.1	105.6	102.0
青岛	Qingdao	100.9	101.8	103.3	92.2	104.2	103.6	103.4	107.7
郑州	Zhengzhou	99.9	101.1	103.4	90.3	102.0	98.1	94.3	108.3
武汉	Wuhan	100.7	101.3	98.9	93.6	98.3	96.0	107.8	111.1
长沙	Changsha	100.8	101.0	100.7	92.3	104.5	94.6	101.6	105.1
广州	Guangzhou	101.0	101.9	98.9	92.6	103.5	101.6	99.4	113.4
深圳	Shenzhen	100.9	102.7	103.8	96.5	103.7	101.6	104.3	105.1
南宁	Nanning	100.2	100.7	97.5	86.7	105.5	101.5	101.5	97.8
海口	Haikou	100.1	103.0	100.3	100.8	98.3	107.5	112.2	109.7
重庆	Chongqing	100.0	100.6	103.8	89.3	101.4	95.5	97.4	101.6
成都	Chengdu	100.2	100.9	104.2	90.3	99.9	97.3	100.8	102.5
贵阳	Guiyang	100.3	101.5	102.8	98.0	102.8	98.1	107.9	110.4
昆明	Kunming	100.8	101.3	101.4	90.6	106.1	96.6	103.2	100.6
拉萨	Lasa	100.4	100.9	100.3	88.3	99.7	101.3	145.7	108.1
西安	Xi'an	99.9	100.6	102.3	86.3	102.0	90.2	98.4	108.1
兰州	Lanzhou	100.9	102.6	105.8	88.6	102.4	94.7	105.0	118.0
西宁	Xining	100.0	99.0	103.6	75.9	98.3	93.5	100.5	103.0
银川	Yinchuan	100.8	101.7	99.2	89.7	101.9	97.4	107.0	114.8
乌鲁木齐	Urumqi	101.8	103.8	106.3	96.0	100.3	99.1	101.9	120.7

3-52 续表 continued

(上年同月=100) (same month of preceding year=100)

城市 City	衣着 Clothing	居住 Residence	生活用品及服务 Articles for Daily Use and Services	交通通信 Transport and Communications	教育文化娱乐 Education, Culture and Recreation	医疗保健 Health Care	其他用品及服务 Other Articles and Services
平均指数 Average Index	**101.3**	**100.0**	**100.5**	**97.3**	**102.5**	**100.5**	**104.1**
北京 Beijing	101.3	100.5	100.5	97.6	100.9	100.2	104.5
天津 Tianjin	101.4	100.6	100.3	94.9	103.5	100.3	103.7
石家庄 Shijiazhuang	104.2	100.6	101.0	96.9	102.1	100.9	103.9
太原 Taiyuan	98.6	98.8	101.1	97.3	99.7	101.7	100.5
呼和浩特 Hohhot	103.3	100.3	101.3	94.6	102.6	100.7	104.5
沈阳 Shenyang	101.4	101.3	101.1	97.1	101.0	100.2	102.2
大连 Dalian	100.3	99.5	101.1	97.3	101.2	99.8	103.9
长春 Changchun	99.5	100.1	100.4	97.1	101.9	100.2	102.7
哈尔滨 Harbin	103.1	99.3	100.8	97.3	101.5	99.7	103.1
上海 Shanghai	101.7	100.1	100.7	99.7	105.2	101.1	104.3
南京 Nanjing	103.0	100.0	101.0	95.9	102.0	101.4	106.2
杭州 Hangzhou	99.7	98.5	101.0	97.9	101.6	101.3	103.7
宁波 Ningbo	102.6	99.7	100.6	96.9	102.4	100.6	104.0
合肥 Hefei	101.9	99.7	99.6	94.9	102.1	100.0	103.6
福州 Fuzhou	101.5	100.2	100.4	95.0	101.5	100.5	104.4
厦门 Xiamen	98.1	100.9	99.8	95.6	103.4	101.0	103.8
南昌 Nanchang	102.7	100.7	99.6	97.0	101.7	100.4	104.3
济南 Jinan	102.1	100.3	99.9	97.0	102.7	100.1	103.5
青岛 Qingdao	100.9	100.6	99.9	97.2	103.8	100.2	104.8
郑州 Zhengzhou	98.9	98.4	100.7	97.0	101.6	100.6	103.0
武汉 Wuhan	102.2	100.6	101.1	96.6	102.4	100.4	104.0
长沙 Changsha	101.2	101.6	100.2	97.2	102.8	100.4	102.7
广州 Guangzhou	102.3	99.7	99.6	97.4	105.3	100.6	105.2
深圳 Shenzhen	105.0	99.9	100.3	96.4	102.8	100.1	104.1
南宁 Nanning	104.5	99.7	99.1	96.1	102.1	100.5	104.2
海口 Haikou	98.4	97.3	101.2	97.4	101.8	97.6	103.0
重庆 Chongqing	100.1	99.6	99.9	97.6	101.4	99.7	103.0
成都 Chengdu	98.7	99.6	101.7	98.3	100.9	100.5	105.8
贵阳 Guiyang	104.0	100.3	99.8	96.4	100.4	99.9	103.1
昆明 Kunming	101.5	100.4	101.5	97.5	104.0	100.6	104.2
拉萨 Lasa	100.0	101.0	100.0	97.6	102.6	99.9	104.7
西安 Xi'an	100.3	100.4	99.7	95.8	100.4	100.0	106.1
兰州 Lanzhou	99.6	99.0	100.9	99.9	102.2	100.9	104.3
西宁 Xining	100.0	100.3	99.9	99.3	102.7	100.2	103.7
银川 Yinchuan	100.0	100.4	99.8	98.4	102.6	100.5	104.9
乌鲁木齐 Urumqi	104.5	99.8	98.8	101.2	101.5	100.3	106.1

3-53 36个大中城市居民消费价格分类指数(同比)

Consumer Price Indices by Category for 36 Major Large and Medium-sized Cities (2023年5月)

(上年同月=100) (same month of preceding year=100)

城市	City	居民消费价格指数 Consumer Price Index	食品烟酒 Food, Tobacco and Alcohol	粮食 Grain	鲜菜 Fresh Vegetables	畜肉类 Meat of Livestock	水产品 Aquatic Products	蛋类 Eggs	鲜果 Fresh Fruits
平均指数	**Average Index**	**100.1**	**100.2**	**99.5**	**94.1**	**97.1**	**98.7**	**95.3**	**100.0**
北京	Beijing	100.2	99.8	98.9	88.7	97.0	101.3	98.1	99.5
天津	Tianjin	99.9	100.6	97.5	96.2	97.7	103.6	95.6	100.6
石家庄	Shijiazhuang	101.1	102.5	102.5	99.7	97.8	95.9	97.6	105.9
太原	Taiyuan	99.7	100.2	99.3	90.2	101.9	98.7	98.3	100.1
呼和浩特	Hohhot	101.0	101.7	100.4	104.6	100.6	104.2	98.4	101.9
沈阳	Shenyang	100.5	101.6	100.7	93.2	97.6	99.6	100.4	108.3
大连	Dalian	100.6	102.9	100.4	101.0	101.9	106.7	95.2	107.2
长春	Changchun	99.1	97.8	95.8	89.2	89.7	100.0	95.0	96.6
哈尔滨	Harbin	99.9	100.2	100.5	86.8	99.4	106.5	98.5	100.5
上海	Shanghai	98.6	91.9	93.5	74.4	82.2	85.8	71.3	77.4
南京	Nanjing	100.7	102.5	100.6	101.9	100.5	103.4	102.0	101.7
杭州	Hangzhou	99.9	100.7	101.6	94.6	100.9	101.6	103.8	100.9
宁波	Ningbo	100.4	101.6	101.5	89.5	98.0	107.0	100.8	103.3
合肥	Hefei	99.9	101.3	104.5	98.4	97.5	98.8	97.8	98.2
福州	Fuzhou	100.2	101.6	102.7	95.8	101.2	102.7	100.3	99.6
厦门	Xiamen	100.5	102.1	99.9	96.4	102.7	101.8	100.1	110.8
南昌	Nanchang	100.3	100.3	101.4	100.9	96.6	91.8	105.5	101.7
济南	Jinan	100.5	101.4	102.2	98.4	102.0	100.3	102.9	98.4
青岛	Qingdao	100.7	102.0	102.1	104.9	101.5	104.8	98.2	102.5
郑州	Zhengzhou	99.7	100.4	101.5	95.6	99.3	100.0	88.1	104.3
武汉	Wuhan	100.2	101.2	100.1	97.1	98.1	97.6	107.1	107.5
长沙	Changsha	100.7	101.4	100.0	101.7	100.8	94.3	100.2	106.5
广州	Guangzhou	100.7	102.2	97.8	98.7	100.0	103.2	99.1	108.2
深圳	Shenzhen	100.6	103.0	101.6	102.3	100.8	103.6	102.4	106.6
南宁	Nanning	99.8	100.7	99.6	99.3	101.4	99.1	99.8	98.1
海口	Haikou	100.1	103.7	101.3	106.8	99.1	107.6	110.5	107.3
重庆	Chongqing	99.9	100.3	99.2	97.5	99.3	96.2	93.3	99.2
成都	Chengdu	100.2	101.4	101.3	99.1	97.5	97.8	99.6	104.6
贵阳	Guiyang	100.3	101.7	102.7	111.2	99.8	99.5	105.9	106.1
昆明	Kunming	100.7	102.3	101.6	100.2	103.2	98.0	99.7	104.2
拉萨	Lasa	100.4	100.2	100.3	87.6	98.1	98.7	135.0	105.8
西安	Xi'an	100.1	101.8	101.0	104.3	98.5	91.8	94.5	113.6
兰州	Lanzhou	100.9	102.9	105.3	104.2	99.7	93.8	98.9	112.0
西宁	Xining	100.4	100.5	102.3	97.1	94.2	93.7	94.0	102.0
银川	Yinchuan	100.8	101.7	98.3	107.4	99.3	99.6	103.3	106.0
乌鲁木齐	Urumqi	100.9	103.7	106.3	109.6	99.6	98.7	98.9	117.9

3-53 续表 continued

(上年同月=100) (same month of preceding year=100)

城市	City	衣着 Clothing	居住 Residence	生活用品及服务 Articles for Daily Use and Services	交通通信 Transport and Communications	教育文化娱乐 Education, Culture and Recreation	医疗保健 Health Care	其他用品及服务 Other Articles and Services
平均指数	**Average Index**	**101.3**	**100.0**	**100.2**	**96.6**	**102.2**	**100.5**	**104.0**
北京	Beijing	101.1	100.6	100.4	97.0	101.6	100.1	104.2
天津	Tianjin	101.2	100.4	100.0	94.4	102.6	100.0	103.8
石家庄	Shijiazhuang	104.0	100.4	101.2	96.5	101.6	101.0	103.8
太原	Taiyuan	99.0	99.0	100.5	97.7	100.0	101.1	102.9
呼和浩特	Hohhot	104.5	100.9	100.9	95.0	102.8	103.2	104.4
沈阳	Shenyang	101.6	101.6	101.0	95.9	100.5	100.2	102.3
大连	Dalian	100.3	100.2	100.9	95.9	101.2	99.8	103.4
长春	Changchun	100.3	100.2	100.6	96.4	99.8	100.4	104.0
哈尔滨	Harbin	101.0	99.3	101.5	95.1	101.1	103.3	103.0
上海	Shanghai	101.8	100.3	100.5	99.2	103.5	101.1	105.7
南京	Nanjing	102.1	99.7	101.1	95.7	102.5	101.3	105.0
杭州	Hangzhou	100.9	98.8	100.8	97.3	101.7	101.3	103.3
宁波	Ningbo	103.2	99.6	100.7	96.4	102.8	100.6	104.7
合肥	Hefei	102.8	99.6	99.2	94.7	101.7	100.1	102.3
福州	Fuzhou	102.2	100.3	100.3	94.4	101.4	100.3	104.2
厦门	Xiamen	98.5	100.7	99.5	95.3	103.3	101.0	104.0
南昌	Nanchang	105.0	100.6	99.9	96.1	101.7	100.3	104.6
济南	Jinan	102.0	100.3	99.5	96.4	102.1	100.9	104.2
青岛	Qingdao	100.9	100.5	100.0	96.1	103.4	100.2	105.7
郑州	Zhengzhou	99.5	98.7	100.6	96.1	101.9	100.6	102.7
武汉	Wuhan	99.9	100.1	100.2	96.3	102.1	100.4	102.7
长沙	Changsha	100.8	101.6	99.9	96.7	102.1	100.4	102.5
广州	Guangzhou	100.7	99.1	99.7	96.9	104.9	100.6	104.1
深圳	Shenzhen	104.6	99.7	99.8	95.3	101.9	100.1	103.3
南宁	Nanning	104.1	99.4	99.1	94.1	102.0	100.8	103.0
海口	Haikou	99.1	97.7	99.5	96.3	102.0	97.6	101.0
重庆	Chongqing	99.9	100.5	99.0	96.7	101.9	99.9	102.8
成都	Chengdu	98.4	99.7	100.9	97.1	102.0	100.6	104.7
贵阳	Guiyang	105.5	100.3	100.1	95.6	100.2	99.9	102.5
昆明	Kunming	101.0	100.2	101.2	96.8	103.2	100.4	103.5
拉萨	Lasa	99.8	101.0	99.9	99.1	102.3	99.9	105.1
西安	Xi'an	100.3	100.2	99.3	95.5	100.5	100.1	106.0
兰州	Lanzhou	100.7	99.1	99.9	99.1	101.8	100.9	104.9
西宁	Xining	100.6	100.3	99.8	98.6	102.2	100.2	104.8
银川	Yinchuan	100.6	100.3	100.1	98.4	102.3	100.6	105.8
乌鲁木齐	Urumqi	103.4	98.9	98.1	98.4	100.5	100.1	105.8

3-54 36个大中城市居民消费价格分类指数(同比)
Consumer Price Indices by Category for 36 Major Large and Medium-sized Cities
(2023年6月)

(上年同月=100) (same month of preceding year=100)

城市	City	居民消费价格指数 Consumer Price Index	食品烟酒 Food, Tobacco and Alcohol	粮食 Grain	鲜菜 Fresh Vegetables	畜肉类 Meat of Livestock	水产品 Aquatic Products	蛋类 Eggs	鲜果 Fresh Fruits
平均指数	**Average Index**	**100.0**	**101.8**	**100.1**	**108.7**	**96.7**	**100.1**	**100.1**	**104.6**
北京	Beijing	100.1	101.6	98.5	108.4	95.2	100.1	98.6	103.8
天津	Tianjin	99.8	101.6	98.5	114.6	95.8	102.6	100.4	102.6
石家庄	Shijiazhuang	101.0	103.1	101.3	124.5	94.2	96.1	100.1	104.3
太原	Taiyuan	99.3	102.0	100.5	115.0	99.1	98.8	99.8	104.9
呼和浩特	Hohhot	100.6	102.6	101.9	130.1	98.3	106.3	100.6	102.9
沈阳	Shenyang	100.0	101.8	101.0	101.8	94.1	98.0	101.4	112.3
大连	Dalian	99.7	102.0	100.6	103.1	99.2	101.2	99.5	108.9
长春	Changchun	99.3	100.9	96.0	108.2	90.5	104.1	100.3	107.9
哈尔滨	Harbin	99.8	101.7	101.1	103.4	95.4	105.5	100.3	108.0
上海	Shanghai	100.1	100.4	99.0	108.3	93.5	97.7	97.1	96.8
南京	Nanjing	100.3	102.8	101.1	113.1	98.5	101.6	103.6	106.1
杭州	Hangzhou	99.7	101.6	100.5	108.1	99.1	98.1	104.0	103.1
宁波	Ningbo	100.0	102.4	103.1	105.7	95.5	103.0	99.5	104.1
合肥	Hefei	99.8	102.4	105.7	117.5	94.3	97.7	98.6	104.3
福州	Fuzhou	99.7	102.0	103.2	105.9	99.6	102.4	101.6	99.0
厦门	Xiamen	99.9	101.7	100.9	104.6	100.7	101.2	102.3	105.4
南昌	Nanchang	99.8	100.6	102.4	110.3	94.3	93.2	105.4	99.4
济南	Jinan	100.6	103.1	101.3	130.8	99.5	102.8	101.4	94.7
青岛	Qingdao	100.3	102.3	101.8	117.4	98.8	104.1	101.4	101.9
郑州	Zhengzhou	99.5	101.5	101.1	114.6	96.8	102.1	89.1	107.5
武汉	Wuhan	99.6	101.2	100.4	101.7	96.3	96.8	107.5	106.4
长沙	Changsha	100.2	101.2	100.0	104.8	97.8	94.1	100.5	107.8
广州	Guangzhou	99.6	101.1	96.1	96.9	97.8	102.7	103.0	106.1
深圳	Shenzhen	100.1	102.4	104.0	101.5	99.1	103.1	103.1	106.2
南宁	Nanning	99.0	100.2	98.6	105.0	98.7	97.4	100.4	104.3
海口	Haikou	99.2	102.7	98.8	109.1	98.2	107.1	106.4	105.6
重庆	Chongqing	99.8	101.3	98.9	109.1	97.3	96.3	96.1	107.9
成都	Chengdu	99.9	102.0	99.8	113.6	95.6	97.7	100.1	106.6
贵阳	Guiyang	99.9	102.1	102.3	115.9	98.2	100.0	107.1	105.8
昆明	Kunming	100.3	103.3	100.7	111.4	100.1	99.3	99.6	109.9
拉萨	Lasa	100.5	101.4	100.2	98.3	98.0	98.7	132.1	104.1
西安	Xi'an	100.2	103.0	99.3	122.5	97.9	95.2	98.4	115.6
兰州	Lanzhou	100.4	102.5	104.0	113.4	95.8	95.4	99.6	108.2
西宁	Xining	100.1	101.3	100.9	117.0	90.9	93.1	98.2	107.2
银川	Yinchuan	100.4	103.1	101.0	121.4	97.5	98.9	106.2	109.4
乌鲁木齐	Urumqi	100.5	103.5	106.4	116.7	96.4	98.8	100.4	116.7

3-54 续表 continued

(上年同月=100) (same month of preceding year=100)

城市	City	衣着 Clothing	居住 Residence	生活用品及服务 Articles for Daily Use and Services	交通通信 Transport and Communications	教育文化娱乐 Education, Culture and Recreation	医疗保健 Health Care	其他用品及服务 Other Articles and Services
平均指数	**Average Index**	**101.1**	**100.3**	**99.6**	**93.7**	**101.7**	**100.5**	**103.2**
北京	Beijing	101.2	100.6	99.7	93.0	101.8	100.0	104.4
天津	Tianjin	101.0	100.6	99.7	91.9	102.5	100.1	103.6
石家庄	Shijiazhuang	103.0	101.0	101.1	94.9	100.8	101.0	103.1
太原	Taiyuan	98.4	99.0	100.5	93.9	98.8	100.6	102.2
呼和浩特	Hohhot	104.4	100.8	100.6	92.0	101.8	103.1	104.1
沈阳	Shenyang	101.4	101.5	100.6	92.9	100.6	100.2	102.1
大连	Dalian	100.4	100.6	100.0	92.8	99.5	100.1	102.7
长春	Changchun	100.0	100.1	100.2	93.5	98.7	100.4	104.3
哈尔滨	Harbin	102.3	99.6	100.4	91.1	100.6	103.6	102.1
上海	Shanghai	101.4	100.2	99.2	95.4	103.3	100.2	103.9
南京	Nanjing	101.2	99.7	99.6	93.9	102.1	101.4	103.2
杭州	Hangzhou	101.6	99.2	100.7	94.4	100.5	101.4	102.5
宁波	Ningbo	102.7	99.5	100.1	93.7	102.0	100.6	103.5
合肥	Hefei	102.6	99.9	99.3	92.5	100.6	100.2	101.7
福州	Fuzhou	102.3	100.0	99.8	92.2	100.0	100.5	102.8
厦门	Xiamen	99.0	100.5	99.1	92.3	103.1	100.9	102.7
南昌	Nanchang	103.8	100.6	99.4	92.8	101.8	100.2	104.2
济南	Jinan	101.7	100.2	99.1	94.8	102.4	100.7	103.3
青岛	Qingdao	100.3	100.9	99.8	93.3	102.6	100.2	105.1
郑州	Zhengzhou	99.8	98.3	100.5	93.7	101.0	100.5	102.7
武汉	Wuhan	98.7	99.7	99.3	93.4	101.9	100.7	102.4
长沙	Changsha	100.6	101.6	99.8	94.1	101.8	100.2	102.3
广州	Guangzhou	102.6	98.9	99.0	93.6	102.3	100.6	102.7
深圳	Shenzhen	102.4	100.0	99.5	93.5	102.0	100.2	103.5
南宁	Nanning	104.0	99.0	98.7	91.4	100.8	100.5	103.0
海口	Haikou	98.7	97.9	98.6	93.7	100.5	97.8	100.8
重庆	Chongqing	100.2	100.5	98.7	94.6	101.3	100.2	101.6
成都	Chengdu	98.4	100.6	100.1	93.5	101.5	100.9	103.2
贵阳	Guiyang	106.7	100.3	100.0	93.0	99.6	100.1	101.5
昆明	Kunming	101.1	100.1	101.0	93.0	103.2	100.2	102.7
拉萨	Lasa	99.8	100.9	99.6	97.2	102.3	99.7	104.6
西安	Xi'an	100.1	100.8	98.8	93.7	99.9	100.5	103.6
兰州	Lanzhou	101.1	98.9	99.5	96.2	101.9	100.8	104.5
西宁	Xining	100.0	100.3	99.6	96.7	101.2	100.4	102.8
银川	Yinchuan	100.4	100.1	99.5	94.5	101.3	100.7	105.0
乌鲁木齐	Urumqi	101.8	98.9	97.6	96.6	101.2	100.1	106.0

3-55 36个大中城市居民消费价格分类指数(同比)
Consumer Price Indices by Category for 36 Major Large and Medium-sized Cities (2023年7月)

(上年同月=100) (same month of preceding year=100)

城市	City	居民消费价格指数 Consumer Price Index	食品烟酒 Food, Tobacco and Alcohol	粮食 Grain	鲜菜 Fresh Vegetables	畜肉类 Meat of Livestock	水产品 Aquatic Products	蛋类 Eggs	鲜果 Fresh Fruits
平均指数	**Average Index**	**100.0**	**99.7**	**99.8**	**96.7**	**87.2**	**99.8**	**99.8**	**103.5**
北京	Beijing	100.1	99.7	98.6	92.8	88.9	99.7	100.9	105.4
天津	Tianjin	100.0	99.8	99.3	98.5	86.9	102.6	100.1	103.0
石家庄	Shijiazhuang	100.3	99.7	101.1	97.8	84.1	97.3	98.4	104.9
太原	Taiyuan	99.0	98.4	98.2	93.8	90.7	97.4	95.1	101.4
呼和浩特	Hohhot	100.4	100.1	100.5	111.5	89.6	105.0	99.8	102.4
沈阳	Shenyang	99.8	98.8	101.5	86.5	85.0	98.7	100.1	107.0
大连	Dalian	99.8	99.4	100.7	91.6	87.0	102.3	94.6	106.6
长春	Changchun	99.2	98.5	97.9	93.8	81.5	104.8	97.4	107.6
哈尔滨	Harbin	100.0	98.9	101.5	96.2	85.3	101.7	101.0	104.5
上海	Shanghai	100.4	99.5	97.4	101.6	88.4	97.7	98.2	100.7
南京	Nanjing	100.0	99.7	99.7	99.4	87.4	100.8	100.5	101.0
杭州	Hangzhou	99.4	98.9	101.1	100.0	87.1	97.6	102.1	101.1
宁波	Ningbo	99.6	99.8	102.4	97.1	85.4	101.2	99.4	100.8
合肥	Hefei	99.3	98.4	101.9	89.7	83.0	96.8	97.1	102.7
福州	Fuzhou	99.7	100.4	102.8	96.9	89.1	103.2	100.4	99.0
厦门	Xiamen	99.7	99.9	100.9	97.5	88.3	101.7	102.5	103.5
南昌	Nanchang	99.8	98.6	101.9	95.5	84.5	94.7	103.2	105.1
济南	Jinan	100.3	99.9	101.1	99.5	86.3	103.2	99.0	94.9
青岛	Qingdao	99.8	99.0	100.0	95.1	87.6	103.3	98.9	101.5
郑州	Zhengzhou	98.9	98.2	101.2	99.2	83.8	102.4	88.0	107.1
武汉	Wuhan	99.6	99.0	99.5	96.5	86.3	96.8	107.3	102.4
长沙	Changsha	99.8	98.7	100.0	96.3	86.2	94.1	102.8	105.2
广州	Guangzhou	100.2	101.3	96.4	91.5	91.1	102.0	103.2	100.4
深圳	Shenzhen	100.6	101.5	102.4	97.8	90.9	102.9	103.4	106.1
南宁	Nanning	99.0	98.6	98.8	97.4	87.9	97.8	100.2	98.5
海口	Haikou	99.5	101.6	99.2	100.0	95.2	105.5	108.6	101.8
重庆	Chongqing	99.3	97.3	100.5	90.6	83.7	95.2	97.3	104.8
成都	Chengdu	99.9	99.0	99.1	99.8	83.8	97.1	99.9	105.0
贵阳	Guiyang	99.7	100.2	101.6	107.7	89.1	100.2	108.4	106.0
昆明	Kunming	100.8	101.8	100.8	106.4	90.1	99.2	98.7	113.3
拉萨	Lasa	100.0	100.0	99.9	98.1	94.7	96.6	132.3	101.7
西安	Xi'an	99.7	99.2	98.6	97.8	85.8	93.9	94.1	106.0
兰州	Lanzhou	99.6	97.9	104.0	86.3	81.4	95.6	97.6	107.0
西宁	Xining	100.3	99.3	100.6	100.1	85.2	94.6	98.0	108.9
银川	Yinchuan	100.2	100.5	100.7	101.3	89.6	97.4	106.1	107.4
乌鲁木齐	Urumqi	100.6	102.2	105.3	114.9	88.1	97.0	98.6	117.7

3-55 续表 continued

(上年同月=100) (same month of preceding year=100)

城 市	City	衣着 Clothing	居住 Residence	生活用品及服务 Articles for Daily Use and Services	交通通信 Transport and Communications	教育文化娱乐 Education, Culture and Recreation	医疗保健 Health Care	其他用品及服务 Other Articles and Services
平均指数	**Average Index**	**101.2**	**100.4**	**99.9**	**95.7**	**103.0**	**100.6**	**105.0**
北 京	Beijing	101.4	100.3	99.7	95.8	103.3	100.1	106.9
天 津	Tianjin	101.3	100.7	99.5	94.4	104.2	100.1	105.0
石 家 庄	Shijiazhuang	102.6	101.1	101.1	96.2	100.9	101.2	104.2
太 原	Taiyuan	97.7	99.0	101.0	96.3	101.2	100.6	103.3
呼和浩特	Hohhot	101.5	101.0	101.0	94.5	103.3	103.4	106.5
沈 阳	Shenyang	101.8	101.4	100.9	96.5	100.8	100.3	102.8
大 连	Dalian	100.8	101.1	99.9	96.0	100.4	100.0	107.7
长 春	Changchun	99.8	100.1	100.2	94.8	100.9	100.4	105.2
哈 尔 滨	Harbin	101.1	99.6	100.5	96.9	101.9	103.7	103.7
上 海	Shanghai	101.8	100.1	100.2	97.1	104.4	100.0	106.4
南 京	Nanjing	101.3	100.1	99.8	96.0	102.8	101.5	105.7
杭 州	Hangzhou	101.8	99.7	100.5	95.0	101.6	101.8	103.6
宁 波	Ningbo	101.4	99.6	99.5	94.9	102.7	100.7	105.2
合 肥	Hefei	103.4	100.0	99.5	94.6	101.9	100.2	103.8
福 州	Fuzhou	102.7	100.1	100.0	94.0	101.0	100.6	104.2
厦 门	Xiamen	98.7	100.5	99.4	93.9	103.7	100.9	103.8
南 昌	Nanchang	103.6	100.9	100.1	94.9	102.2	100.3	106.0
济 南	Jinan	101.6	100.2	100.0	96.3	103.5	101.1	105.2
青 岛	Qingdao	100.1	100.9	99.8	95.6	103.0	100.2	105.8
郑 州	Zhengzhou	100.1	98.8	99.7	95.0	101.1	100.6	104.6
武 汉	Wuhan	98.9	100.3	100.3	95.4	103.0	100.6	103.8
长 沙	Changsha	100.8	101.4	100.0	95.5	102.2	100.2	103.7
广 州	Guangzhou	102.1	98.8	99.3	95.6	104.5	100.6	104.1
深 圳	Shenzhen	103.0	100.2	100.1	95.2	104.5	100.3	104.9
南 宁	Nanning	102.9	99.0	99.5	93.4	102.8	100.6	102.1
海 口	Haikou	97.8	97.9	101.2	96.3	101.0	97.9	101.8
重 庆	Chongqing	100.5	100.5	99.0	96.9	102.5	100.4	103.1
成 都	Chengdu	98.3	100.3	100.4	96.4	104.7	100.8	104.8
贵 阳	Guiyang	108.4	100.3	99.2	94.6	98.8	100.1	104.1
昆 明	Kunming	101.2	100.1	101.0	96.4	104.7	101.0	104.5
拉 萨	Lasa	99.8	100.9	100.0	97.0	101.4	99.7	106.8
西 安	Xi'an	100.6	101.1	99.5	95.1	100.6	100.6	106.5
兰 州	Lanzhou	101.1	98.8	99.8	98.4	103.4	101.4	106.5
西 宁	Xining	100.9	100.2	100.0	98.9	102.2	101.3	105.6
银 川	Yinchuan	100.7	100.3	100.0	96.8	101.1	100.3	107.3
乌鲁木齐	Urumqi	102.0	99.0	97.7	98.5	102.2	100.2	106.8

3-56 36个大中城市居民消费价格分类指数(同比)
Consumer Price Indices by Category for 36 Major Large and Medium-sized Cities
(2023年8月)

(上年同月=100) (same month of preceding year=100)

城市	City	居民消费价格指数 Consumer Price Index	食品烟酒 Food, Tobacco and Alcohol	粮食 Grain	鲜菜 Fresh Vegetables	畜肉类 Meat of Livestock	水产品 Aquatic Products	蛋类 Eggs	鲜果 Fresh Fruits
平均指数	**Average Index**	**100.4**	**99.7**	**100.4**	**95.6**	**90.4**	**99.9**	**103.0**	**99.5**
北京	Beijing	100.3	99.9	100.2	101.4	92.7	100.3	102.6	98.3
天津	Tianjin	100.5	100.6	100.3	102.5	90.4	102.6	105.7	103.8
石家庄	Shijiazhuang	100.5	99.1	100.9	92.0	87.5	95.0	101.6	100.4
太原	Taiyuan	99.4	98.3	101.0	92.9	90.8	95.1	104.9	96.6
呼和浩特	Hohhot	100.9	100.0	100.9	109.6	91.6	106.4	103.8	99.1
沈阳	Shenyang	100.3	98.8	101.0	90.4	91.5	99.4	103.6	97.7
大连	Dalian	100.4	99.6	101.7	88.8	91.9	106.2	101.4	100.0
长春	Changchun	100.3	100.1	100.9	92.8	90.2	101.4	99.4	107.1
哈尔滨	Harbin	101.1	99.8	100.7	103.1	91.8	99.2	102.0	104.7
上海	Shanghai	100.7	100.0	97.4	96.6	92.8	99.4	102.1	96.1
南京	Nanjing	100.2	99.0	100.8	94.7	90.7	100.4	104.3	94.5
杭州	Hangzhou	100.0	98.2	102.7	94.5	89.2	97.5	103.7	97.0
宁波	Ningbo	99.9	99.9	102.3	93.6	88.9	102.8	99.5	98.0
合肥	Hefei	99.9	98.7	100.0	91.0	90.9	96.3	103.8	98.2
福州	Fuzhou	100.5	101.3	102.9	102.8	92.5	103.5	104.2	101.4
厦门	Xiamen	100.1	100.1	101.1	99.7	90.6	101.0	106.9	103.2
南昌	Nanchang	100.1	98.2	101.2	92.4	86.3	92.4	104.4	106.4
济南	Jinan	100.6	100.4	102.7	100.7	90.7	101.6	104.2	94.2
青岛	Qingdao	100.3	99.4	100.5	97.5	91.7	102.1	104.0	98.1
郑州	Zhengzhou	99.1	98.2	101.4	94.9	86.1	102.9	97.0	102.0
武汉	Wuhan	99.9	98.8	100.5	94.3	88.6	96.8	107.6	96.8
长沙	Changsha	100.1	98.7	100.0	93.8	89.6	93.7	104.7	104.1
广州	Guangzhou	100.9	101.7	95.9	96.0	91.7	101.7	104.1	97.6
深圳	Shenzhen	101.0	101.8	104.5	99.0	91.7	102.5	105.0	108.2
南宁	Nanning	99.4	98.5	99.0	96.2	89.9	99.6	102.0	94.6
海口	Haikou	100.1	101.4	103.3	99.0	92.5	107.0	111.1	100.3
重庆	Chongqing	99.4	96.8	102.6	85.2	86.5	94.4	98.5	98.7
成都	Chengdu	100.3	98.5	99.1	92.7	88.5	95.7	102.2	99.5
贵阳	Guiyang	100.2	99.8	101.5	101.7	91.1	98.1	107.1	104.2
昆明	Kunming	101.0	101.5	100.7	103.8	93.0	98.0	102.1	110.4
拉萨	Lasa	99.7	99.1	98.9	95.1	94.5	96.9	122.3	97.5
西安	Xi'an	99.9	98.8	99.9	94.9	90.1	92.5	103.4	95.8
兰州	Lanzhou	99.9	97.1	104.2	85.9	84.2	94.9	100.1	97.2
西宁	Xining	100.3	98.6	100.9	93.4	88.1	95.0	102.3	102.7
银川	Yinchuan	100.5	100.0	99.3	100.3	91.6	97.4	110.4	105.5
乌鲁木齐	Urumqi	99.7	98.8	100.0	95.9	87.9	91.9	105.3	104.4

3-56 续表 continued

(上年同月=100) (same month of preceding year=100)

城市	City	衣着 Clothing	居住 Residence	生活用品及服务 Articles for Daily Use and Services	交通通信 Transport and Communications	教育文化娱乐 Education, Culture and Recreation	医疗保健 Health Care	其他用品及服务 Other Articles and Services
平均指数	**Average Index**	**101.6**	**100.3**	**99.6**	**98.3**	**103.3**	**100.6**	**104.7**
北京	Beijing	101.2	99.7	99.0	98.3	104.2	100.1	105.7
天津	Tianjin	101.0	100.4	99.0	97.8	104.1	100.1	103.7
石家庄	Shijiazhuang	102.8	101.3	100.8	98.2	101.1	101.8	104.0
太原	Taiyuan	98.9	99.4	100.3	97.4	101.8	101.2	102.8
呼和浩特	Hohhot	101.2	100.1	101.3	99.1	102.9	103.5	107.4
沈阳	Shenyang	101.4	101.4	100.7	99.7	101.4	100.3	103.4
大连	Dalian	100.8	100.9	100.1	99.5	100.6	100.0	107.1
长春	Changchun	101.4	100.1	100.4	98.0	101.5	100.5	105.2
哈尔滨	Harbin	103.6	99.6	99.6	99.3	105.0	103.8	103.1
上海	Shanghai	103.1	100.0	100.3	99.1	104.1	99.8	107.7
南京	Nanjing	101.4	100.2	100.2	98.1	102.9	101.5	105.2
杭州	Hangzhou	104.5	100.0	99.7	97.8	103.0	101.8	103.4
宁波	Ningbo	99.8	99.8	99.1	97.2	102.5	100.6	104.7
合肥	Hefei	103.1	100.3	99.4	98.0	102.1	100.2	103.0
福州	Fuzhou	103.1	100.1	100.0	97.7	100.7	100.4	103.8
厦门	Xiamen	99.5	100.0	99.0	97.2	103.5	101.0	103.1
南昌	Nanchang	102.0	100.9	99.9	98.4	102.3	100.2	106.1
济南	Jinan	101.2	100.0	100.0	98.8	103.2	101.3	104.6
青岛	Qingdao	100.2	100.6	99.5	99.0	102.8	100.3	104.7
郑州	Zhengzhou	100.2	98.8	99.7	97.6	100.7	99.9	103.8
武汉	Wuhan	98.5	100.6	99.8	97.7	103.6	100.6	103.3
长沙	Changsha	100.9	100.8	99.9	98.5	102.7	100.1	103.4
广州	Guangzhou	101.8	99.6	98.9	98.8	105.0	100.5	103.1
深圳	Shenzhen	104.2	100.2	99.8	97.6	104.2	100.4	104.0
南宁	Nanning	102.7	99.1	98.9	95.8	102.7	101.8	102.4
海口	Haikou	97.9	99.0	101.1	98.1	102.3	97.9	101.0
重庆	Chongqing	101.4	100.9	98.8	98.8	102.0	100.5	102.8
成都	Chengdu	98.5	100.3	99.7	99.1	106.6	100.7	105.5
贵阳	Guiyang	108.5	100.4	100.0	97.4	98.9	100.2	104.5
昆明	Kunming	101.1	100.2	100.7	98.5	105.2	100.8	103.8
拉萨	Lasa	99.1	100.0	99.9	99.6	100.7	99.5	103.2
西安	Xi'an	101.2	101.3	98.8	96.8	101.1	101.4	105.7
兰州	Lanzhou	101.1	99.5	99.9	100.5	103.8	101.2	107.8
西宁	Xining	100.5	100.2	99.8	100.3	102.5	101.4	105.5
银川	Yinchuan	101.0	100.8	99.8	99.7	101.0	100.0	107.2
乌鲁木齐	Urumqi	102.1	98.3	97.1	98.9	102.8	100.2	107.1

3-57 36个大中城市居民消费价格分类指数(同比)
Consumer Price Indices by Category for 36 Major Large and Medium-sized Cities
(2023年9月)

(上年同月=100) (same month of preceding year=100)

城市	City	居民消费价格指数 Consumer Price Index	食品烟酒 Food, Tobacco and Alcohol	粮食 Grain	鲜菜 Fresh Vegetables	畜肉类 Meat of Livestock	水产品 Aquatic Products	蛋类 Eggs	鲜果 Fresh Fruits
平均指数	**Average Index**	**100.3**	**98.6**	**100.4**	**92.6**	**88.3**	**97.8**	**99.9**	**97.9**
北京	Beijing	100.4	98.7	101.1	92.8	90.6	97.8	101.4	96.8
天津	Tianjin	100.5	99.7	100.4	96.6	88.2	101.8	102.6	103.0
石家庄	Shijiazhuang	100.2	97.9	100.7	89.3	86.2	93.6	100.3	95.0
太原	Taiyuan	99.5	98.0	101.1	94.1	90.5	95.4	103.5	94.1
呼和浩特	Hohhot	100.4	98.0	99.7	98.2	91.3	103.8	101.8	96.8
沈阳	Shenyang	100.0	97.5	101.5	88.1	88.3	96.6	100.5	93.1
大连	Dalian	99.6	96.9	101.6	83.1	88.8	95.6	98.6	95.7
长春	Changchun	100.1	98.7	101.0	87.6	87.1	100.2	96.4	105.2
哈尔滨	Harbin	101.2	98.5	102.4	91.6	87.8	97.3	100.0	105.0
上海	Shanghai	100.8	99.3	99.6	96.4	91.4	97.0	98.5	97.4
南京	Nanjing	100.0	98.5	101.1	96.3	90.0	99.1	103.0	91.5
杭州	Hangzhou	100.4	97.5	104.1	93.2	88.9	93.6	104.1	93.3
宁波	Ningbo	99.7	98.3	100.6	92.7	87.3	99.4	98.0	96.1
合肥	Hefei	99.8	98.0	101.7	82.9	89.1	96.8	98.4	105.6
福州	Fuzhou	100.1	100.1	101.7	102.9	90.0	101.3	100.4	102.3
厦门	Xiamen	99.9	99.2	100.0	100.1	89.0	99.4	101.4	100.5
南昌	Nanchang	100.3	98.7	103.5	88.6	86.0	93.2	99.8	111.6
济南	Jinan	100.4	99.7	99.8	96.3	90.9	97.9	103.4	95.2
青岛	Qingdao	100.3	98.5	102.2	92.9	89.5	102.3	99.7	96.9
郑州	Zhengzhou	99.0	98.0	101.6	97.4	84.9	100.3	96.2	98.5
武汉	Wuhan	99.6	97.0	100.8	85.5	85.8	96.4	103.3	93.5
长沙	Changsha	100.1	97.8	100.0	90.7	86.6	93.7	101.5	102.5
广州	Guangzhou	100.9	101.3	94.8	102.4	90.1	100.3	101.8	95.0
深圳	Shenzhen	100.7	101.2	102.8	102.9	89.0	101.5	102.7	108.7
南宁	Nanning	99.2	98.0	100.5	95.9	87.5	99.3	101.6	95.7
海口	Haikou	100.1	100.6	102.0	102.3	91.2	102.9	107.7	99.6
重庆	Chongqing	99.1	95.5	99.4	84.8	84.4	93.5	93.1	97.4
成都	Chengdu	99.4	96.1	98.9	79.4	83.2	95.5	96.6	96.0
贵阳	Guiyang	98.4	92.7	98.9	75.6	80.4	90.7	91.1	89.8
昆明	Kunming	100.4	99.4	100.9	92.6	89.5	97.8	99.5	105.8
拉萨	Lasa	99.4	98.8	98.9	95.6	93.7	94.9	125.5	93.3
西安	Xi'an	99.9	98.3	100.4	90.8	87.5	94.9	99.7	97.5
兰州	Lanzhou	100.0	97.2	104.3	87.5	85.8	95.2	99.3	94.4
西宁	Xining	100.3	97.0	100.4	83.0	84.7	93.7	99.6	99.6
银川	Yinchuan	100.7	98.6	98.8	90.3	90.8	95.6	107.2	101.7
乌鲁木齐	Urumqi	99.5	98.1	101.8	94.5	86.9	89.3	102.0	99.3

3-57 续表 continued

(上年同月=100) (same month of preceding year=100)

城市	City	衣着 Clothing	居住 Residence	生活用品及服务 Articles for Daily Use and Services	交通通信 Transport and Communications	教育文化娱乐 Education, Culture and Recreation	医疗保健 Health Care	其他用品及服务 Other Articles and Services
平均指数	**Average Index**	**101.8**	**100.5**	**99.7**	**99.0**	**103.4**	**100.7**	**104.3**
北京	Beijing	101.2	99.9	99.5	99.3	105.6	100.1	105.8
天津	Tianjin	101.0	100.5	100.0	98.9	103.2	100.5	105.1
石家庄	Shijiazhuang	101.6	101.5	100.0	99.2	100.7	101.7	104.6
太原	Taiyuan	100.5	100.0	101.3	99.7	98.3	101.2	103.4
呼和浩特	Hohhot	102.5	99.9	101.7	99.6	101.8	103.3	106.8
沈阳	Shenyang	101.2	101.5	101.1	99.9	101.1	100.4	103.5
大连	Dalian	101.3	100.9	100.5	100.1	99.7	100.2	105.1
长春	Changchun	102.0	100.1	100.8	98.3	101.8	100.4	105.8
哈尔滨	Harbin	107.5	100.2	99.7	100.1	104.3	103.8	103.4
上海	Shanghai	104.0	100.3	100.0	100.1	104.2	100.1	106.1
南京	Nanjing	101.3	100.3	99.7	98.2	102.6	101.4	105.6
杭州	Hangzhou	105.8	100.2	99.3	98.0	107.0	101.8	104.4
宁波	Ningbo	100.1	100.1	99.6	98.0	102.4	100.6	104.8
合肥	Hefei	101.6	100.4	99.0	98.8	102.1	100.2	103.6
福州	Fuzhou	101.9	100.3	99.9	98.1	100.1	100.4	104.7
厦门	Xiamen	98.9	100.1	99.3	97.7	103.4	100.9	103.0
南昌	Nanchang	99.6	100.7	99.6	99.2	104.7	100.2	105.6
济南	Jinan	101.0	99.8	100.0	99.1	103.0	101.2	105.7
青岛	Qingdao	100.4	100.5	99.6	99.5	103.8	100.3	105.9
郑州	Zhengzhou	100.5	99.0	99.2	97.9	99.9	99.7	104.3
武汉	Wuhan	100.1	100.5	99.9	99.0	102.1	100.8	104.4
长沙	Changsha	101.3	100.9	99.8	99.3	103.0	100.2	104.0
广州	Guangzhou	101.6	99.4	99.2	99.8	104.6	100.5	103.2
深圳	Shenzhen	104.1	100.3	99.5	98.0	103.7	100.5	98.0
南宁	Nanning	102.5	99.0	98.3	96.1	102.6	101.6	102.9
海口	Haikou	100.5	98.9	101.1	99.0	101.2	99.8	103.4
重庆	Chongqing	101.0	100.9	99.7	99.8	101.2	100.5	103.5
成都	Chengdu	98.4	100.6	99.9	99.4	104.0	100.2	104.3
贵阳	Guiyang	107.5	100.3	100.1	98.9	100.1	100.2	103.2
昆明	Kunming	100.5	99.7	100.1	99.3	104.4	100.8	103.5
拉萨	Lasa	99.1	100.0	100.2	98.5	100.5	99.5	102.8
西安	Xi'an	100.7	101.6	98.8	97.4	101.2	101.4	104.9
兰州	Lanzhou	100.8	99.8	99.7	100.9	103.3	102.4	105.3
西宁	Xining	100.1	100.2	99.4	100.7	104.1	105.0	102.4
银川	Yinchuan	101.0	101.2	99.9	101.3	103.2	99.9	108.6
乌鲁木齐	Urumqi	104.7	98.3	97.7	98.7	101.3	100.3	107.5

3-58 36个大中城市居民消费价格分类指数(同比)
Consumer Price Indices by Category for 36 Major Large and Medium-sized Cities
(2023年10月)

(上年同月=100) (same month of preceding year=100)

城市	City	居民消费价格指数 Consumer Price Index	食品烟酒 Food, Tobacco and Alcohol	粮食 Grain	鲜菜 Fresh Vegetables	畜肉类 Meat of Livestock	水产品 Aquatic Products	蛋类 Eggs	鲜果 Fresh Fruits
平均指数	**Average Index**	**100.2**	**98.4**	**100.1**	**95.8**	**83.8**	**98.9**	**95.3**	**101.1**
北京	Beijing	100.0	97.7	102.1	89.3	85.7	97.3	95.7	100.4
天津	Tianjin	100.4	99.0	100.4	92.8	85.7	102.4	93.0	103.5
石家庄	Shijiazhuang	100.3	98.5	101.1	92.8	83.6	95.7	92.9	102.8
太原	Taiyuan	99.5	97.1	100.5	86.1	87.3	95.4	93.5	100.7
呼和浩特	Hohhot	99.6	95.3	99.3	79.4	88.1	101.8	92.7	93.0
沈阳	Shenyang	100.2	97.9	100.5	90.9	84.6	97.0	92.8	103.8
大连	Dalian	99.8	97.7	102.0	90.9	85.4	102.1	86.9	99.0
长春	Changchun	100.0	98.1	98.2	94.1	81.6	102.3	91.1	105.1
哈尔滨	Harbin	100.9	97.3	100.7	89.2	82.8	99.0	93.3	105.8
上海	Shanghai	100.4	98.9	98.3	99.9	87.2	97.9	94.4	98.9
南京	Nanjing	100.2	98.5	100.1	99.5	84.2	101.7	96.4	96.9
杭州	Hangzhou	100.5	97.8	103.8	99.4	84.3	95.6	102.4	98.3
宁波	Ningbo	99.7	98.1	100.5	96.4	81.6	97.5	96.0	99.4
合肥	Hefei	99.8	98.4	101.9	88.4	82.2	101.4	93.2	108.0
福州	Fuzhou	100.0	99.2	98.8	104.1	82.6	100.9	93.8	105.0
厦门	Xiamen	99.7	98.3	100.4	99.0	83.0	99.3	97.3	100.7
南昌	Nanchang	100.3	98.6	101.2	93.5	80.9	97.3	97.6	114.3
济南	Jinan	100.0	98.6	100.8	93.5	84.1	95.3	95.1	98.7
青岛	Qingdao	99.8	97.5	101.5	94.3	84.4	100.8	91.9	96.3
郑州	Zhengzhou	98.4	96.0	101.2	88.5	79.3	101.5	85.4	101.7
武汉	Wuhan	99.8	97.4	100.9	91.2	82.1	97.4	102.0	97.5
长沙	Changsha	100.0	97.2	100.0	94.8	80.4	96.0	99.7	102.5
广州	Guangzhou	100.8	100.4	96.2	102.6	85.9	102.1	100.4	98.9
深圳	Shenzhen	100.6	100.7	102.0	102.4	85.4	102.6	101.6	106.8
南宁	Nanning	99.2	97.4	100.7	94.7	81.0	99.2	99.5	100.2
海口	Haikou	100.5	101.0	102.9	104.6	89.6	106.2	105.0	103.0
重庆	Chongqing	99.3	95.8	98.9	95.2	78.7	95.1	92.9	102.3
成都	Chengdu	99.9	98.1	98.9	99.4	81.8	98.7	94.5	101.9
贵阳	Guiyang	99.5	96.7	100.4	97.1	81.3	98.4	98.3	98.7
昆明	Kunming	100.1	99.1	100.9	101.4	83.7	101.1	98.0	107.7
拉萨	Lasa	99.2	98.5	98.9	96.5	93.4	94.5	111.2	92.5
西安	Xi'an	99.7	98.1	98.5	92.6	82.8	96.2	92.0	106.7
兰州	Lanzhou	100.4	98.3	102.2	90.5	83.5	95.2	96.5	107.6
西宁	Xining	99.8	96.1	99.4	82.2	80.8	95.4	92.2	102.3
银川	Yinchuan	100.1	96.5	97.5	81.3	84.5	98.0	100.8	99.3
乌鲁木齐	Urumqi	97.4	94.7	100.3	80.4	80.7	87.1	84.3	95.1

3-58 续表 continued

(上年同月=100) (same month of preceding year=100)

城市	City	衣着 Clothing	居住 Residence	生活用品及服务 Articles for Daily Use and Services	交通通信 Transport and Communications	教育文化娱乐 Education, Culture and Recreation	医疗保健 Health Care	其他用品及服务 Other Articles and Services
平均指数	**Average Index**	**101.8**	**100.5**	**99.4**	**99.3**	**102.9**	**100.6**	**104.1**
北京	Beijing	101.1	99.9	98.9	99.7	104.9	100.1	104.4
天津	Tianjin	100.7	100.5	99.8	99.9	103.0	100.5	105.3
石家庄	Shijiazhuang	101.8	101.4	99.7	99.2	101.1	101.7	103.6
太原	Taiyuan	102.1	100.7	100.2	100.5	97.6	101.2	102.8
呼和浩特	Hohhot	102.1	99.6	101.4	100.3	101.9	103.2	106.2
沈阳	Shenyang	100.4	101.5	100.7	100.8	101.1	100.4	103.4
大连	Dalian	100.8	100.9	100.2	100.8	99.4	100.2	104.6
长春	Changchun	102.2	100.4	100.1	99.0	101.8	100.5	104.9
哈尔滨	Harbin	108.1	100.2	99.3	100.4	103.5	103.8	102.9
上海	Shanghai	102.9	100.3	99.6	99.6	103.1	99.4	106.8
南京	Nanjing	101.7	100.5	99.4	98.8	102.4	101.5	105.3
杭州	Hangzhou	105.7	100.1	98.9	98.7	106.2	101.9	103.4
宁波	Ningbo	99.8	100.2	98.9	98.5	102.7	100.9	104.1
合肥	Hefei	101.9	100.5	98.7	98.8	101.7	100.3	102.6
福州	Fuzhou	101.7	100.3	100.0	98.3	101.3	100.4	103.8
厦门	Xiamen	99.0	100.1	99.5	98.5	103.0	100.9	102.6
南昌	Nanchang	99.3	100.8	99.4	99.2	104.6	100.2	106.0
济南	Jinan	100.3	99.3	100.0	99.7	102.6	101.2	105.5
青岛	Qingdao	100.3	100.4	99.1	99.2	102.8	100.4	104.4
郑州	Zhengzhou	100.1	99.0	98.8	97.9	99.9	99.8	103.5
武汉	Wuhan	100.0	100.9	99.5	99.8	102.0	101.0	103.5
长沙	Changsha	101.3	100.9	99.6	99.7	103.2	100.2	103.5
广州	Guangzhou	102.3	99.8	99.6	100.6	104.0	100.4	105.6
深圳	Shenzhen	105.1	100.4	99.8	98.1	103.4	100.4	98.1
南宁	Nanning	102.2	99.5	98.9	96.1	102.4	101.9	103.3
海口	Haikou	100.7	99.4	102.0	99.8	101.1	99.8	103.5
重庆	Chongqing	101.5	101.0	99.4	100.6	101.0	100.5	103.0
成都	Chengdu	99.7	100.8	99.3	98.9	103.3	100.0	105.2
贵阳	Guiyang	106.4	100.3	99.6	99.6	99.5	100.2	103.2
昆明	Kunming	100.1	99.7	99.9	99.2	103.7	100.6	103.0
拉萨	Lasa	99.1	100.0	99.5	98.3	99.6	99.9	101.9
西安	Xi'an	99.8	101.5	98.4	97.4	101.1	101.7	104.3
兰州	Lanzhou	101.2	99.8	99.5	102.0	102.9	102.4	104.2
西宁	Xining	99.8	100.2	99.7	100.0	103.2	105.2	102.5
银川	Yinchuan	102.7	101.0	99.2	100.8	103.0	100.1	107.8
乌鲁木齐	Urumqi	106.1	98.4	97.2	92.6	100.5	100.3	103.8

3-59 36个大中城市居民消费价格分类指数(同比)

Consumer Price Indices by Category for 36 Major Large and Medium-sized Cities (2023年11月)

(上年同月=100) (same month of preceding year=100)

城市	City	居民消费价格指数 Consumer Price Index	食品烟酒 Food, Tobacco and Alcohol	粮食 Grain	鲜菜 Fresh Vegetables	畜肉类 Meat of Livestock	水产品 Aquatic Products	蛋类 Eggs	鲜果 Fresh Fruits
平均指数	**Average Index**	**99.9**	**98.2**	**99.9**	**98.8**	**82.4**	**98.3**	**91.3**	**102.3**
北京	Beijing	99.7	97.1	99.5	91.7	83.9	97.2	91.9	102.8
天津	Tianjin	100.1	98.8	99.9	97.6	84.7	101.4	89.1	103.4
石家庄	Shijiazhuang	99.7	96.8	101.7	90.9	80.4	94.8	87.0	101.7
太原	Taiyuan	99.2	97.5	100.6	94.7	85.0	96.5	89.5	104.4
呼和浩特	Hohhot	99.1	94.5	99.0	81.2	85.6	99.2	85.3	92.3
沈阳	Shenyang	99.9	99.1	98.7	102.5	84.3	96.3	91.1	110.0
大连	Dalian	99.7	98.8	102.3	100.3	85.7	102.2	84.2	103.6
长春	Changchun	99.8	98.5	97.6	98.7	82.0	102.1	88.0	105.8
哈尔滨	Harbin	100.9	98.7	100.8	97.9	84.5	103.2	90.0	113.0
上海	Shanghai	99.8	98.3	99.0	100.3	86.4	97.1	90.3	104.8
南京	Nanjing	100.1	99.0	101.1	106.6	83.0	102.4	92.4	98.7
杭州	Hangzhou	100.3	98.2	103.6	103.8	83.7	95.8	100.0	102.2
宁波	Ningbo	99.8	99.0	101.3	104.0	82.7	98.1	94.2	103.1
合肥	Hefei	99.5	98.2	101.3	97.3	81.4	99.1	88.3	102.0
福州	Fuzhou	99.1	97.3	100.4	95.7	80.3	99.3	88.5	103.4
厦门	Xiamen	99.0	97.4	100.4	99.5	80.0	98.3	91.3	101.6
南昌	Nanchang	100.1	98.7	100.3	104.0	79.2	97.0	94.6	109.1
济南	Jinan	99.7	98.5	101.6	99.8	82.2	91.1	93.5	98.6
青岛	Qingdao	99.8	98.2	100.6	100.4	83.2	100.1	88.7	101.4
郑州	Zhengzhou	97.9	95.3	100.1	91.8	77.1	98.6	79.7	100.8
武汉	Wuhan	100.1	97.2	100.8	94.0	80.1	98.3	100.6	95.5
长沙	Changsha	99.9	97.6	100.3	106.3	79.2	96.6	96.7	101.9
广州	Guangzhou	100.8	101.4	97.7	103.1	84.2	100.3	96.3	96.8
深圳	Shenzhen	100.2	100.3	102.9	101.4	84.4	101.9	99.9	107.1
南宁	Nanning	99.1	97.6	100.9	98.3	81.4	99.1	95.3	98.3
海口	Haikou	100.0	100.1	101.4	106.3	88.0	105.8	101.1	100.2
重庆	Chongqing	98.5	93.5	98.7	89.4	74.0	92.4	84.9	98.1
成都	Chengdu	99.6	98.6	95.9	111.0	81.2	97.8	92.3	106.9
贵阳	Guiyang	99.6	97.9	100.6	107.0	81.9	98.6	97.1	100.0
昆明	Kunming	99.9	99.0	101.0	107.4	81.4	100.7	96.0	103.8
拉萨	Lasa	99.0	97.8	98.9	95.3	93.0	93.4	97.8	92.3
西安	Xi'an	99.6	98.4	97.0	98.9	82.5	95.6	85.3	106.7
兰州	Lanzhou	99.5	96.3	101.6	88.7	81.4	93.4	90.3	94.5
西宁	Xining	98.9	94.4	99.2	78.9	76.9	89.6	84.7	102.9
银川	Yinchuan	99.6	97.6	98.7	95.4	84.0	96.4	98.6	97.0
乌鲁木齐	Urumqi	97.1	96.2	100.1	92.8	81.2	85.7	83.6	99.3

3-59 续表 continued

(上年同月=100) (same month of preceding year=100)

城市	City	衣着 Clothing	居住 Residence	生活用品及服务 Articles for Daily Use and Services	交通通信 Transport and Communications	教育文化娱乐 Education, Culture and Recreation	医疗保健 Health Care	其他用品及服务 Other Articles and Services
平均指数	**Average Index**	**102.2**	**100.5**	**99.4**	**98.0**	**102.1**	**100.6**	**103.1**
北京	Beijing	100.0	100.0	98.7	98.7	104.5	100.0	104.1
天津	Tianjin	99.9	100.5	99.3	98.7	103.2	100.9	103.7
石家庄	Shijiazhuang	103.2	101.5	100.3	97.9	100.0	101.7	102.9
太原	Taiyuan	102.3	101.0	100.3	97.6	97.0	101.0	102.3
呼和浩特	Hohhot	102.6	100.7	101.8	98.2	100.1	103.5	104.6
沈阳	Shenyang	99.5	101.4	100.5	97.8	100.3	100.4	102.9
大连	Dalian	100.6	100.5	100.4	98.9	99.1	100.1	103.0
长春	Changchun	101.4	100.4	100.3	97.4	101.7	100.7	103.9
哈尔滨	Harbin	108.7	100.8	99.0	98.0	102.5	103.8	101.7
上海	Shanghai	103.1	100.1	99.7	98.6	101.3	99.2	104.9
南京	Nanjing	102.4	100.6	99.6	97.7	101.6	101.7	104.1
杭州	Hangzhou	105.8	100.2	99.4	97.0	105.8	101.9	103.0
宁波	Ningbo	99.9	100.3	99.1	97.2	102.5	101.2	103.4
合肥	Hefei	101.5	100.8	98.9	97.4	100.7	100.3	102.8
福州	Fuzhou	101.0	100.3	99.7	96.9	100.7	100.4	102.8
厦门	Xiamen	98.8	100.1	98.8	97.4	100.6	100.9	102.0
南昌	Nanchang	100.0	100.7	99.7	97.3	104.4	100.2	105.1
济南	Jinan	100.3	99.6	100.1	98.2	101.4	101.2	104.4
青岛	Qingdao	101.6	100.3	99.5	97.1	103.3	100.4	104.3
郑州	Zhengzhou	98.6	99.2	98.8	96.5	99.6	99.7	103.0
武汉	Wuhan	105.1	101.2	99.8	98.6	102.3	101.1	103.7
长沙	Changsha	101.2	100.8	99.7	98.4	103.0	100.3	103.0
广州	Guangzhou	102.6	100.0	98.6	99.1	103.0	100.4	102.9
深圳	Shenzhen	104.9	100.4	99.7	97.2	102.2	100.5	98.5
南宁	Nanning	100.8	99.4	98.4	95.6	102.0	101.9	105.3
海口	Haikou	100.0	99.6	102.0	98.6	100.3	99.7	103.0
重庆	Chongqing	103.7	100.7	99.4	99.7	99.9	100.6	101.9
成都	Chengdu	101.0	99.9	99.4	97.5	102.1	100.2	103.7
贵阳	Guiyang	105.7	100.0	99.5	99.0	98.7	100.2	102.6
昆明	Kunming	100.2	100.0	99.9	97.9	103.5	100.6	102.2
拉萨	Lasa	98.9	100.0	99.6	96.1	97.9	112.4	101.8
西安	Xi'an	100.7	101.5	98.1	96.4	100.6	101.4	103.4
兰州	Lanzhou	101.1	99.8	99.8	100.8	102.9	102.4	100.8
西宁	Xining	99.6	100.2	99.6	98.5	102.5	105.1	101.8
银川	Yinchuan	102.0	101.0	99.8	97.6	101.4	100.0	104.7
乌鲁木齐	Urumqi	105.3	98.5	97.1	89.3	99.0	100.5	101.9

3-60 36个大中城市居民消费价格分类指数(同比)
Consumer Price Indices by Category for 36 Major Large and Medium-sized Cities (2023年12月)

(上年同月=100) (same month of preceding year=100)

城市	City	居民消费价格指数 Consumer Price Index	食品烟酒 Food, Tobacco and Alcohol	粮食 Grain	鲜菜 Fresh Vegetables	畜肉类 Meat of Livestock	水产品 Aquatic Products	蛋类 Eggs	鲜果 Fresh Fruits
平均指数	**Average Index**	**99.9**	**98.2**	**99.9**	**98.4**	**84.8**	**98.8**	**93.5**	**98.8**
北京	Beijing	99.5	96.6	98.8	96.4	84.6	97.0	92.2	95.3
天津	Tianjin	100.0	98.4	100.1	101.0	87.3	101.6	93.8	94.9
石家庄	Shijiazhuang	99.9	97.3	100.8	100.8	83.2	97.0	91.9	94.2
太原	Taiyuan	99.0	96.5	99.3	96.0	86.1	95.0	91.6	98.7
呼和浩特	Hohhot	100.1	97.8	101.9	104.5	90.3	103.5	94.2	97.5
沈阳	Shenyang	99.9	98.7	98.9	103.1	85.7	97.6	92.2	101.7
大连	Dalian	99.6	98.8	101.8	101.5	89.1	101.6	88.6	97.2
长春	Changchun	99.7	97.9	98.4	94.6	85.1	101.0	90.2	101.5
哈尔滨	Harbin	101.0	98.1	97.8	101.9	89.0	101.1	92.2	98.7
上海	Shanghai	99.7	98.0	99.6	93.1	88.5	97.5	91.3	103.1
南京	Nanjing	100.0	98.5	100.4	102.6	83.9	105.1	92.4	91.9
杭州	Hangzhou	100.0	97.3	103.0	96.3	84.4	95.7	99.7	100.7
宁波	Ningbo	99.7	98.4	101.7	98.5	85.6	97.9	95.3	98.6
合肥	Hefei	99.9	98.9	100.9	109.0	85.6	101.5	90.7	96.6
福州	Fuzhou	99.1	97.3	100.0	86.4	84.6	100.4	91.0	100.0
厦门	Xiamen	99.1	96.9	100.1	88.2	84.9	98.9	91.5	99.8
南昌	Nanchang	100.9	98.6	100.6	103.8	79.0	98.7	95.1	102.0
济南	Jinan	99.8	98.5	100.6	106.5	85.6	90.3	93.9	92.5
青岛	Qingdao	99.9	98.7	100.8	102.7	87.9	99.5	90.9	103.5
郑州	Zhengzhou	98.7	97.4	100.0	104.6	81.3	97.9	83.9	103.3
武汉	Wuhan	100.5	98.3	101.5	99.5	81.7	98.6	100.8	97.1
长沙	Changsha	100.0	97.9	100.2	103.6	83.1	97.5	97.3	100.4
广州	Guangzhou	100.7	101.1	96.4	96.9	84.7	103.2	98.7	95.8
深圳	Shenzhen	100.0	99.7	102.6	92.0	87.3	102.4	100.7	104.5
南宁	Nanning	98.9	96.5	101.9	88.1	84.8	99.2	94.8	92.8
海口	Haikou	99.9	98.3	100.2	92.7	89.1	103.3	98.4	98.4
重庆	Chongqing	98.7	95.0	100.6	99.6	78.8	93.1	90.9	97.8
成都	Chengdu	99.5	98.4	97.0	109.0	82.5	97.5	93.2	106.6
贵阳	Guiyang	99.8	98.0	99.9	105.1	85.0	98.0	97.2	100.6
昆明	Kunming	99.8	99.2	100.8	108.3	84.6	100.4	96.9	103.6
拉萨	Lasa	99.1	97.6	99.5	91.4	95.1	91.4	97.8	90.4
西安	Xi'an	99.6	98.0	98.0	100.3	85.2	94.6	87.4	102.9
兰州	Lanzhou	100.1	95.9	101.8	93.6	83.1	93.3	92.0	92.1
西宁	Xining	99.5	95.9	99.4	96.9	81.2	91.3	88.9	93.8
银川	Yinchuan	99.8	98.2	99.2	100.2	86.0	96.4	100.3	98.3
乌鲁木齐	Urumqi	98.2	98.9	98.0	109.8	86.1	92.8	95.2	99.3

3-60 续表 continued

(上年同月=100) (same month of preceding year=100)

城 市	City	衣着 Clothing	居住 Residence	生活用品及服务 Articles for Daily Use and Services	交通通信 Transport and Communications	教育文化娱乐 Education, Culture and Recreation	医疗保健 Health Care	其他用品及服务 Other Articles and Services
平均指数	**Average Index**	**102.0**	**100.6**	**99.7**	**97.9**	**102.2**	**100.7**	**103.0**
北 京	Beijing	99.7	100.1	99.0	98.3	104.5	100.1	103.3
天 津	Tianjin	100.4	100.5	99.3	98.8	102.6	100.7	103.8
石家庄	Shijiazhuang	103.5	101.3	100.7	98.1	100.2	101.7	103.4
太 原	Taiyuan	104.3	101.1	100.9	96.6	97.3	101.2	102.2
呼和浩特	Hohhot	102.4	100.6	101.8	98.4	100.5	103.5	104.4
沈 阳	Shenyang	99.4	101.3	101.0	98.9	100.2	100.4	103.4
大 连	Dalian	100.9	100.4	99.4	98.5	99.2	100.1	102.7
长 春	Changchun	100.4	100.4	100.1	98.1	101.5	100.8	104.0
哈尔滨	Harbin	107.9	100.8	99.7	99.6	103.8	103.7	102.4
上 海	Shanghai	102.5	100.1	100.5	98.3	102.2	98.3	103.6
南 京	Nanjing	102.2	100.8	100.4	97.9	100.8	101.8	104.4
杭 州	Hangzhou	104.5	100.5	98.8	96.9	105.4	101.9	102.4
宁 波	Ningbo	100.6	100.3	99.3	97.4	102.5	101.2	104.2
合 肥	Hefei	101.1	101.0	99.2	97.6	101.1	100.3	103.1
福 州	Fuzhou	100.6	100.4	100.2	97.0	100.4	100.5	103.2
厦 门	Xiamen	100.3	100.3	99.9	98.1	100.5	100.9	102.4
南 昌	Nanchang	102.4	100.7	100.8	98.4	104.9	105.5	104.6
济 南	Jinan	100.5	99.7	100.5	98.7	101.5	101.1	104.3
青 岛	Qingdao	102.1	100.3	100.3	97.4	102.5	100.4	104.1
郑 州	Zhengzhou	100.1	99.2	98.8	96.6	99.4	100.1	103.3
武 汉	Wuhan	106.1	101.0	100.0	98.9	102.5	101.3	102.5
长 沙	Changsha	101.2	100.4	99.9	99.0	103.3	100.3	102.9
广 州	Guangzhou	103.4	99.8	100.3	98.7	102.9	100.4	103.0
深 圳	Shenzhen	103.0	100.5	99.8	97.2	102.0	100.6	99.0
南 宁	Nanning	100.2	99.6	99.7	95.9	102.5	101.9	103.9
海 口	Haikou	101.8	101.4	102.0	98.6	100.9	99.7	102.5
重 庆	Chongqing	101.9	100.7	99.4	98.4	100.6	100.7	102.0
成 都	Chengdu	101.3	100.3	99.3	97.0	101.0	100.4	104.4
贵 阳	Guiyang	106.4	100.2	100.2	99.3	98.8	100.3	102.5
昆 明	Kunming	100.0	100.0	99.9	97.6	102.5	100.8	102.1
拉 萨	Lasa	98.8	100.0	100.3	96.8	97.2	113.4	102.7
西 安	Xi'an	100.8	101.6	98.4	97.0	100.6	101.3	103.0
兰 州	Lanzhou	100.8	100.5	100.3	100.5	103.1	109.2	100.2
西 宁	Xining	100.5	100.2	99.9	98.3	102.7	105.1	102.6
银 川	Yinchuan	102.1	100.5	100.6	98.4	100.9	100.1	105.0
乌鲁木齐	Urumqi	103.0	98.7	97.5	89.5	100.9	102.1	103.7

3-61 36个大中城市居民消费价格分类指数(累计比)
Consumer Price Indices by Category for 36 Major Large and Medium-sized Cities (2023年1月)

(上年同期=100) (same period of preceding year=100)

城 市	City	居民消费价格指数 Consumer Price Index	食品烟酒 Food, Tobacco and Alcohol	粮食 Grain	鲜菜 Fresh Vegetables	畜肉类 Meat of Livestock	水产品 Aquatic Products	蛋类 Eggs	鲜果 Fresh Fruits
平均指数	**Average Index**	**102.3**	**105.0**	**102.6**	**108.9**	**107.1**	**105.1**	**107.4**	**113.0**
北京	Beijing	102.0	105.0	100.5	105.0	105.9	107.5	106.4	116.0
天津	Tianjin	101.9	103.4	103.0	100.8	103.4	104.4	104.7	112.8
石家庄	Shijiazhuang	102.1	104.4	106.0	99.7	106.4	100.3	108.9	110.7
太原	Taiyuan	102.0	105.4	105.4	104.4	107.8	104.5	112.9	111.3
呼和浩特	Hohhot	101.9	103.0	104.1	98.0	100.9	101.6	105.8	116.3
沈阳	Shenyang	102.1	104.6	98.0	106.3	106.0	99.4	104.4	119.9
大连	Dalian	102.4	106.1	101.4	110.3	106.9	101.5	115.1	125.0
长春	Changchun	101.6	102.7	98.7	101.9	100.2	102.4	104.4	105.9
哈尔滨	Harbin	102.2	103.5	101.4	101.8	102.4	105.5	103.1	111.8
上海	Shanghai	102.6	105.5	101.5	119.2	106.8	105.1	109.7	110.3
南京	Nanjing	102.5	106.1	102.1	121.4	112.4	101.9	111.5	112.0
杭州	Hangzhou	101.8	105.8	101.6	114.5	111.5	109.3	106.7	109.2
宁波	Ningbo	102.7	105.9	101.5	111.8	107.6	108.0	103.9	114.5
合肥	Hefei	101.5	104.5	98.9	98.4	104.1	100.6	110.4	117.9
福州	Fuzhou	102.3	107.9	100.0	124.2	112.0	107.6	114.7	122.8
厦门	Xiamen	102.3	105.1	102.1	117.4	107.9	105.0	106.9	118.2
南昌	Nanchang	103.1	105.9	104.4	111.7	108.4	107.6	110.8	120.7
济南	Jinan	102.1	104.6	105.1	98.8	112.0	104.6	113.4	114.4
青岛	Qingdao	102.2	104.4	104.7	104.6	106.7	109.2	107.2	108.9
郑州	Zhengzhou	101.2	103.5	105.3	95.8	104.2	99.5	103.9	114.2
武汉	Wuhan	102.4	104.6	100.9	102.7	107.1	98.6	106.0	113.4
长沙	Changsha	101.9	103.5	102.8	107.5	107.6	100.9	105.6	104.2
广州	Guangzhou	103.2	106.6	103.7	114.4	109.5	103.3	107.1	124.9
深圳	Shenzhen	102.3	105.7	109.2	119.8	110.3	104.8	106.1	112.7
南宁	Nanning	102.0	104.5	99.4	107.9	108.0	108.0	106.9	111.9
海口	Haikou	102.9	107.2	100.7	123.0	108.0	118.1	112.0	111.3
重庆	Chongqing	102.2	105.3	102.9	107.0	106.7	106.3	107.7	104.4
成都	Chengdu	102.4	103.4	103.2	102.7	106.9	104.3	107.9	99.7
贵阳	Guiyang	102.0	104.0	99.7	114.9	107.0	106.5	110.3	107.9
昆明	Kunming	102.6	103.9	102.4	102.0	109.9	103.0	109.9	104.0
拉萨	Lasa	102.2	102.6	100.6	94.1	100.5	109.1	152.7	112.3
西安	Xi'an	100.8	100.6	103.6	92.2	96.3	94.2	99.9	106.3
兰州	Lanzhou	103.1	107.9	107.4	110.2	110.0	99.0	108.5	128.6
西宁	Xining	102.3	104.1	105.6	104.6	102.1	103.6	112.6	116.3
银川	Yinchuan	102.3	104.1	103.5	107.7	101.3	105.1	106.4	117.4
乌鲁木齐	Urumqi	102.8	105.0	104.5	108.0	100.5	104.3	105.8	129.2

3-61 续表 continued

(上年同期=100) (same period of preceding year=100)

城 市	City	衣着 Clothing	居住 Residence	生活用品及服务 Articles for Daily Use and Services	交通通信 Transport and Communications	教育文化娱乐 Education, Culture and Recreation	医疗保健 Health Care	其他用品及服务 Other Articles and Services
平均指数	**Average Index**	**100.6**	**100.0**	**101.7**	**102.0**	**103.3**	**100.4**	**102.9**
北 京	Beijing	99.7	100.5	103.5	101.8	101.6	100.4	102.3
天 津	Tianjin	101.1	100.4	101.5	101.6	103.9	100.5	101.7
石家庄	Shijiazhuang	103.3	100.3	101.5	100.5	103.2	99.5	104.2
太 原	Taiyuan	99.5	99.4	100.7	103.5	100.8	100.9	101.3
呼和浩特	Hohhot	103.0	99.4	103.1	101.6	104.2	100.1	103.1
沈 阳	Shenyang	99.2	100.1	100.3	103.8	101.2	100.0	103.2
大 连	Dalian	101.2	99.2	103.0	101.7	102.6	99.9	102.1
长 春	Changchun	102.2	98.6	102.5	101.9	103.7	100.0	104.0
哈尔滨	Harbin	101.5	99.5	102.2	105.3	102.6	99.8	103.4
上 海	Shanghai	99.4	100.6	101.2	101.9	105.6	100.8	102.2
南 京	Nanjing	102.1	99.7	103.2	101.1	102.3	102.1	104.6
杭 州	Hangzhou	96.8	99.3	101.9	101.4	102.4	100.8	103.0
宁 波	Ningbo	102.1	99.9	101.2	102.5	103.6	100.9	102.9
合 肥	Hefei	101.1	98.9	101.6	100.0	102.2	100.0	103.5
福 州	Fuzhou	100.5	98.6	100.4	100.2	101.3	100.4	104.9
厦 门	Xiamen	99.6	101.0	100.9	100.3	103.8	100.9	102.9
南 昌	Nanchang	106.1	100.8	101.1	102.7	102.0	100.4	105.6
济 南	Jinan	102.1	100.3	102.1	101.6	102.4	100.3	102.2
青 岛	Qingdao	100.7	100.4	101.3	102.0	103.6	100.4	102.6
郑 州	Zhengzhou	100.1	98.1	102.3	101.7	101.5	100.8	103.7
武 汉	Wuhan	99.2	101.3	102.9	102.4	102.1	100.4	105.4
长 沙	Changsha	101.4	100.9	101.6	102.2	101.1	100.3	103.3
广 州	Guangzhou	103.1	100.1	99.4	102.2	106.2	100.2	101.9
深 圳	Shenzhen	102.9	99.7	100.6	100.7	104.4	100.0	103.6
南 宁	Nanning	104.3	99.4	100.7	102.2	101.7	100.0	102.6
海 口	Haikou	99.7	96.9	103.3	103.5	105.2	99.2	102.8
重 庆	Chongqing	100.6	98.8	102.4	102.9	102.4	99.9	102.2
成 都	Chengdu	99.6	100.3	102.2	104.0	106.0	100.8	102.0
贵 阳	Guiyang	100.8	100.4	100.7	102.4	102.3	99.8	102.4
昆 明	Kunming	101.2	100.2	102.6	104.8	103.8	100.9	102.6
拉 萨	Lasa	100.0	100.9	102.3	104.8	103.3	99.2	105.5
西 安	Xi'an	99.8	99.7	101.7	101.2	102.5	100.1	104.9
兰 州	Lanzhou	100.3	98.9	101.2	103.5	102.6	100.8	105.2
西 宁	Xining	99.9	100.1	101.2	103.6	104.7	99.9	101.9
银 川	Yinchuan	100.8	100.2	101.3	103.8	101.5	102.3	102.5
乌鲁木齐	Urumqi	104.9	99.8	102.6	104.1	101.6	100.1	104.6

3-62 36个大中城市居民消费价格分类指数(累计比)

Consumer Price Indices by Category for 36 Major Large and Medium-sized Cities

(2023年1-2月)

(上年同期=100) (same period of preceding year=100)

城市	City	居民消费价格指数 Consumer Price Index	食品烟酒 Food, Tobacco and Alcohol	粮食 Grain	鲜菜 Fresh Vegetables	畜肉类 Meat of Livestock	水产品 Aquatic Products	蛋类 Eggs	鲜果 Fresh Fruits
平均指数	**Average Index**	**101.7**	**103.6**	**102.5**	**102.9**	**104.4**	**101.7**	**107.4**	**110.9**
北京	Beijing	101.6	103.8	100.2	100.1	103.3	105.5	105.4	113.2
天津	Tianjin	101.5	102.7	102.5	99.9	101.9	103.1	105.7	110.6
石家庄	Shijiazhuang	101.8	103.4	105.9	95.3	104.6	98.9	108.6	108.4
太原	Taiyuan	101.3	103.6	104.5	100.7	106.7	102.0	111.7	104.6
呼和浩特	Hohhot	101.4	102.5	104.1	95.4	99.7	100.6	106.2	113.6
沈阳	Shenyang	101.7	103.6	98.9	100.6	103.6	99.4	105.0	115.9
大连	Dalian	102.0	105.2	101.4	104.7	105.8	101.3	119.4	121.0
长春	Changchun	101.1	102.0	99.4	98.8	99.4	101.0	104.7	104.7
哈尔滨	Harbin	101.7	103.2	102.1	99.2	102.5	105.8	105.2	110.8
上海	Shanghai	101.9	103.8	101.8	111.9	104.2	101.2	110.1	108.3
南京	Nanjing	102.1	105.2	101.4	118.3	109.5	99.4	112.2	111.2
杭州	Hangzhou	101.2	104.3	101.8	108.6	108.5	103.9	106.3	108.4
宁波	Ningbo	102.0	104.4	102.0	105.5	104.1	103.0	104.4	113.4
合肥	Hefei	101.0	103.5	99.6	97.3	101.6	96.8	109.3	115.8
福州	Fuzhou	101.5	105.6	100.9	112.0	109.7	104.1	111.6	119.3
厦门	Xiamen	101.6	103.7	101.8	108.6	106.1	101.1	106.8	117.7
南昌	Nanchang	102.3	104.0	104.2	105.5	104.1	102.0	110.5	116.0
济南	Jinan	101.8	103.9	104.9	97.5	109.3	103.2	112.8	111.5
青岛	Qingdao	101.7	103.2	104.1	100.8	104.7	105.4	107.2	108.8
郑州	Zhengzhou	100.9	103.0	105.3	94.2	102.3	98.2	103.0	113.1
武汉	Wuhan	101.9	103.4	101.2	100.1	103.4	96.5	106.3	111.6
长沙	Changsha	101.4	102.3	102.7	100.7	104.7	98.7	105.1	103.6
广州	Guangzhou	102.3	104.2	103.6	101.0	107.8	100.7	107.0	119.3
深圳	Shenzhen	101.6	103.6	105.7	106.8	104.8	100.6	105.4	112.2
南宁	Nanning	101.1	102.3	99.8	94.2	104.3	103.0	106.5	109.0
海口	Haikou	101.7	104.7	100.4	110.9	103.9	110.7	111.6	108.0
重庆	Chongqing	101.3	103.2	102.7	99.8	103.1	100.9	107.0	103.1
成都	Chengdu	101.5	102.0	103.4	95.8	103.2	100.5	108.2	98.3
贵阳	Guiyang	101.3	102.9	100.9	106.7	104.7	102.7	109.6	107.7
昆明	Kunming	102.1	102.7	102.3	97.2	106.7	98.9	108.0	102.2
拉萨	Lasa	102.3	102.7	100.2	96.2	100.6	109.3	152.2	111.1
西安	Xi'an	100.7	101.0	104.1	93.1	97.3	93.4	103.1	104.7
兰州	Lanzhou	102.4	106.2	107.4	104.0	107.5	97.5	109.1	125.2
西宁	Xining	101.8	102.9	105.3	101.4	100.4	100.8	112.4	109.6
银川	Yinchuan	101.9	103.2	103.6	102.2	100.8	102.5	108.3	115.5
乌鲁木齐	Urumqi	102.5	104.0	104.6	101.9	100.3	102.4	106.8	127.3

3-62 续表 continued

(上年同期=100) (same period of preceding year=100)

城市	City	衣着 Clothing	居住 Residence	生活用品及服务 Articles for Daily Use and Services	交通通信 Transport and Communications	教育文化娱乐 Education, Culture and Recreation	医疗保健 Health Care	其他用品及服务 Other Articles and Services
平均指数	**Average Index**	**100.8**	**100.0**	**101.7**	**101.2**	**102.3**	**100.5**	**102.7**
北京	Beijing	99.6	100.6	103.4	101.4	101.0	100.5	102.2
天津	Tianjin	101.2	100.4	101.2	100.6	102.9	100.4	101.8
石家庄	Shijiazhuang	103.2	100.4	101.5	99.7	102.8	100.2	103.9
太原	Taiyuan	99.5	99.3	101.1	102.3	100.3	101.2	101.1
呼和浩特	Hohhot	102.8	99.4	102.6	100.4	102.9	100.1	102.8
沈阳	Shenyang	100.1	100.4	101.0	102.5	101.0	100.1	102.4
大连	Dalian	100.9	99.3	102.6	101.1	102.0	99.9	102.1
长春	Changchun	102.2	99.2	102.2	100.5	102.2	100.1	103.4
哈尔滨	Harbin	101.4	99.5	101.8	103.1	101.7	99.7	102.7
上海	Shanghai	100.3	100.5	101.5	101.2	103.9	100.9	102.8
南京	Nanjing	101.8	100.0	102.6	100.3	101.7	102.0	104.9
杭州	Hangzhou	97.9	98.9	101.9	100.5	101.5	100.8	102.2
宁波	Ningbo	102.3	99.7	101.0	101.6	102.9	101.0	103.3
合肥	Hefei	100.8	99.0	101.7	98.9	101.2	100.1	103.5
福州	Fuzhou	100.9	98.8	101.1	99.1	100.9	100.4	103.8
厦门	Xiamen	99.3	101.0	100.8	98.9	102.9	100.9	102.5
南昌	Nanchang	105.8	100.8	101.0	101.5	101.5	100.4	105.0
济南	Jinan	102.2	100.3	101.8	101.0	101.9	100.4	102.1
青岛	Qingdao	100.7	100.5	101.3	101.4	102.8	100.3	102.6
郑州	Zhengzhou	100.1	98.3	102.1	100.9	100.8	100.7	103.0
武汉	Wuhan	100.4	101.0	102.5	101.6	102.1	100.3	103.9
长沙	Changsha	101.4	101.0	101.3	101.6	100.9	100.4	102.8
广州	Guangzhou	102.5	100.2	100.2	101.5	104.6	100.3	102.1
深圳	Shenzhen	103.3	99.7	100.9	100.5	103.0	100.0	103.6
南宁	Nanning	104.4	99.2	100.6	100.9	101.3	100.1	102.2
海口	Haikou	99.9	96.9	102.9	101.8	103.6	99.1	102.0
重庆	Chongqing	100.8	98.8	102.0	101.8	101.5	99.7	101.9
成都	Chengdu	99.4	100.1	102.4	102.2	103.2	100.8	102.1
贵阳	Guiyang	101.1	100.4	101.0	100.6	101.1	99.8	102.3
昆明	Kunming	101.4	100.3	102.6	103.4	103.4	100.9	102.4
拉萨	Lasa	100.0	100.9	102.1	105.5	102.9	99.3	104.9
西安	Xi'an	100.0	99.7	101.5	100.5	101.8	100.2	103.3
兰州	Lanzhou	100.3	98.9	101.2	102.6	102.4	100.8	104.1
西宁	Xining	100.0	100.1	101.4	102.4	104.3	100.0	101.7
银川	Yinchuan	100.6	100.4	101.5	102.3	101.4	102.3	102.4
乌鲁木齐	Urumqi	105.6	99.8	102.3	103.8	101.2	100.2	104.4

3-63 36个大中城市居民消费价格分类指数(累计比)
Consumer Price Indices by Category for 36 Major Large and Medium-sized Cities (2023年1-3月)

(上年同期=100) (same period of preceding year=100)

城市	City	居民消费价格指数 Consumer Price Index	食品烟酒 Food, Tobacco and Alcohol	粮食 Grain	鲜菜 Fresh Vegetables	畜肉类 Meat of Livestock	水产品 Aquatic Products	蛋类 Eggs	鲜果 Fresh Fruits
平均指数	**Average Index**	**101.4**	**103.0**	**102.4**	**97.9**	**104.0**	**101.0**	**107.4**	**111.2**
北京	Beijing	101.3	103.1	99.8	93.7	102.7	104.7	105.3	113.9
天津	Tianjin	101.1	102.3	102.0	94.4	102.1	102.8	106.2	111.3
石家庄	Shijiazhuang	101.6	103.1	105.8	90.6	104.6	98.0	108.6	110.8
太原	Taiyuan	100.8	102.6	103.5	95.2	106.5	101.4	113.0	103.7
呼和浩特	Hohhot	101.2	102.4	104.2	91.9	99.7	100.3	105.9	113.8
沈阳	Shenyang	101.2	102.0	99.5	91.8	103.8	99.5	103.9	110.5
大连	Dalian	101.7	104.8	101.2	98.4	106.0	103.1	118.6	120.7
长春	Changchun	100.6	100.8	99.3	88.8	99.2	100.8	101.8	105.5
哈尔滨	Harbin	101.3	102.5	101.8	92.2	103.4	105.4	104.4	112.5
上海	Shanghai	101.6	102.6	102.0	101.5	102.6	99.3	110.0	108.5
南京	Nanjing	101.7	104.4	100.7	111.2	108.5	99.7	112.2	112.0
杭州	Hangzhou	100.9	103.8	101.9	104.5	107.9	102.8	107.1	110.1
宁波	Ningbo	101.8	104.2	102.1	101.7	104.3	103.1	104.3	116.3
合肥	Hefei	100.8	103.2	100.3	93.4	102.2	97.1	110.0	114.8
福州	Fuzhou	101.3	104.8	102.0	105.5	108.7	104.0	111.7	118.6
厦门	Xiamen	101.3	103.2	102.3	102.3	107.1	100.5	106.6	116.8
南昌	Nanchang	101.8	103.1	104.2	100.5	103.0	99.7	110.4	116.0
济南	Jinan	101.5	103.4	104.2	92.5	109.2	104.1	112.7	111.4
青岛	Qingdao	101.5	102.8	104.0	96.1	105.0	104.2	106.9	110.9
郑州	Zhengzhou	100.7	102.9	104.9	93.0	102.5	99.1	102.8	113.2
武汉	Wuhan	101.6	102.8	100.6	98.4	101.7	96.2	107.3	111.3
长沙	Changsha	101.3	102.0	102.4	97.3	104.8	97.5	105.2	104.8
广州	Guangzhou	102.0	103.8	102.6	97.8	107.2	100.7	106.7	118.3
深圳	Shenzhen	101.5	103.3	104.5	101.6	104.3	100.0	105.3	111.6
南宁	Nanning	100.9	102.2	99.9	92.1	104.8	101.7	106.3	107.7
海口	Haikou	101.2	104.2	100.6	104.6	102.2	110.8	111.4	108.6
重庆	Chongqing	101.0	102.7	103.6	97.0	103.5	99.4	106.7	103.0
成都	Chengdu	101.2	101.9	103.6	95.1	102.8	100.6	107.9	98.4
贵阳	Guiyang	101.1	102.7	101.2	103.9	104.1	101.7	109.4	109.4
昆明	Kunming	101.8	102.5	102.2	96.4	106.7	97.5	107.4	102.6
拉萨	Lasa	102.0	102.4	100.1	95.7	100.6	107.5	151.8	110.1
西安	Xi'an	100.5	101.0	103.8	90.9	98.5	93.6	105.5	106.9
兰州	Lanzhou	102.0	105.2	107.3	99.1	106.2	97.0	109.8	122.8
西宁	Xining	101.5	102.5	105.0	97.7	100.9	99.0	111.8	107.5
银川	Yinchuan	101.6	102.8	102.7	96.9	101.4	101.4	109.6	116.7
乌鲁木齐	Urumqi	102.4	104.0	104.6	98.7	100.6	101.7	106.9	126.5

3-63 续表 continued

(上年同期=100) (same period of preceding year=100)

城 市	City	衣着 Clothing	居住 Residence	生活用品及服务 Articles for Daily Use and Services	交通通信 Transport and Communications	教育文化娱乐 Education, Culture and Recreation	医疗保健 Health Care	其他用品及服务 Other Articles and Services
平均指数	**Average Index**	**100.9**	**100.0**	**101.5**	**100.3**	**102.2**	**100.5**	**102.7**
北 京	Beijing	99.8	100.5	102.9	100.7	100.8	100.5	102.4
天 津	Tianjin	101.2	100.3	101.0	99.2	102.8	100.4	101.8
石家庄	Shijiazhuang	103.3	100.3	101.4	99.0	102.6	100.4	103.5
太 原	Taiyuan	99.7	99.0	101.2	101.3	100.1	101.3	100.8
呼和浩特	Hohhot	102.8	99.6	102.3	99.0	102.4	100.4	102.7
沈 阳	Shenyang	100.5	100.6	101.1	101.3	100.9	100.1	101.9
大 连	Dalian	100.8	99.3	102.2	100.6	101.7	99.9	102.1
长 春	Changchun	101.8	99.5	101.7	99.6	101.8	100.1	103.0
哈尔滨	Harbin	102.0	99.4	101.3	101.9	101.5	99.7	102.4
上 海	Shanghai	100.6	100.4	101.4	100.8	103.8	101.0	102.9
南 京	Nanjing	101.9	99.9	102.2	99.4	101.6	101.8	105.1
杭 州	Hangzhou	97.9	98.7	101.9	99.9	101.5	101.0	102.2
宁 波	Ningbo	102.1	99.7	100.9	100.6	102.9	100.9	102.8
合 肥	Hefei	100.8	99.0	101.5	98.1	101.4	100.0	103.4
福 州	Fuzhou	101.2	99.2	101.1	98.2	101.0	100.4	103.2
厦 门	Xiamen	99.1	100.8	100.5	98.1	102.8	100.9	102.4
南 昌	Nanchang	105.0	100.7	100.7	100.4	101.2	100.4	104.8
济 南	Jinan	102.2	100.3	101.6	100.0	101.8	100.3	102.0
青 岛	Qingdao	100.6	100.6	101.0	100.5	102.7	100.3	102.6
郑 州	Zhengzhou	99.9	98.2	101.6	100.0	101.0	100.7	102.7
武 汉	Wuhan	101.2	100.8	102.0	100.4	102.2	100.3	103.4
长 沙	Changsha	101.4	101.1	101.1	100.6	101.1	100.4	102.6
广 州	Guangzhou	102.3	99.9	100.2	100.8	104.5	100.4	102.5
深 圳	Shenzhen	103.4	99.8	100.9	99.9	102.8	100.0	103.8
南 宁	Nanning	104.5	99.3	100.3	99.8	101.3	100.1	102.3
海 口	Haikou	99.7	96.9	102.3	100.7	103.2	99.0	101.9
重 庆	Chongqing	100.6	98.9	101.4	100.9	101.4	99.7	101.9
成 都	Chengdu	99.3	100.2	102.2	101.1	102.3	100.7	102.1
贵 阳	Guiyang	101.5	100.4	100.8	99.5	100.9	99.8	102.3
昆 明	Kunming	101.4	100.4	102.5	102.1	103.2	101.0	102.3
拉 萨	Lasa	100.0	100.9	101.5	104.8	102.9	99.5	104.1
西 安	Xi'an	100.2	99.8	101.2	99.2	101.3	100.1	103.2
兰 州	Lanzhou	100.1	98.9	100.9	102.0	102.4	100.8	103.2
西 宁	Xining	100.2	100.1	101.2	101.7	104.1	100.1	101.8
银 川	Yinchuan	100.4	100.3	101.1	101.4	101.4	102.3	102.4
乌鲁木齐	Urumqi	105.8	99.8	101.7	103.1	101.1	100.2	104.5

3-64 36个大中城市居民消费价格分类指数(累计比)
Consumer Price Indices by Category for 36 Major Large and Medium-sized Cities
(2023年1-4月)

(上年同期=100) (same period of preceding year=100)

城市	City	居民消费价格指数 Consumer Price Index	食品烟酒 Food, Tobacco and Alcohol	粮食 Grain	鲜菜 Fresh Vegetables	畜肉类 Meat of Livestock	水产品 Aquatic Products	蛋类 Eggs	鲜果 Fresh Fruits
平均指数	**Average Index**	**101.0**	**102.2**	**101.9**	**94.5**	**103.0**	**100.4**	**104.8**	**108.7**
北京	Beijing	101.0	102.4	99.5	90.4	101.9	104.1	104.5	111.7
天津	Tianjin	100.9	101.9	101.3	92.6	101.9	102.7	104.6	109.1
石家庄	Shijiazhuang	101.5	102.8	105.8	89.2	103.9	97.0	106.4	109.7
太原	Taiyuan	100.4	101.6	102.9	88.5	106.0	100.7	109.2	104.2
呼和浩特	Hohhot	101.0	102.1	104.0	91.5	99.9	100.1	104.9	111.0
沈阳	Shenyang	100.7	100.9	99.6	87.6	103.0	99.1	102.8	105.8
大连	Dalian	101.5	104.4	101.0	96.0	105.7	103.4	114.5	119.6
长春	Changchun	100.2	99.5	99.1	83.8	98.2	100.3	99.2	101.9
哈尔滨	Harbin	100.9	101.6	101.5	88.1	103.1	105.0	103.1	109.4
上海	Shanghai	100.9	99.9	99.6	91.8	97.9	96.6	97.3	100.3
南京	Nanjing	101.4	103.6	100.9	105.9	107.1	100.4	110.5	109.2
杭州	Hangzhou	100.5	102.6	102.2	97.6	107.2	101.7	106.1	106.8
宁波	Ningbo	101.4	103.4	101.9	96.7	103.6	103.1	103.8	113.3
合肥	Hefei	100.5	102.4	101.4	88.1	101.4	97.8	108.0	111.3
福州	Fuzhou	101.0	104.0	101.5	101.1	107.6	103.9	109.5	115.6
厦门	Xiamen	101.1	102.8	101.7	99.0	107.2	100.3	104.5	115.3
南昌	Nanchang	101.4	102.2	104.0	96.4	101.7	97.7	109.3	113.4
济南	Jinan	101.3	102.9	103.2	90.7	108.4	103.9	110.9	109.0
青岛	Qingdao	101.3	102.5	103.8	95.2	104.8	104.1	106.0	110.1
郑州	Zhengzhou	100.5	102.5	104.5	92.4	102.4	98.9	100.6	111.9
武汉	Wuhan	101.4	102.4	100.2	97.2	100.9	96.1	107.4	111.3
长沙	Changsha	101.1	101.7	102.0	96.1	104.7	96.8	104.3	104.9
广州	Guangzhou	101.7	103.4	101.6	96.5	106.3	100.9	104.8	117.0
深圳	Shenzhen	101.3	103.1	104.3	100.4	104.2	100.4	105.0	109.9
南宁	Nanning	100.8	101.8	99.3	90.7	104.9	101.7	105.1	105.1
海口	Haikou	101.0	103.9	100.5	103.7	101.2	110.0	111.6	108.9
重庆	Chongqing	100.7	102.2	103.7	95.1	103.0	98.4	104.3	102.6
成都	Chengdu	100.9	101.7	103.8	93.9	102.1	99.8	106.1	99.5
贵阳	Guiyang	100.9	102.4	101.6	102.4	103.8	100.8	109.0	109.7
昆明	Kunming	101.6	102.2	102.0	94.9	106.6	97.3	106.3	102.0
拉萨	Lasa	101.6	102.0	100.1	93.8	100.4	105.9	150.2	109.6
西安	Xi'an	100.4	100.9	103.5	89.8	99.4	92.7	103.6	107.2
兰州	Lanzhou	101.7	104.5	106.9	96.7	105.3	96.4	108.5	121.6
西宁	Xining	101.2	101.6	104.6	92.1	100.3	97.6	108.8	106.4
银川	Yinchuan	101.4	102.5	101.8	95.2	101.5	100.4	108.9	116.3
乌鲁木齐	Urumqi	102.2	103.9	105.1	98.1	100.5	101.1	105.6	125.0

3-64 续表 continued

(上年同期=100) (same period of preceding year=100)

城市	City	衣着 Clothing	居住 Residence	生活用品及服务 Articles for Daily Use and Services	交通通信 Transport and Communications	教育文化娱乐 Education, Culture and Recreation	医疗保健 Health Care	其他用品及服务 Other Articles and Services
平均指数	**Average Index**	**101.0**	**100.0**	**101.2**	**99.5**	**102.3**	**100.5**	**103.0**
北京	Beijing	100.2	100.5	102.3	99.9	100.8	100.4	102.9
天津	Tianjin	101.3	100.4	100.8	98.1	103.0	100.4	102.3
石家庄	Shijiazhuang	103.5	100.4	101.3	98.5	102.5	100.5	103.6
太原	Taiyuan	99.4	98.9	101.2	100.2	100.0	101.4	100.7
呼和浩特	Hohhot	102.9	99.8	102.0	97.8	102.5	100.4	103.1
沈阳	Shenyang	100.7	100.8	101.1	100.2	100.9	100.1	102.0
大连	Dalian	100.7	99.4	101.9	99.8	101.5	99.9	102.6
长春	Changchun	101.2	99.7	101.4	99.0	101.8	100.2	102.9
哈尔滨	Harbin	102.3	99.4	101.2	100.7	101.5	99.7	102.6
上海	Shanghai	100.9	100.4	101.2	100.6	104.2	101.0	103.2
南京	Nanjing	102.2	99.9	101.9	98.6	101.7	101.7	105.4
杭州	Hangzhou	98.4	98.7	101.7	99.4	101.5	101.0	102.6
宁波	Ningbo	102.2	99.7	100.9	99.6	102.8	100.9	103.1
合肥	Hefei	101.1	99.2	101.0	97.3	101.5	100.0	103.4
福州	Fuzhou	101.3	99.4	101.0	97.4	101.1	100.4	103.5
厦门	Xiamen	98.8	100.9	100.3	97.4	103.0	100.9	102.8
南昌	Nanchang	104.4	100.7	100.4	99.5	101.3	100.4	104.7
济南	Jinan	102.1	100.3	101.2	99.2	102.0	100.3	102.3
青岛	Qingdao	100.7	100.6	100.7	99.6	103.0	100.2	103.1
郑州	Zhengzhou	99.7	98.3	101.4	99.2	101.1	100.7	102.8
武汉	Wuhan	101.5	100.8	101.8	99.4	102.3	100.3	103.6
长沙	Changsha	101.3	101.2	100.9	99.7	101.5	100.4	102.6
广州	Guangzhou	102.3	99.9	100.1	99.9	104.7	100.4	103.2
深圳	Shenzhen	103.8	99.8	100.7	99.0	102.8	100.1	103.9
南宁	Nanning	104.5	99.4	100.0	98.9	101.5	100.2	102.8
海口	Haikou	99.4	97.0	102.1	99.8	102.8	98.7	102.1
重庆	Chongqing	100.4	99.0	101.1	100.0	101.4	99.7	102.2
成都	Chengdu	99.2	100.0	102.0	100.4	101.9	100.7	103.1
贵阳	Guiyang	102.1	100.3	100.5	98.7	100.8	99.8	102.5
昆明	Kunming	101.4	100.4	102.2	100.9	103.4	100.9	102.8
拉萨	Lasa	100.0	100.9	101.1	102.9	102.8	99.6	104.3
西安	Xi'an	100.3	99.9	100.8	98.4	101.1	100.1	103.9
兰州	Lanzhou	100.0	98.9	100.9	101.5	102.3	100.8	103.5
西宁	Xining	100.1	100.2	100.9	101.1	103.8	100.1	102.3
银川	Yinchuan	100.3	100.3	100.8	100.6	101.7	101.8	103.0
乌鲁木齐	Urumqi	105.5	99.8	101.0	102.6	101.2	100.2	104.9

3-65 36个大中城市居民消费价格分类指数(累计比)
Consumer Price Indices by Category for 36 Major Large and Medium-sized Cities (2023年1-5月)

(上年同期=100) (same period of preceding year=100)

城市	City	居民消费价格指数 Consumer Price Index	食品烟酒 Food, Tobacco and Alcohol	粮食 Grain	鲜菜 Fresh Vegetables	畜肉类 Meat of Livestock	水产品 Aquatic Products	蛋类 Eggs	鲜果 Fresh Fruits
平均指数	**Average Index**	**100.9**	**101.8**	**101.4**	**94.4**	**101.8**	**100.0**	**102.8**	**106.9**
北京	Beijing	100.9	101.9	99.3	90.1	100.9	103.5	103.2	109.0
天津	Tianjin	100.7	101.6	100.5	93.2	101.0	102.9	102.7	107.5
石家庄	Shijiazhuang	101.4	102.7	105.1	90.8	102.7	96.8	104.6	109.0
太原	Taiyuan	100.3	101.4	102.1	88.7	105.2	100.3	106.9	103.3
呼和浩特	Hohhot	101.0	102.0	103.3	93.5	100.0	100.9	103.5	109.1
沈阳	Shenyang	100.7	101.1	99.9	88.4	101.9	99.2	102.3	106.3
大连	Dalian	101.3	104.1	100.9	96.8	104.9	104.1	110.3	116.8
长春	Changchun	100.0	99.2	98.4	84.7	96.5	100.2	98.4	100.8
哈尔滨	Harbin	100.7	101.4	101.3	87.9	102.3	105.3	102.2	107.7
上海	Shanghai	100.4	98.2	98.3	88.1	94.5	94.3	90.8	94.8
南京	Nanjing	101.3	103.4	100.8	105.2	105.8	101.0	108.7	107.6
杭州	Hangzhou	100.4	102.2	102.1	97.0	105.9	101.7	105.7	105.6
宁波	Ningbo	101.2	103.0	101.8	95.3	102.5	103.9	103.2	111.3
合肥	Hefei	100.4	102.2	102.0	89.6	100.6	98.0	105.8	108.3
福州	Fuzhou	100.8	103.5	101.8	100.1	106.3	103.6	107.6	112.1
厦门	Xiamen	101.0	102.7	101.3	98.5	106.3	100.6	103.6	114.4
南昌	Nanchang	101.1	101.8	103.4	97.2	100.7	96.5	108.5	110.8
济南	Jinan	101.1	102.6	103.0	91.9	107.1	103.2	109.2	106.7
青岛	Qingdao	101.2	102.4	103.5	96.7	104.1	104.2	104.4	108.5
郑州	Zhengzhou	100.3	102.1	103.9	92.9	101.8	99.1	97.9	110.4
武汉	Wuhan	101.1	102.2	100.2	97.2	100.3	96.4	107.3	110.5
长沙	Changsha	101.0	101.7	101.6	97.1	103.9	96.3	103.4	105.2
广州	Guangzhou	101.5	103.1	100.8	96.9	105.0	101.4	103.7	115.2
深圳	Shenzhen	101.2	103.1	103.8	100.7	103.5	101.0	104.5	109.2
南宁	Nanning	100.6	101.6	99.4	92.3	104.3	101.2	104.0	103.6
海口	Haikou	100.8	103.9	100.7	104.2	100.8	109.5	111.4	108.6
重庆	Chongqing	100.6	101.8	102.8	95.5	102.2	98.0	102.0	101.9
成都	Chengdu	100.8	101.6	103.3	94.8	101.2	99.4	104.7	100.5
贵阳	Guiyang	100.8	102.3	101.8	104.1	103.0	100.5	108.4	108.9
昆明	Kunming	101.4	102.2	101.9	95.9	105.9	97.4	105.0	102.5
拉萨	Lasa	101.4	101.7	100.2	92.6	99.9	104.4	146.9	108.8
西安	Xi'an	100.3	101.1	103.0	92.1	99.2	92.5	101.7	108.5
兰州	Lanzhou	101.6	104.2	106.6	97.9	104.2	95.9	106.5	119.6
西宁	Xining	101.0	101.4	104.2	93.0	99.0	96.8	105.5	105.5
银川	Yinchuan	101.3	102.4	101.1	97.1	101.1	100.2	107.8	114.2
乌鲁木齐	Urumqi	102.0	103.9	105.3	99.9	100.3	100.6	104.1	123.5

3-65 续表 continued

(上年同期=100) (same period of preceding year=100)

城 市	City	衣着 Clothing	居住 Residence	生活用品及服务 Articles for Daily Use and Services	交通通信 Transport and Communications	教育文化娱乐 Education, Culture and Recreation	医疗保健 Health Care	其他用品及服务 Other Articles and Services
平均指数	**Average Index**	**101.1**	**100.0**	**101.0**	**98.9**	**102.3**	**100.5**	**103.2**
北 京	Beijing	100.4	100.5	101.9	99.3	101.0	100.3	103.2
天 津	Tianjin	101.2	100.4	100.7	97.3	102.9	100.3	102.6
石家庄	Shijiazhuang	103.6	100.4	101.3	98.1	102.3	100.6	103.7
太 原	Taiyuan	99.3	99.0	101.0	99.7	100.0	101.4	101.2
呼和浩特	Hohhot	103.2	100.0	101.8	97.3	102.5	101.0	103.4
沈 阳	Shenyang	100.9	101.0	101.1	99.3	100.8	100.1	102.0
大 连	Dalian	100.6	99.5	101.7	99.0	101.5	99.9	102.7
长 春	Changchun	101.0	99.8	101.2	98.5	101.4	100.2	103.1
哈尔滨	Harbin	102.0	99.4	101.2	99.6	101.4	100.4	102.7
上 海	Shanghai	101.1	100.4	101.1	100.3	104.0	101.0	103.7
南 京	Nanjing	102.2	99.9	101.7	98.0	101.9	101.6	105.3
杭 州	Hangzhou	98.9	98.7	101.5	99.0	101.5	101.1	102.7
宁 波	Ningbo	102.4	99.7	100.8	99.0	102.8	100.8	103.4
合 肥	Hefei	101.4	99.3	100.6	96.8	101.6	100.0	103.2
福 州	Fuzhou	101.5	99.6	100.8	96.8	101.1	100.4	103.7
厦 门	Xiamen	98.8	100.8	100.1	97.0	103.1	100.9	103.0
南 昌	Nanchang	104.5	100.7	100.3	98.8	101.4	100.3	104.7
济 南	Jinan	102.1	100.3	100.8	98.7	102.1	100.4	102.7
青 岛	Qingdao	100.8	100.6	100.6	98.9	103.0	100.2	103.6
郑 州	Zhengzhou	99.7	98.4	101.2	98.6	101.3	100.7	102.8
武 汉	Wuhan	101.2	100.6	101.5	98.8	102.2	100.3	103.4
长 沙	Changsha	101.2	101.3	100.7	99.1	101.6	100.4	102.6
广 州	Guangzhou	102.0	99.7	100.0	99.3	104.7	100.4	103.3
深 圳	Shenzhen	103.9	99.8	100.6	98.3	102.6	100.1	103.8
南 宁	Nanning	104.5	99.4	99.8	97.9	101.6	100.3	102.8
海 口	Haikou	99.3	97.1	101.5	99.1	102.7	98.4	101.9
重 庆	Chongqing	100.3	99.3	100.6	99.4	101.5	99.8	102.3
成 都	Chengdu	99.0	100.0	101.8	99.7	102.0	100.6	103.4
贵 阳	Guiyang	102.8	100.3	100.4	98.1	100.7	99.9	102.5
昆 明	Kunming	101.3	100.4	102.0	100.1	103.4	100.8	102.9
拉 萨	Lasa	99.9	100.9	100.9	102.1	102.7	99.6	104.4
西 安	Xi'an	100.3	100.0	100.5	97.8	101.0	100.1	104.3
兰 州	Lanzhou	100.1	98.9	100.7	101.0	102.2	100.8	103.8
西 宁	Xining	100.2	100.2	100.6	100.6	103.4	100.1	102.8
银 川	Yinchuan	100.4	100.3	100.6	100.2	101.8	101.6	103.6
乌鲁木齐	Urumqi	105.0	99.6	100.4	101.8	101.1	100.2	105.1

3-66 36个大中城市居民消费价格分类指数(累计比)
Consumer Price Indices by Category for 36 Major Large and Medium-sized Cities
(2023年1-6月)

(上年同期=100) (same period of preceding year=100)

城市	City	居民消费价格指数 Consumer Price Index	食品烟酒 Food, Tobacco and Alcohol	粮食 Grain	鲜菜 Fresh Vegetables	畜肉类 Meat of Livestock	水产品 Aquatic Products	蛋类 Eggs	鲜果 Fresh Fruits
平均指数	**Average Index**	**100.7**	**101.8**	**101.2**	**96.4**	**101.0**	**100.0**	**102.4**	**106.5**
北京	Beijing	100.7	101.8	99.2	92.3	100.0	103.0	102.4	108.1
天津	Tianjin	100.5	101.6	100.2	95.8	100.2	102.8	102.3	106.6
石家庄	Shijiazhuang	101.3	102.8	104.5	94.7	101.2	96.6	103.8	108.3
太原	Taiyuan	100.1	101.5	101.9	91.8	104.2	100.1	105.7	103.5
呼和浩特	Hohhot	100.9	102.1	103.0	97.7	99.7	101.8	103.0	108.1
沈阳	Shenyang	100.6	101.2	100.0	89.9	100.6	99.0	102.2	107.2
大连	Dalian	101.0	103.7	100.9	97.6	104.0	103.6	108.5	115.5
长春	Changchun	99.9	99.5	98.0	87.4	95.5	100.8	98.7	101.9
哈尔滨	Harbin	100.6	101.4	101.3	89.8	101.2	105.4	101.9	107.7
上海	Shanghai	100.4	98.5	98.5	90.7	94.3	94.8	91.8	95.1
南京	Nanjing	101.1	103.3	100.9	106.3	104.6	101.1	107.9	107.4
杭州	Hangzhou	100.3	102.1	101.8	98.6	104.8	101.1	105.4	105.2
宁波	Ningbo	101.0	102.9	102.0	96.9	101.4	103.7	102.5	110.1
合肥	Hefei	100.3	102.2	102.6	92.9	99.6	97.9	104.6	107.6
福州	Fuzhou	100.6	103.3	102.0	101.0	105.2	103.4	106.6	109.8
厦门	Xiamen	100.8	102.5	101.2	99.4	105.3	100.7	103.4	112.7
南昌	Nanchang	100.9	101.6	103.3	99.2	99.7	96.0	108.0	108.7
济南	Jinan	101.0	102.7	102.7	96.3	105.8	103.1	107.9	104.4
青岛	Qingdao	101.0	102.4	103.2	99.4	103.3	104.2	103.9	107.4
郑州	Zhengzhou	100.2	102.0	103.4	95.7	100.9	99.6	96.5	110.0
武汉	Wuhan	100.9	102.0	100.2	97.8	99.6	96.5	107.3	109.8
长沙	Changsha	100.9	101.6	101.3	98.2	102.9	95.9	102.9	105.6
广州	Guangzhou	101.2	102.8	100.0	96.9	103.9	101.6	103.6	113.6
深圳	Shenzhen	101.0	103.0	103.8	100.8	102.8	101.4	104.3	108.7
南宁	Nanning	100.3	101.4	99.3	94.2	103.4	100.5	103.4	103.8
海口	Haikou	100.5	103.7	100.4	105.0	100.4	109.1	110.5	108.1
重庆	Chongqing	100.4	101.7	102.1	97.4	101.4	97.7	101.0	102.9
成都	Chengdu	100.6	101.7	102.7	97.5	100.2	99.1	104.0	101.5
贵阳	Guiyang	100.6	102.3	101.9	105.9	102.2	100.4	108.2	108.4
昆明	Kunming	101.2	102.4	101.7	98.2	104.9	97.8	104.0	103.7
拉萨	Lasa	101.2	101.6	100.2	93.4	99.6	103.5	144.2	108.0
西安	Xi'an	100.3	101.4	102.3	96.0	99.0	93.0	101.2	109.6
兰州	Lanzhou	101.4	103.9	106.2	99.8	102.8	95.8	105.3	117.5
西宁	Xining	100.8	101.4	103.6	96.0	97.7	96.2	104.3	105.7
银川	Yinchuan	101.1	102.5	101.1	100.0	100.5	100.0	107.5	113.5
乌鲁木齐	Urumqi	101.7	103.8	105.5	101.9	99.7	100.3	103.5	122.4

3-66 续表 continued

(上年同期=100) (same period of preceding year=100)

城市	City	衣着 Clothing	居住 Residence	生活用品及服务 Articles for Daily Use and Services	交通通信 Transport and Communications	教育文化娱乐 Education, Culture and Recreation	医疗保健 Health Care	其他用品及服务 Other Articles and Services
平均指数	**Average Index**	**101.1**	**100.0**	**100.8**	**98.0**	**102.2**	**100.5**	**103.2**
北京	Beijing	100.5	100.6	101.5	98.2	101.1	100.3	103.4
天津	Tianjin	101.2	100.4	100.5	96.4	102.8	100.3	102.8
石家庄	Shijiazhuang	103.5	100.5	101.3	97.5	102.0	100.7	103.6
太原	Taiyuan	99.2	99.0	101.0	98.7	99.8	101.2	101.3
呼和浩特	Hohhot	103.4	100.1	101.6	96.3	102.4	101.4	103.5
沈阳	Shenyang	101.0	101.1	101.0	98.2	100.8	100.1	102.1
大连	Dalian	100.6	99.7	101.4	97.9	101.1	99.9	102.7
长春	Changchun	100.9	99.8	101.1	97.6	101.0	100.2	103.3
哈尔滨	Harbin	102.1	99.4	101.1	98.1	101.3	100.9	102.6
上海	Shanghai	101.1	100.3	100.8	99.4	103.9	100.9	103.8
南京	Nanjing	102.0	99.9	101.4	97.3	101.9	101.6	104.9
杭州	Hangzhou	99.3	98.8	101.4	98.2	101.4	101.1	102.7
宁波	Ningbo	102.5	99.6	100.7	98.1	102.6	100.8	103.4
合肥	Hefei	101.6	99.4	100.4	96.0	101.4	100.1	102.9
福州	Fuzhou	101.6	99.7	100.7	96.0	101.0	100.4	103.5
厦门	Xiamen	98.8	100.8	100.0	96.2	103.1	100.9	103.0
南昌	Nanchang	104.4	100.7	100.2	97.8	101.5	100.3	104.6
济南	Jinan	102.0	100.3	100.5	98.0	102.1	100.4	102.8
青岛	Qingdao	100.7	100.6	100.5	97.9	103.0	100.2	103.9
郑州	Zhengzhou	99.7	98.4	101.1	97.7	101.2	100.6	102.8
武汉	Wuhan	100.7	100.5	101.1	97.9	102.2	100.4	103.2
长沙	Changsha	101.1	101.3	100.5	98.2	101.7	100.3	102.5
广州	Guangzhou	102.1	99.6	99.8	98.3	104.3	100.5	103.2
深圳	Shenzhen	103.7	99.8	100.4	97.4	102.5	100.1	103.7
南宁	Nanning	104.4	99.3	99.7	96.8	101.5	100.4	102.8
海口	Haikou	99.2	97.3	101.1	98.2	102.3	98.3	101.7
重庆	Chongqing	100.3	99.5	100.3	98.5	101.4	99.8	102.2
成都	Chengdu	98.9	100.1	101.5	98.6	101.9	100.7	103.4
贵阳	Guiyang	103.4	100.3	100.4	97.2	100.5	99.9	102.3
昆明	Kunming	101.3	100.3	101.8	98.8	103.3	100.7	102.9
拉萨	Lasa	99.9	100.9	100.6	101.3	102.6	99.6	104.5
西安	Xi'an	100.2	100.1	100.2	97.1	100.8	100.1	104.2
兰州	Lanzhou	100.3	98.9	100.5	100.2	102.2	100.8	103.9
西宁	Xining	100.2	100.2	100.5	99.9	103.1	100.2	102.8
银川	Yinchuan	100.4	100.3	100.4	99.2	101.7	101.4	103.8
乌鲁木齐	Urumqi	104.5	99.5	99.9	100.9	101.1	100.2	105.3

3-67 36个大中城市居民消费价格分类指数(累计比)
Consumer Price Indices by Category for 36 Major Large and Medium-sized Cities
(2023年1-7月)

(上年同期=100) (same period of preceding year=100)

城市	City	居民消费价格指数 Consumer Price Index	食品烟酒 Food, Tobacco and Alcohol	粮食 Grain	鲜菜 Fresh Vegetables	畜肉类 Meat of Livestock	水产品 Aquatic Products	蛋类 Eggs	鲜果 Fresh Fruits
平均指数	**Average Index**	**100.6**	**101.5**	**101.0**	**96.4**	**98.8**	**100.0**	**102.0**	**106.1**
北京	Beijing	100.7	101.5	99.1	92.4	98.3	102.5	102.2	107.7
天津	Tianjin	100.4	101.3	100.0	96.1	98.1	102.8	102.0	106.1
石家庄	Shijiazhuang	101.2	102.3	104.0	95.1	98.5	96.7	103.1	107.8
太原	Taiyuan	99.9	101.0	101.3	92.0	102.1	99.7	104.1	103.3
呼和浩特	Hohhot	100.8	101.8	102.7	99.2	98.2	102.3	102.6	107.3
沈阳	Shenyang	100.5	100.8	100.2	89.5	98.2	98.9	101.9	107.2
大连	Dalian	100.8	103.1	100.8	96.8	101.2	103.4	106.6	114.2
长春	Changchun	99.8	99.3	98.0	88.1	93.3	101.4	98.5	102.6
哈尔滨	Harbin	100.5	101.1	101.3	90.5	98.6	104.8	101.7	107.3
上海	Shanghai	100.4	98.7	98.3	92.1	93.4	95.2	92.6	95.8
南京	Nanjing	100.9	102.8	100.7	105.3	101.8	101.0	106.8	106.5
杭州	Hangzhou	100.2	101.7	101.7	98.8	102.0	100.6	104.9	104.6
宁波	Ningbo	100.8	102.5	102.1	96.9	98.8	103.4	102.1	108.8
合肥	Hefei	100.1	101.7	102.5	92.5	97.0	97.8	103.5	106.9
福州	Fuzhou	100.5	102.8	102.1	100.4	102.7	103.4	105.7	108.2
厦门	Xiamen	100.6	102.1	101.2	99.2	102.6	100.8	103.3	111.3
南昌	Nanchang	100.8	101.2	103.1	98.7	97.3	95.8	107.3	108.2
济南	Jinan	100.9	102.3	102.4	96.7	102.7	103.1	106.6	103.0
青岛	Qingdao	100.9	101.9	102.7	98.8	100.8	104.1	103.2	106.6
郑州	Zhengzhou	100.0	101.4	103.1	96.1	98.2	100.0	95.3	109.6
武汉	Wuhan	100.7	101.6	100.1	97.7	97.6	96.5	107.3	108.7
长沙	Changsha	100.7	101.2	101.1	98.0	100.2	95.6	102.9	105.6
广州	Guangzhou	101.1	102.6	99.5	96.2	101.9	101.6	103.5	111.6
深圳	Shenzhen	100.9	102.8	103.6	100.4	101.0	101.6	104.1	108.3
南宁	Nanning	100.1	101.0	99.2	94.6	101.0	100.2	102.9	103.0
海口	Haikou	100.4	103.4	100.2	104.3	99.6	108.6	110.2	107.1
重庆	Chongqing	100.3	101.1	101.9	96.5	98.6	97.3	100.4	103.1
成都	Chengdu	100.5	101.3	102.2	97.8	97.6	98.8	103.4	102.0
贵阳	Guiyang	100.5	102.0	101.9	106.1	100.2	100.4	108.2	108.1
昆明	Kunming	101.1	102.3	101.6	99.2	102.6	98.0	103.3	105.0
拉萨	Lasa	101.1	101.4	100.1	94.0	98.9	102.5	142.4	107.1
西安	Xi'an	100.2	101.1	101.8	96.2	96.9	93.1	100.2	109.1
兰州	Lanzhou	101.1	103.0	105.8	98.0	99.2	95.8	104.2	115.8
西宁	Xining	100.8	101.1	103.2	96.4	95.8	96.0	103.4	106.2
银川	Yinchuan	101.0	102.2	101.0	100.2	98.9	99.6	107.3	112.6
乌鲁木齐	Urumqi	101.6	103.6	105.5	103.3	98.0	99.8	102.7	121.7

3-67 续表 continued

(上年同期=100) (same period of preceding year=100)

城市	City	衣着 Clothing	居住 Residence	生活用品及服务 Articles for Daily Use and Services	交通通信 Transport and Communications	教育文化娱乐 Education, Culture and Recreation	医疗保健 Health Care	其他用品及服务 Other Articles and Services
平均指数	**Average Index**	**101.1**	**100.1**	**100.6**	**97.7**	**102.3**	**100.5**	**103.5**
北京	Beijing	100.6	100.5	101.3	97.9	101.4	100.3	103.9
天津	Tianjin	101.2	100.5	100.4	96.1	103.0	100.2	103.1
石家庄	Shijiazhuang	103.4	100.6	101.2	97.3	101.9	100.8	103.6
太原	Taiyuan	99.0	99.0	101.0	98.4	100.0	101.1	101.6
呼和浩特	Hohhot	103.1	100.3	101.5	96.1	102.5	101.6	103.9
沈阳	Shenyang	101.1	101.1	101.0	97.9	100.8	100.2	102.2
大连	Dalian	100.6	99.9	101.2	97.6	101.0	99.9	103.4
长春	Changchun	100.7	99.9	100.9	97.2	101.0	100.3	103.6
哈尔滨	Harbin	101.9	99.4	101.0	97.9	101.4	101.3	102.7
上海	Shanghai	101.2	100.3	100.7	99.1	104.0	100.8	104.1
南京	Nanjing	101.9	99.9	101.2	97.1	102.0	101.6	105.0
杭州	Hangzhou	99.7	98.9	101.2	97.7	101.4	101.2	102.8
宁波	Ningbo	102.3	99.6	100.5	97.6	102.6	100.8	103.7
合肥	Hefei	101.9	99.5	100.3	95.8	101.5	100.1	103.0
福州	Fuzhou	101.8	99.7	100.6	95.7	101.0	100.4	103.6
厦门	Xiamen	98.8	100.7	99.9	95.9	103.2	100.9	103.1
南昌	Nanchang	104.3	100.7	100.2	97.4	101.6	100.3	104.8
济南	Jinan	102.0	100.3	100.5	97.8	102.3	100.5	103.2
青岛	Qingdao	100.6	100.7	100.4	97.6	103.0	100.2	104.2
郑州	Zhengzhou	99.7	98.4	100.9	97.3	101.2	100.6	103.0
武汉	Wuhan	100.5	100.5	101.0	97.5	102.3	100.4	103.3
长沙	Changsha	101.1	101.3	100.5	97.8	101.8	100.3	102.7
广州	Guangzhou	102.1	99.5	99.7	97.9	104.4	100.5	103.4
深圳	Shenzhen	103.6	99.9	100.3	97.1	102.8	100.1	103.9
南宁	Nanning	104.2	99.3	99.6	96.3	101.7	100.4	102.7
海口	Haikou	99.0	97.4	101.1	97.9	102.1	98.3	101.7
重庆	Chongqing	100.3	99.7	100.1	98.3	101.6	99.9	102.3
成都	Chengdu	98.8	100.1	101.4	98.3	102.3	100.7	103.6
贵阳	Guiyang	104.1	100.3	100.2	96.9	100.2	99.9	102.6
昆明	Kunming	101.3	100.3	101.7	98.5	103.5	100.8	103.1
拉萨	Lasa	99.9	100.9	100.6	100.6	102.5	99.7	104.8
西安	Xi'an	100.3	100.2	100.1	96.8	100.8	100.2	104.5
兰州	Lanzhou	100.4	98.9	100.4	99.9	102.4	100.9	104.3
西宁	Xining	100.3	100.2	100.4	99.8	102.9	100.3	103.2
银川	Yinchuan	100.4	100.3	100.4	98.8	101.6	101.3	104.3
乌鲁木齐	Urumqi	104.1	99.4	99.6	100.5	101.3	100.2	105.5

3-68 36个大中城市居民消费价格分类指数(累计比)
Consumer Price Indices by Category for 36 Major Large and Medium-sized Cities (2023年1-8月)

(上年同期=100) (same period of preceding year=100)

城市	City	居民消费价格指数 Consumer Price Index	食品烟酒 Food, Tobacco and Alcohol	粮食 Grain	鲜菜 Fresh Vegetables	畜肉类 Meat of Livestock	水产品 Aquatic Products	蛋类 Eggs	鲜果 Fresh Fruits
平均指数	**Average Index**	**100.6**	**101.3**	**100.9**	**96.3**	**97.7**	**100.0**	**102.1**	**105.3**
北京	Beijing	100.6	101.3	99.3	93.4	97.5	102.2	102.3	106.6
天津	Tianjin	100.5	101.2	100.1	96.9	97.1	102.8	102.5	105.8
石家庄	Shijiazhuang	101.1	101.9	103.6	94.8	97.0	96.5	102.9	107.0
太原	Taiyuan	99.9	100.7	101.3	92.1	100.6	99.1	104.2	102.5
呼和浩特	Hohhot	100.8	101.6	102.4	100.2	97.3	102.8	102.7	106.3
沈阳	Shenyang	100.5	100.6	100.3	89.6	97.3	99.0	102.1	106.0
大连	Dalian	100.8	102.6	100.9	95.9	100.0	103.8	105.9	112.4
长春	Changchun	99.8	99.4	98.4	88.6	92.9	101.4	98.6	103.1
哈尔滨	Harbin	100.6	100.9	101.2	91.7	97.7	104.1	101.8	107.0
上海	Shanghai	100.4	98.8	98.2	92.6	93.3	95.7	93.7	95.8
南京	Nanjing	100.8	102.3	100.7	103.9	100.3	101.0	106.5	105.0
杭州	Hangzhou	100.1	101.2	101.8	98.3	100.2	100.2	104.8	103.7
宁波	Ningbo	100.7	102.1	102.1	96.5	97.5	103.3	101.8	107.5
合肥	Hefei	100.1	101.3	102.2	92.3	96.1	97.6	103.6	105.8
福州	Fuzhou	100.5	102.6	102.2	100.7	101.3	103.4	105.5	107.3
厦门	Xiamen	100.5	101.9	101.2	99.2	101.0	100.9	103.7	110.2
南昌	Nanchang	100.7	100.8	102.9	97.9	95.8	95.4	106.9	108.0
济南	Jinan	100.9	102.0	102.5	97.2	101.0	102.9	106.2	101.9
青岛	Qingdao	100.8	101.6	102.5	98.7	99.5	103.8	103.3	105.6
郑州	Zhengzhou	99.9	101.0	102.9	96.0	96.5	100.3	95.5	108.7
武汉	Wuhan	100.6	101.2	100.2	97.3	96.4	96.6	107.4	107.1
长沙	Changsha	100.7	100.9	101.0	97.5	98.8	95.4	103.1	105.4
广州	Guangzhou	101.0	102.5	99.1	96.1	100.6	101.6	103.6	109.7
深圳	Shenzhen	100.9	102.7	103.7	100.2	99.8	101.7	104.3	108.3
南宁	Nanning	100.0	100.7	99.2	94.8	99.5	100.1	102.8	102.0
海口	Haikou	100.3	103.1	100.6	103.6	98.7	108.4	110.3	106.3
重庆	Chongqing	100.2	100.5	102.0	95.1	96.9	96.9	100.2	102.6
成都	Chengdu	100.5	100.9	101.8	97.2	96.3	98.4	103.2	101.7
贵阳	Guiyang	100.4	101.7	101.8	105.6	99.0	100.1	108.0	107.6
昆明	Kunming	101.1	102.2	101.5	99.8	101.3	98.0	103.1	105.6
拉萨	Lasa	100.9	101.1	100.0	94.1	98.3	101.7	139.7	105.9
西安	Xi'an	100.2	100.8	101.5	96.1	96.0	93.0	100.6	107.5
兰州	Lanzhou	100.9	102.3	105.6	96.6	97.1	95.7	103.6	113.3
西宁	Xining	100.7	100.8	102.9	96.1	94.8	95.8	103.3	105.8
银川	Yinchuan	100.9	101.9	100.8	100.2	97.9	99.3	107.7	111.8
乌鲁木齐	Urumqi	101.3	103.0	104.7	102.4	96.7	98.8	103.1	119.6

3-68 续表 continued

(上年同期=100)　(same period of preceding year=100)

城　市	City	衣着 Clothing	居住 Residence	生活用品及服务 Articles for Daily Use and Services	交通通信 Transport and Communications	教育文化娱乐 Education, Culture and Recreation	医疗保健 Health Care	其他用品及服务 Other Articles and Services
平均指数	**Average Index**	**101.2**	**100.1**	**100.5**	**97.8**	**102.4**	**100.5**	**103.6**
北　京	Beijing	100.7	100.4	101.0	97.9	101.8	100.2	104.1
天　津	Tianjin	101.2	100.5	100.2	96.3	103.2	100.2	103.2
石家庄	Shijiazhuang	103.3	100.7	101.2	97.4	101.8	100.9	103.7
太　原	Taiyuan	99.0	99.0	100.9	98.3	100.2	101.1	101.8
呼和浩特	Hohhot	102.9	100.2	101.5	96.5	102.6	101.9	104.4
沈　阳	Shenyang	101.2	101.1	101.0	98.2	100.9	100.2	102.3
大　连	Dalian	100.6	100.0	101.1	97.9	101.0	99.9	103.9
长　春	Changchun	100.8	99.9	100.9	97.3	101.0	100.3	103.8
哈尔滨	Harbin	102.2	99.5	100.8	98.1	101.8	101.7	102.8
上　海	Shanghai	101.4	100.2	100.6	99.1	104.0	100.6	104.6
南　京	Nanjing	101.8	99.9	101.0	97.2	102.1	101.6	105.1
杭　州	Hangzhou	100.3	99.1	101.1	97.7	101.6	101.3	102.9
宁　波	Ningbo	102.0	99.7	100.3	97.6	102.6	100.7	103.8
合　肥	Hefei	102.0	99.6	100.2	96.1	101.6	100.1	103.0
福　州	Fuzhou	101.9	99.8	100.5	96.0	100.9	100.4	103.6
厦　门	Xiamen	98.9	100.6	99.8	96.0	103.2	100.9	103.1
南　昌	Nanchang	104.0	100.7	100.1	97.5	101.7	100.3	105.0
济　南	Jinan	101.9	100.3	100.4	97.9	102.4	100.6	103.3
青　岛	Qingdao	100.5	100.7	100.3	97.8	103.0	100.2	104.2
郑　州	Zhengzhou	99.8	98.5	100.8	97.4	101.1	100.5	103.1
武　汉	Wuhan	100.2	100.5	100.8	97.5	102.4	100.4	103.3
长　沙	Changsha	101.1	101.3	100.4	97.9	101.9	100.3	102.8
广　州	Guangzhou	102.1	99.5	99.6	98.0	104.4	100.5	103.3
深　圳	Shenzhen	103.7	99.9	100.3	97.2	103.0	100.2	103.9
南　宁	Nanning	104.0	99.3	99.5	96.2	101.8	100.6	102.7
海　口	Haikou	98.9	97.6	101.1	97.9	102.1	98.2	101.6
重　庆	Chongqing	100.5	99.8	100.0	98.4	101.6	100.0	102.4
成　都	Chengdu	98.8	100.1	101.1	98.4	102.8	100.7	103.8
贵　阳	Guiyang	104.7	100.3	100.2	96.9	100.1	100.0	102.8
昆　明	Kunming	101.3	100.3	101.6	98.5	103.7	100.8	103.2
拉　萨	Lasa	99.8	100.8	100.5	100.5	102.2	99.6	104.6
西　安	Xi'an	100.4	100.4	100.0	96.8	100.8	100.4	104.7
兰　州	Lanzhou	100.5	99.0	100.3	100.0	102.5	100.9	104.7
西　宁	Xining	100.3	100.2	100.3	99.8	102.9	100.5	103.5
银　川	Yinchuan	100.5	100.3	100.3	98.9	101.6	101.1	104.7
乌鲁木齐	Urumqi	103.9	99.3	99.3	100.3	101.5	100.2	105.7

3-69 36个大中城市居民消费价格分类指数(累计比)
Consumer Price Indices by Category for 36 Major Large and Medium-sized Cities (2023年1-9月)

(上年同期=100) (same period of preceding year=100)

城市	City	居民消费价格指数 Consumer Price Index	食品烟酒 Food, Tobacco and Alcohol	粮食 Grain	鲜菜 Fresh Vegetables	畜肉类 Meat of Livestock	水产品 Aquatic Products	蛋类 Eggs	鲜果 Fresh Fruits
平均指数	**Average Index**	**100.5**	**101.0**	**100.9**	**95.9**	**96.6**	**99.7**	**101.9**	**104.5**
北京	Beijing	100.6	101.0	99.5	93.3	96.7	101.7	102.2	105.5
天津	Tianjin	100.5	101.1	100.1	96.8	96.0	102.7	102.5	105.5
石家庄	Shijiazhuang	101.0	101.5	103.3	94.2	95.7	96.2	102.6	105.7
太原	Taiyuan	99.8	100.4	101.3	92.3	99.4	98.7	104.1	101.6
呼和浩特	Hohhot	100.8	101.2	102.1	100.0	96.6	102.9	102.6	105.4
沈阳	Shenyang	100.4	100.2	100.5	89.5	96.2	98.7	101.9	104.6
大连	Dalian	100.7	102.0	101.0	94.4	98.6	102.9	105.0	110.5
长春	Changchun	99.8	99.3	98.7	88.5	92.2	101.3	98.4	103.3
哈尔滨	Harbin	100.6	100.6	101.4	91.7	96.5	103.4	101.6	106.8
上海	Shanghai	100.5	98.9	98.3	93.0	93.1	95.8	94.3	96.0
南京	Nanjing	100.8	101.9	100.8	103.0	99.0	100.7	106.1	103.5
杭州	Hangzhou	100.2	100.8	102.1	97.7	98.8	99.5	104.7	102.6
宁波	Ningbo	100.6	101.7	102.0	96.1	96.2	102.9	101.3	106.2
合肥	Hefei	100.1	100.9	102.2	91.3	95.3	97.5	102.9	105.8
福州	Fuzhou	100.5	102.4	102.2	101.0	99.9	103.2	104.9	106.7
厦门	Xiamen	100.5	101.6	101.0	99.3	99.5	100.7	103.5	109.1
南昌	Nanchang	100.6	100.6	102.9	96.8	94.7	95.1	106.1	108.3
济南	Jinan	100.8	101.8	102.2	97.1	99.8	102.4	105.9	101.2
青岛	Qingdao	100.7	101.2	102.4	98.0	98.3	103.7	102.8	104.7
郑州	Zhengzhou	99.8	100.7	102.7	96.1	95.1	100.3	95.6	107.6
武汉	Wuhan	100.5	100.8	100.2	95.9	95.1	96.6	106.9	105.4
长沙	Changsha	100.6	100.5	100.9	96.7	97.2	95.2	103.0	105.1
广州	Guangzhou	101.0	102.3	98.6	96.8	99.4	101.5	103.4	108.0
深圳	Shenzhen	100.9	102.5	103.6	100.5	98.5	101.7	104.1	108.4
南宁	Nanning	99.9	100.4	99.3	94.9	98.0	100.0	102.7	101.3
海口	Haikou	100.3	102.8	100.7	103.5	97.9	107.7	110.0	105.5
重庆	Chongqing	100.0	99.9	101.7	93.9	95.3	96.5	99.3	102.0
成都	Chengdu	100.4	100.4	101.4	94.9	94.6	98.1	102.4	101.0
贵阳	Guiyang	100.2	100.6	101.5	101.3	96.5	99.0	105.8	105.5
昆明	Kunming	101.0	101.9	101.4	99.0	99.9	97.9	102.7	105.7
拉萨	Lasa	100.7	100.8	99.9	94.3	97.8	100.9	137.9	104.5
西安	Xi'an	100.1	100.5	101.4	95.5	95.0	93.2	100.5	106.4
兰州	Lanzhou	100.8	101.7	105.5	95.7	95.7	95.6	103.1	111.0
西宁	Xining	100.7	100.4	102.6	94.7	93.6	95.6	102.8	105.1
银川	Yinchuan	100.9	101.5	100.6	99.1	97.1	98.9	107.6	110.8
乌鲁木齐	Urumqi	101.1	102.4	104.4	101.6	95.5	97.6	102.9	117.4

3-69 续表 continued

(上年同期=100) (same period of preceding year=100)

城市	City	衣着 Clothing	居住 Residence	生活用品及服务 Articles for Daily Use and Services	交通通信 Transport and Communications	教育文化娱乐 Education, Culture and Recreation	医疗保健 Health Care	其他用品及服务 Other Articles and Services
平均指数	**Average Index**	**101.2**	**100.1**	**100.4**	**97.9**	**102.5**	**100.5**	**103.7**
北京	Beijing	100.8	100.4	100.8	98.1	102.2	100.2	104.3
天津	Tianjin	101.2	100.5	100.2	96.6	103.2	100.2	103.4
石家庄	Shijiazhuang	103.1	100.8	101.1	97.6	101.7	101.0	103.8
太原	Taiyuan	99.1	99.1	100.9	98.4	100.0	101.1	102.0
呼和浩特	Hohhot	102.8	100.2	101.5	96.8	102.5	102.0	104.6
沈阳	Shenyang	101.2	101.2	101.0	98.4	100.9	100.2	102.5
大连	Dalian	100.7	100.1	101.0	98.1	100.8	99.9	104.0
长春	Changchun	100.9	99.9	100.9	97.4	101.1	100.3	104.0
哈尔滨	Harbin	102.8	99.5	100.7	98.3	102.1	101.9	102.9
上海	Shanghai	101.7	100.2	100.6	99.2	104.0	100.6	104.8
南京	Nanjing	101.8	100.0	100.9	97.3	102.2	101.6	105.1
杭州	Hangzhou	100.9	99.2	100.9	97.8	102.2	101.4	103.1
宁波	Ningbo	101.8	99.7	100.3	97.6	102.6	100.7	103.9
合肥	Hefei	102.0	99.7	100.0	96.4	101.6	100.1	103.1
福州	Fuzhou	101.9	99.8	100.4	96.2	100.8	100.4	103.8
厦门	Xiamen	98.9	100.6	99.7	96.2	103.2	100.9	103.1
南昌	Nanchang	103.5	100.7	100.1	97.7	102.0	100.3	105.0
济南	Jinan	101.8	100.2	100.4	98.0	102.5	100.7	103.6
青岛	Qingdao	100.5	100.6	100.2	98.0	103.0	100.2	104.4
郑州	Zhengzhou	99.9	98.5	100.6	97.4	101.0	100.4	103.2
武汉	Wuhan	100.2	100.5	100.7	97.7	102.4	100.5	103.4
长沙	Changsha	101.1	101.2	100.3	98.1	102.0	100.3	102.9
广州	Guangzhou	102.0	99.5	99.6	98.2	104.5	100.5	103.3
深圳	Shenzhen	103.7	100.0	100.2	97.3	103.1	100.2	103.2
南宁	Nanning	103.8	99.2	99.4	96.2	101.9	100.7	102.7
海口	Haikou	99.0	97.7	101.1	98.1	102.0	98.4	101.8
重庆	Chongqing	100.5	99.9	99.9	98.5	101.6	100.0	102.5
成都	Chengdu	98.7	100.2	101.0	98.5	103.0	100.6	103.9
贵阳	Guiyang	105.0	100.3	100.2	97.1	100.1	100.0	102.9
昆明	Kunming	101.2	100.2	101.4	98.6	103.8	100.8	103.2
拉萨	Lasa	99.7	100.7	100.4	100.3	102.1	99.6	104.4
西安	Xi'an	100.4	100.5	99.8	96.9	100.9	100.5	104.7
兰州	Lanzhou	100.5	99.1	100.3	100.1	102.6	101.1	104.8
西宁	Xining	100.3	100.2	100.2	99.9	103.0	101.0	103.4
银川	Yinchuan	100.6	100.4	100.3	99.2	101.7	101.0	105.1
乌鲁木齐	Urumqi	104.0	99.2	99.1	100.1	101.4	100.2	105.9

3-70 36个大中城市居民消费价格分类指数(累计比)
Consumer Price Indices by Category for 36 Major Large and Medium-sized Cities
(2023年1-10月)

(上年同期=100) (same period of preceding year=100)

城市	City	居民消费价格指数 Consumer Price Index	食品烟酒 Food, Tobacco and Alcohol	粮食 Grain	鲜菜 Fresh Vegetables	畜肉类 Meat of Livestock	水产品 Aquatic Products	蛋类 Eggs	鲜果 Fresh Fruits
平均指数	**Average Index**	**100.5**	**100.7**	**100.8**	**95.9**	**95.1**	**99.7**	**101.2**	**104.2**
北京	Beijing	100.5	100.7	99.7	92.9	95.5	101.3	101.5	105.1
天津	Tianjin	100.5	100.9	100.1	96.5	94.9	102.6	101.4	105.3
石家庄	Shijiazhuang	100.9	101.2	103.0	94.0	94.3	96.1	101.5	105.4
太原	Taiyuan	99.8	100.1	101.2	91.7	98.0	98.3	103.0	101.6
呼和浩特	Hohhot	100.7	100.6	101.9	97.8	95.7	102.8	101.5	104.2
沈阳	Shenyang	100.4	100.0	100.5	89.6	94.9	98.6	100.9	104.5
大连	Dalian	100.6	101.6	101.1	94.1	97.1	102.8	102.9	109.3
长春	Changchun	99.9	99.2	98.6	88.9	91.1	101.4	97.6	103.5
哈尔滨	Harbin	100.7	100.3	101.3	91.5	94.9	102.9	100.7	106.7
上海	Shanghai	100.4	98.9	98.3	93.6	92.5	96.0	94.3	96.2
南京	Nanjing	100.7	101.5	100.7	102.7	97.3	100.8	105.0	102.9
杭州	Hangzhou	100.2	100.5	102.2	97.9	97.2	99.1	104.4	102.2
宁波	Ningbo	100.5	101.3	101.8	96.1	94.6	102.3	100.8	105.5
合肥	Hefei	100.0	100.7	102.1	91.0	93.8	97.9	101.9	106.0
福州	Fuzhou	100.4	102.0	101.8	101.3	97.9	102.9	103.6	106.6
厦门	Xiamen	100.4	101.2	101.0	99.3	97.6	100.6	102.8	108.2
南昌	Nanchang	100.6	100.4	102.8	96.5	93.1	95.3	105.2	108.9
济南	Jinan	100.7	101.4	102.0	96.8	97.9	101.7	104.7	100.9
青岛	Qingdao	100.6	100.9	102.3	97.6	96.7	103.4	101.6	103.9
郑州	Zhengzhou	99.7	100.2	102.6	95.3	93.3	100.4	94.5	107.0
武汉	Wuhan	100.4	100.4	100.3	95.4	93.6	96.6	106.4	104.6
长沙	Changsha	100.5	100.2	100.8	96.5	95.2	95.3	102.6	104.8
广州	Guangzhou	101.0	102.1	98.3	97.4	97.9	101.5	103.1	107.0
深圳	Shenzhen	100.9	102.3	103.4	100.7	97.0	101.8	103.8	108.2
南宁	Nanning	99.9	100.1	99.5	94.9	96.1	99.9	102.3	101.2
海口	Haikou	100.3	102.7	100.9	103.6	97.0	107.6	109.5	105.3
重庆	Chongqing	100.0	99.5	101.4	94.0	93.3	96.4	98.6	102.1
成都	Chengdu	100.3	100.1	101.2	95.3	93.2	98.1	101.6	101.1
贵阳	Guiyang	100.1	100.2	101.4	100.9	94.7	98.9	105.0	104.9
昆明	Kunming	100.9	101.6	101.4	99.2	98.0	98.2	102.2	105.9
拉萨	Lasa	100.6	100.6	99.8	94.5	97.3	100.3	134.7	103.2
西安	Xi'an	100.1	100.3	101.1	95.2	93.6	93.5	99.5	106.4
兰州	Lanzhou	100.8	101.3	105.1	95.2	94.3	95.6	102.4	110.7
西宁	Xining	100.6	99.9	102.3	93.4	92.2	95.6	101.6	104.8
银川	Yinchuan	100.8	101.0	100.3	97.3	95.7	98.8	106.9	109.6
乌鲁木齐	Urumqi	100.7	101.6	104.0	99.4	93.9	96.5	100.6	115.0

3-70 续表 continued

(上年同期=100) (same period of preceding year=100)

城市	City	衣着 Clothing	居住 Residence	生活用品及服务 Articles for Daily Use and Services	交通通信 Transport and Communications	教育文化娱乐 Education, Culture and Recreation	医疗保健 Health Care	其他用品及服务 Other Articles and Services
平均指数	**Average Index**	**101.3**	**100.2**	**100.3**	**98.1**	**102.6**	**100.5**	**103.8**
北京	Beijing	100.8	100.3	100.6	98.2	102.5	100.2	104.3
天津	Tianjin	101.1	100.5	100.1	96.9	103.1	100.3	103.6
石家庄	Shijiazhuang	103.0	100.8	100.9	97.8	101.6	101.0	103.8
太原	Taiyuan	99.4	99.3	100.9	98.6	99.8	101.1	102.1
呼和浩特	Hohhot	102.8	100.1	101.5	97.1	102.4	102.2	104.8
沈阳	Shenyang	101.1	101.2	100.9	98.6	100.9	100.2	102.5
大连	Dalian	100.7	100.2	100.9	98.4	100.7	100.0	104.1
长春	Changchun	101.1	100.0	100.8	97.6	101.2	100.3	104.1
哈尔滨	Harbin	103.3	99.6	100.6	98.5	102.3	102.1	102.9
上海	Shanghai	101.9	100.3	100.5	99.3	103.9	100.5	105.0
南京	Nanjing	101.8	100.0	100.7	97.5	102.2	101.6	105.1
杭州	Hangzhou	101.3	99.3	100.7	97.8	102.6	101.4	103.1
宁波	Ningbo	101.6	99.8	100.1	97.7	102.6	100.8	103.9
合肥	Hefei	102.0	99.7	99.9	96.6	101.6	100.1	103.1
福州	Fuzhou	101.9	99.9	100.4	96.4	100.9	100.4	103.8
厦门	Xiamen	98.9	100.5	99.7	96.4	103.2	100.9	103.0
南昌	Nanchang	103.1	100.7	100.0	97.8	102.3	100.3	105.1
济南	Jinan	101.6	100.1	100.3	98.2	102.5	100.8	103.8
青岛	Qingdao	100.5	100.6	100.1	98.1	103.0	100.3	104.4
郑州	Zhengzhou	99.9	98.6	100.4	97.5	100.9	100.4	103.3
武汉	Wuhan	100.2	100.5	100.6	97.9	102.4	100.5	103.4
长沙	Changsha	101.1	101.2	100.2	98.2	102.1	100.3	103.0
广州	Guangzhou	102.0	99.5	99.6	98.5	104.4	100.5	103.5
深圳	Shenzhen	103.8	100.0	100.1	97.4	103.1	100.2	102.7
南宁	Nanning	103.7	99.2	99.4	96.2	101.9	100.8	102.8
海口	Haikou	99.2	97.9	101.2	98.2	101.9	98.5	102.0
重庆	Chongqing	100.6	100.0	99.9	98.7	101.5	100.1	102.5
成都	Chengdu	98.8	100.2	100.8	98.5	103.0	100.6	104.0
贵阳	Guiyang	105.1	100.3	100.1	97.4	100.0	100.0	102.9
昆明	Kunming	101.1	100.2	101.3	98.6	103.8	100.7	103.2
拉萨	Lasa	99.7	100.7	100.3	100.1	101.8	99.6	104.1
西安	Xi'an	100.4	100.6	99.7	96.9	100.9	100.6	104.7
兰州	Lanzhou	100.6	99.1	100.2	100.3	102.6	101.2	104.7
西宁	Xining	100.2	100.2	100.2	99.9	103.0	101.4	103.3
银川	Yinchuan	100.8	100.5	100.1	99.4	101.9	100.9	105.4
乌鲁木齐	Urumqi	104.2	99.1	98.9	99.3	101.3	100.2	105.7

3-71 36个大中城市居民消费价格分类指数(累计比)
Consumer Price Indices by Category for 36 Major Large and Medium-sized Cities (2023年1-11月)

(上年同期=100) (same period of preceding year=100)

城市	City	居民消费价格指数 Consumer Price Index	食品烟酒 Food, Tobacco and Alcohol	粮食 Grain	鲜菜 Fresh Vegetables	畜肉类 Meat of Livestock	水产品 Aquatic Products	蛋类 Eggs	鲜果 Fresh Fruits
平均指数	**Average Index**	**100.5**	**100.5**	**100.7**	**96.1**	**93.8**	**99.5**	**100.2**	**104.0**
北京	Beijing	100.5	100.4	99.7	92.8	94.4	100.9	100.5	104.9
天津	Tianjin	100.4	100.7	100.1	96.6	93.9	102.5	100.2	105.2
石家庄	Shijiazhuang	100.8	100.8	102.9	93.8	92.9	96.0	100.0	105.1
太原	Taiyuan	99.8	99.8	101.1	92.0	96.7	98.2	101.6	101.8
呼和浩特	Hohhot	100.5	100.0	101.6	96.1	94.7	102.4	99.8	103.1
沈阳	Shenyang	100.3	99.9	100.3	90.6	93.8	98.4	100.0	105.0
大连	Dalian	100.5	101.3	101.2	94.6	95.9	102.8	101.1	108.7
长春	Changchun	99.9	99.1	98.5	89.7	90.2	101.4	96.6	103.7
哈尔滨	Harbin	100.7	100.2	101.2	92.0	93.9	103.0	99.6	107.3
上海	Shanghai	100.4	98.8	98.4	94.1	91.9	96.1	93.9	97.0
南京	Nanjing	100.6	101.3	100.7	103.0	95.9	101.0	103.8	102.5
杭州	Hangzhou	100.2	100.3	102.4	98.3	95.8	98.8	104.0	102.2
宁波	Ningbo	100.4	101.1	101.8	96.7	93.4	102.0	100.1	105.3
合肥	Hefei	100.0	100.4	102.1	91.5	92.5	98.0	100.5	105.7
福州	Fuzhou	100.3	101.6	101.7	100.8	96.0	102.6	102.1	106.3
厦门	Xiamen	100.3	100.9	100.9	99.3	95.7	100.4	101.7	107.6
南昌	Nanchang	100.6	100.2	102.5	97.1	91.7	95.5	104.1	108.9
济南	Jinan	100.7	101.2	102.0	97.0	96.3	100.8	103.6	100.7
青岛	Qingdao	100.6	100.6	102.2	97.9	95.3	103.1	100.4	103.6
郑州	Zhengzhou	99.5	99.7	102.4	95.0	91.6	100.3	93.0	106.4
武汉	Wuhan	100.4	100.1	100.4	95.3	92.2	96.8	105.8	103.8
长沙	Changsha	100.5	99.9	100.7	97.3	93.5	95.4	102.0	104.6
广州	Guangzhou	101.0	102.1	98.3	97.8	96.5	101.4	102.4	106.1
深圳	Shenzhen	100.8	102.1	103.4	100.8	95.8	101.8	103.5	108.1
南宁	Nanning	99.8	99.8	99.6	95.2	94.6	99.8	101.7	101.0
海口	Haikou	100.3	102.4	101.0	103.8	96.1	107.4	108.7	104.8
重庆	Chongqing	99.8	98.9	101.2	93.6	91.1	96.0	97.2	101.7
成都	Chengdu	100.3	100.0	100.7	96.5	91.9	98.1	100.6	101.6
贵阳	Guiyang	100.1	100.0	101.3	101.4	93.4	98.9	104.3	104.4
昆明	Kunming	100.9	101.4	101.3	99.8	96.2	98.5	101.6	105.7
拉萨	Lasa	100.4	100.3	99.7	94.5	96.9	99.6	130.2	102.2
西安	Xi'an	100.1	100.1	100.7	95.5	92.5	93.7	98.1	106.5
兰州	Lanzhou	100.7	100.9	104.8	94.6	93.0	95.4	101.1	109.0
西宁	Xining	100.4	99.4	102.0	92.0	90.6	95.0	99.8	104.7
银川	Yinchuan	100.7	100.7	100.1	97.1	94.5	98.6	106.1	108.5
乌鲁木齐	Urumqi	100.4	101.1	103.6	98.8	92.6	95.4	98.8	113.5

3-71 续表 continued

(上年同期=100) (same period of preceding year=100)

城市	City	衣着 Clothing	居住 Residence	生活用品及服务 Articles for Daily Use and Services	交通通信 Transport and Communications	教育文化娱乐 Education, Culture and Recreation	医疗保健 Health Care	其他用品及服务 Other Articles and Services
平均指数	**Average Index**	**101.4**	**100.2**	**100.2**	**98.1**	**102.5**	**100.5**	**103.7**
北京	Beijing	100.7	100.3	100.4	98.3	102.7	100.2	104.3
天津	Tianjin	101.0	100.5	100.1	97.1	103.1	100.3	103.6
石家庄	Shijiazhuang	103.0	100.9	100.9	97.8	101.5	101.1	103.7
太原	Taiyuan	99.7	99.4	100.8	98.5	99.5	101.1	102.1
呼和浩特	Hohhot	102.7	100.2	101.5	97.2	102.2	102.3	104.8
沈阳	Shenyang	100.9	101.2	100.9	98.5	100.9	100.2	102.6
大连	Dalian	100.7	100.2	100.9	98.4	100.5	100.0	104.0
长春	Changchun	101.1	100.0	100.7	97.5	101.2	100.4	104.1
哈尔滨	Harbin	103.8	99.7	100.4	98.5	102.3	102.2	102.7
上海	Shanghai	102.0	100.2	100.4	99.2	103.7	100.3	105.0
南京	Nanjing	101.8	100.1	100.6	97.5	102.2	101.6	105.0
杭州	Hangzhou	101.7	99.4	100.5	97.8	102.9	101.5	103.1
宁波	Ningbo	101.4	99.8	100.0	97.7	102.6	100.8	103.9
合肥	Hefei	101.9	99.8	99.8	96.7	101.5	100.2	103.0
福州	Fuzhou	101.8	99.9	100.3	96.4	100.9	100.4	103.7
厦门	Xiamen	98.9	100.5	99.6	96.5	103.0	100.9	102.9
南昌	Nanchang	102.8	100.7	100.0	97.8	102.5	100.3	105.1
济南	Jinan	101.5	100.1	100.3	98.2	102.4	100.8	103.8
青岛	Qingdao	100.6	100.6	100.0	98.0	103.1	100.3	104.4
郑州	Zhengzhou	99.8	98.6	100.3	97.4	100.8	100.3	103.2
武汉	Wuhan	100.6	100.6	100.5	98.0	102.4	100.6	103.5
长沙	Changsha	101.1	101.2	100.2	98.2	102.2	100.3	103.0
广州	Guangzhou	102.1	99.6	99.5	98.5	104.3	100.5	103.5
深圳	Shenzhen	103.9	100.0	100.1	97.3	103.0	100.2	102.3
南宁	Nanning	103.4	99.3	99.3	96.2	101.9	100.9	103.0
海口	Haikou	99.3	98.0	101.2	98.3	101.8	98.6	102.1
重庆	Chongqing	100.9	100.1	99.8	98.8	101.4	100.1	102.5
成都	Chengdu	99.0	100.2	100.7	98.4	102.9	100.5	104.0
贵阳	Guiyang	105.2	100.3	100.0	97.5	99.9	100.0	102.9
昆明	Kunming	101.0	100.2	101.1	98.6	103.8	100.7	103.1
拉萨	Lasa	99.6	100.6	100.3	99.7	101.4	100.8	103.9
西安	Xi'an	100.4	100.7	99.5	96.9	100.8	100.7	104.6
兰州	Lanzhou	100.6	99.2	100.2	100.3	102.7	101.3	104.4
西宁	Xining	100.2	100.2	100.1	99.8	103.0	101.7	103.2
银川	Yinchuan	100.9	100.5	100.1	99.2	101.8	100.8	105.3
乌鲁木齐	Urumqi	104.3	99.0	98.7	98.4	101.1	100.2	105.3

3-72 36个大中城市居民消费价格分类指数(累计比)
Consumer Price Indices by Category for 36 Major Large and Medium-sized Cities
(2023年1-12月)

(上年同期=100) (same period of preceding year=100)

城市	City	居民消费价格指数 Consumer Price Index	食品烟酒 Food, Tobacco and Alcohol	粮食 Grain	鲜菜 Fresh Vegetables	畜肉类 Meat of Livestock	水产品 Aquatic Products	蛋类 Eggs	鲜果 Fresh Fruits
平均指数	**Average Index**	**100.4**	**100.3**	**100.6**	**96.3**	**93.0**	**99.5**	**99.6**	**103.6**
北京	Beijing	100.4	100.1	99.6	93.1	93.5	100.6	99.8	104.0
天津	Tianjin	100.4	100.5	100.1	96.9	93.3	102.5	99.7	104.3
石家庄	Shijiazhuang	100.7	100.5	102.7	94.4	92.0	96.1	99.3	104.1
太原	Taiyuan	99.7	99.5	101.0	92.3	95.8	97.9	100.7	101.5
呼和浩特	Hohhot	100.5	99.8	101.6	96.8	94.3	102.5	99.3	102.6
沈阳	Shenyang	100.3	99.8	100.2	91.6	93.1	98.3	99.3	104.7
大连	Dalian	100.4	101.1	101.3	95.2	95.3	102.7	99.9	107.7
长春	Changchun	99.8	99.0	98.5	90.2	89.7	101.4	96.1	103.5
哈尔滨	Harbin	100.7	100.0	101.0	92.9	93.4	102.8	99.0	106.5
上海	Shanghai	100.3	98.8	98.5	94.0	91.6	96.2	93.7	97.5
南京	Nanjing	100.6	101.1	100.7	103.0	94.8	101.3	102.7	101.6
杭州	Hangzhou	100.2	100.0	102.4	98.2	94.8	98.6	103.7	102.1
宁波	Ningbo	100.4	100.9	101.8	96.8	92.7	101.6	99.7	104.7
合肥	Hefei	100.0	100.3	102.0	92.8	91.9	98.2	99.6	104.9
福州	Fuzhou	100.2	101.2	101.6	99.6	95.0	102.4	101.0	105.8
厦门	Xiamen	100.2	100.5	100.9	98.4	94.7	100.2	100.8	107.0
南昌	Nanchang	100.6	100.1	102.4	97.6	90.6	95.7	103.3	108.3
济南	Jinan	100.6	101.0	101.9	97.8	95.3	99.9	102.7	100.0
青岛	Qingdao	100.5	100.5	102.1	98.3	94.7	102.8	99.5	103.6
郑州	Zhengzhou	99.4	99.6	102.2	95.8	90.7	100.1	92.2	106.1
武汉	Wuhan	100.4	100.0	100.4	95.6	91.3	96.9	105.4	103.2
长沙	Changsha	100.4	99.8	100.7	97.8	92.5	95.6	101.6	104.2
广州	Guangzhou	101.0	102.0	98.1	97.8	95.5	101.6	102.1	105.2
深圳	Shenzhen	100.8	101.9	103.3	100.0	95.0	101.8	103.2	107.8
南宁	Nanning	99.7	99.5	99.8	94.6	93.7	99.8	101.1	100.3
海口	Haikou	100.3	102.1	100.9	102.8	95.5	107.1	107.7	104.3
重庆	Chongqing	99.7	98.6	101.1	94.0	90.0	95.8	96.7	101.4
成都	Chengdu	100.2	99.9	100.4	97.4	91.1	98.1	100.0	102.0
贵阳	Guiyang	100.1	99.8	101.2	101.7	92.7	98.8	103.6	104.1
昆明	Kunming	100.8	101.2	101.3	100.5	95.2	98.6	101.2	105.5
拉萨	Lasa	100.3	100.1	99.7	94.3	96.8	98.9	126.7	101.1
西安	Xi'an	100.0	99.9	100.5	95.9	91.9	93.8	97.1	106.2
兰州	Lanzhou	100.6	100.4	104.5	94.5	92.1	95.2	100.3	107.5
西宁	Xining	100.3	99.1	101.8	92.4	89.8	94.7	98.8	103.7
银川	Yinchuan	100.6	100.5	100.0	97.4	93.8	98.4	105.6	107.6
乌鲁木齐	Urumqi	100.2	100.9	103.1	99.7	92.1	95.2	98.5	112.3

3-72 续表 continued

(上年同期=100) (same period of preceding year=100)

城市	City	衣着 Clothing	居住 Residence	生活用品及服务 Articles for Daily Use and Services	交通通信 Transport and Communications	教育文化娱乐 Education, Culture and Recreation	医疗保健 Health Care	其他用品及服务 Other Articles and Services
平均指数	**Average Index**	**101.4**	**100.2**	**100.2**	**98.0**	**102.5**	**100.6**	**103.6**
北京	Beijing	100.6	100.3	100.3	98.3	102.8	100.2	104.2
天津	Tianjin	101.0	100.5	100.0	97.2	103.1	100.4	103.6
石家庄	Shijiazhuang	103.0	100.9	100.8	97.8	101.4	101.1	103.7
太原	Taiyuan	100.1	99.6	100.8	98.4	99.3	101.1	102.1
呼和浩特	Hohhot	102.7	100.2	101.5	97.3	102.1	102.4	104.8
沈阳	Shenyang	100.8	101.2	100.9	98.6	100.8	100.2	102.6
大连	Dalian	100.7	100.2	100.7	98.4	100.4	100.0	103.9
长春	Changchun	101.0	100.0	100.7	97.6	101.3	100.4	104.1
哈尔滨	Harbin	104.1	99.8	100.4	98.6	102.4	102.4	102.7
上海	Shanghai	102.0	100.2	100.4	99.1	103.6	100.2	104.8
南京	Nanjing	101.9	100.1	100.6	97.5	102.1	101.6	105.0
杭州	Hangzhou	102.0	99.5	100.4	97.7	103.1	101.5	103.0
宁波	Ningbo	101.4	99.8	100.0	97.6	102.6	100.8	103.9
合肥	Hefei	101.8	99.9	99.8	96.8	101.5	100.2	103.0
福州	Fuzhou	101.7	100.0	100.3	96.5	100.8	100.4	103.6
厦门	Xiamen	99.0	100.5	99.6	96.7	102.7	100.9	102.9
南昌	Nanchang	102.7	100.7	100.0	97.8	102.7	100.7	105.1
济南	Jinan	101.4	100.0	100.3	98.2	102.3	100.8	103.9
青岛	Qingdao	100.7	100.6	100.0	97.9	103.0	100.3	104.4
郑州	Zhengzhou	99.8	98.7	100.1	97.3	100.7	100.3	103.3
武汉	Wuhan	101.1	100.6	100.5	98.0	102.4	100.6	103.4
长沙	Changsha	101.1	101.1	100.2	98.3	102.3	100.3	103.0
广州	Guangzhou	102.2	99.6	99.6	98.5	104.2	100.5	103.4
深圳	Shenzhen	103.9	100.1	100.1	97.3	102.9	100.3	102.0
南宁	Nanning	103.1	99.3	99.3	96.1	102.0	101.0	103.1
海口	Haikou	99.5	98.3	101.3	98.3	101.7	98.7	102.1
重庆	Chongqing	101.0	100.2	99.8	98.8	101.3	100.2	102.4
成都	Chengdu	99.2	100.2	100.6	98.3	102.7	100.5	104.0
贵阳	Guiyang	105.3	100.3	100.1	97.7	99.8	100.0	102.8
昆明	Kunming	100.9	100.2	101.0	98.5	103.7	100.7	103.0
拉萨	Lasa	99.5	100.6	100.3	99.5	101.1	101.9	103.8
西安	Xi'an	100.4	100.8	99.4	96.9	100.8	100.7	104.4
兰州	Lanzhou	100.6	99.3	100.2	100.3	102.7	102.0	104.0
西宁	Xining	100.2	100.2	100.1	99.7	103.0	102.0	103.1
银川	Yinchuan	101.0	100.5	100.2	99.1	101.8	100.8	105.3
乌鲁木齐	Urumqi	104.2	99.0	98.6	97.6	101.1	100.4	105.2

主要统计指标解释

工业生产者出厂价格指数 是反映一定时期内全部工业产品第一次出售时的出厂价格总水平的变动趋势和变动幅度的相对数。

工业生产者购进价格指数 是反映作为中间投入的原材料、燃料、动力购进价格总水平的变动趋势和变动幅度的相对数。

住宅销售价格 指房产所有权转移时买卖双方实际成交的价格（合同价格）。房产买卖时，买房人购买的是房产的所有权，卖房人将房产所有权出让，同时要获得房产所有权出让的价值补偿。它主要包括新建住宅销售和二手住宅销售两部分。

新建商品住宅销售价格 指新建商品住宅实际销售（交易）价，包括住宅销售前的装修费用，无论其价格高低都视为房地产销售（交易）价格的组成部分。

二手住宅销售价格 指二手住宅实际交易价格。该指标取自《存量房屋买卖合同》。若合同中含有相关税费，则应将其扣除。

居民消费价格指数 是反映一定时期内城乡居民所购买的生活消费品和服务项目价格变动趋势和程度的相对数。

Explanatory Notes on Main Statistical Indicators

Producer Price Indices for Industrial Products are relative figures reflecting the trend and degree of changes in general ex-factory prices of all manufactured goods for first sale during a given period.

Purchasing Price Indices for Industrial Producers are relative figures reflecting changes in the level and degree of purchasing prices such as intermediate input such as raw materials, fuels and power.

Residential Houses Selling Price Index refers to the transfers the ownership of the property buyers and sellers of the actual clinch a deal price (the contract price). Estate sale, is the ownership of the property buyers to purchase, sellers will property ownership transfer, at the same time to obtain the value of the property ownership transfer compensation. It mainly includes two parts of the new housing sales and second-hand housing sales.

New Commodity Residential Houses Selling Price Index refers to the actual sales (transaction) price of New Commodity Residential Houses, including the decoration costs before the sale of the residential buildings. Regardless of the price, it is considered as a component of the real estate sales (transaction) price.

Second-hand Housing Sales Price refers to the actual transaction price of second-hand housing.The index from the stock of the sale and purchase contract. If contract is contained in the relevant taxes, it should be deducted.

Consumer Price Indices are relative figures reflecting the trend and degree of changes in prices of consumer goods and services purchased by urban and rural households during a given period.

四、农　业

Chapter 4

AGRICULTURE

4-1 按人口平均的主要农产品产量
Per Capita Output of Major Agricultural Products (2019-2023)

项 目	Item	单位	Unit	2019	2020	2021	2022	2023
粮食总产量	Yield of Grain	千克	kilogram	142.94	164.56	181.98	187.98	187.48
#小 麦	Wheat	千克	kilogram	38.72	45.33	52.56	53.53	54.60
玉 米	Corn	千克	kilogram	73.75	79.12	86.15	90.85	88.48
水 稻	Rice	千克	kilogram	27.48	36.24	39.86	38.61	37.99
棉花总产量	Yield of Cotton	千克	kilogram	1.16	0.74	0.29	0.24	0.11
油料总产量	Yield of Oil-bearing Crops	千克	kilogram	0.26	0.22	0.22	0.30	0.31
蔬菜总产量	Yield of Vegetables	千克	kilogram	155.45	192.17	174.06	188.15	186.03
生猪出栏	Slaughtered Hogs	头	head	0.13	0.14	0.15	0.15	0.15
牛出栏	Slaughtered Cattle and Buffaloes	头	head	0.01	0.01	0.01	0.01	0.01
羊出栏	Slaughtered Sheep and Goats	只	head	0.02	0.03	0.03	0.03	0.03
家禽出栏	Slaughtered Poultry	只	head	4.35	4.73	4.16	4.02	4.42
肉类总产量	Output of Meat	千克	kilogram	19.49	21.35	22.21	21.64	23.10
#猪 肉	Pork	千克	kilogram	10.01	11.07	12.43	12.24	12.72
牛 肉	Beef	千克	kilogram	1.62	1.93	2.03	2.15	2.33
羊 肉	Mutton	千克	kilogram	0.54	0.63	0.76	0.76	0.82
禽蛋产量	Output of Poultry Eggs	千克	kilogram	12.40	15.02	13.95	14.83	16.99
奶类产量	Output of Milk	千克	kilogram	30.33	36.11	37.74	37.51	39.67

注：人口数据为天津市常住人口数据。
Note: The population data is the permanent population data of Tianjin.

4-2 农业经济主要指标
Major Indicators of Agricultural Economy (2019-2023)

项 目	Item	单位	Unit	2019	2020	2021	2022	2023
农作物总播种面积	Total Sown Area	万亩	10000 mu	615.41	628.76	655.50	665.26	679.66
#粮 食	Grain	万亩	10000 mu	508.90	525.31	560.21	565.00	585.04
棉 花	Cotton	万亩	10000 mu	21.16	11.70	5.48	3.73	1.73
油 料	Oil-bearing Crops	万亩	10000 mu	1.66	1.26	1.34	1.83	2.33
蔬 菜	Vegetables	万亩	10000 mu	72.51	79.38	78.45	83.25	82.50
粮食总产量	Yield of Grain	万吨	10000 tons	223.25	228.18	249.87	256.21	255.73
棉花总产量	Yield of Cotton	万吨	10000 tons	1.81	1.02	0.40	0.32	0.15
油料总产量	Yield of Oil-bearing Crops	万吨	10000 tons	0.41	0.31	0.31	0.41	0.42
蔬菜总产量	Output of Vegetables	万吨	10000 tons	242.78	266.47	238.98	256.44	253.75
生猪出栏	Slaughtered Hogs	万头	10000 heads	197.78	193.99	203.87	200.51	205.37
牛出栏	Slaughtered Cattle and Buffaloes	万头	10000 heads	14.10	14.39	14.94	15.68	16.93
羊出栏	Slaughtered Sheep and Goats	万只	10000 heads	34.21	36.05	40.89	41.33	46.21
家禽出栏	Slaughtered Poultry	万只	10000 heads	6786.50	6564.50	5717.73	5475.30	6022.45
肉类总产量	Output of Meat	万吨	10000 tons	30.43	29.61	30.50	29.50	31.51
禽蛋产量	Output of Eggs	万吨	10000 tons	19.36	20.83	19.15	20.22	23.17
奶类产量	Output of Milk	万吨	10000 tons	47.37	50.07	51.81	51.13	54.12

4-3 农作物播种面积
Sown Area of Farm Crops (2019-2023)

单位：万亩 (10000 mu)

项 目	Item	2019	2020	2021	2022	2023
农作物总播种面积	**Total Sown Area**	**615.41**	**628.76**	**655.50**	**665.26**	**679.66**
一、粮食作物	**Grain Crops**	**508.90**	**525.31**	**560.21**	**565.00**	**585.04**
夏收粮食	Grain Harvested in Summer	151.68	155.93	177.77	178.16	184.32
秋收粮食	Grain Harvested in Autumn	357.22	369.38	382.44	386.84	400.72
(一)谷 物	Cereal	498.48	516.53	554.19	555.63	572.95
稻 谷	Rice	68.29	80.17	87.75	82.88	80.87
小 麦	Wheat	151.68	155.93	177.77	178.16	184.32
玉 米	Corn	271.16	268.29	278.45	280.87	291.32
其他谷物	Other Cereal	7.35	12.14	10.22	13.72	16.44
(二)豆类合计	Beans	8.20	6.60	3.94	7.24	8.72
大 豆	Soybean	7.72	6.17	3.57	6.96	8.52
绿 豆	Green Gram	0.18	0.16	0.08	0.06	0.03
红 小 豆	Ormosia	0.25	0.22	0.22	0.20	0.10
其他杂豆	Other Beans	0.05	0.05	0.07	0.03	0.07
(三)薯 类	Tubers	2.22	2.18	2.08	2.13	3.37
二.油料作物	**Oil-bearing Crops**	**1.66**	**1.26**	**1.34**	**1.83**	**2.33**
花 生	Peanuts	1.36	1.05	1.19	0.80	0.93
芝 麻	Sesame	0.01	0.00	0.00	0.00	0.00
葵 花 籽	Sunflower Seeds	0.15	0.06	0.03	0.62	0.23
其他油料	Other Oil-bearing Crops	0.14	0.15	0.12	0.40	1.17
三、棉 花	**Cotton**	**21.16**	**11.70**	**5.48**	**3.73**	**1.73**
四、蔬 菜(含菜用瓜)	**Vegetables (including melon-vegetable)**	**72.51**	**79.38**	**78.45**	**83.25**	**82.50**
五、瓜果类	**Melon**	**6.62**	**7.44**	**6.04**	**8.12**	**6.32**
六、其他农作物	**Other Crops**	**4.56**	**3.67**	**3.98**	**3.34**	**1.74**

4-4 农作物种植结构
Planting Structure of Farm Crops (2019-2023)

单位：% (%)

项 目	Item	2019	2020	2021	2022	2023
农作物总播种面积	**Total Sown Area**	**100.0**	**100.0**	**100.0**	**100.0**	**100.0**
一、粮食作物	**Grain Crops**	**82.7**	**83.5**	**85.5**	**84.9**	**86.1**
夏收粮食	Grain Harvested in Summer	24.6	24.8	27.1	26.8	27.1
秋收粮食	Grain Harvested in Autumn	58.1	58.7	58.4	58.1	59.0
(一)谷 物	Cereal	81.0	82.2	84.6	83.5	84.3
稻 谷	Rice	11.1	12.8	13.4	12.5	11.9
小 麦	Wheat	24.6	24.8	27.1	26.8	27.1
玉 米	Corn	44.1	42.7	42.5	42.2	42.9
其他谷物	Other Cereal	1.2	1.9	1.6	2.1	2.4
(二)豆类合计	Beans	1.3	1.0	0.6	1.1	1.3
大 豆	Soybean	1.3	1.0	0.6	1.0	1.3
绿 豆	Green Gram	0.0	0.0	0.0	0.0	0.0
红 小 豆	Ormosia	0.0	0.0	0.0	0.0	0.0
其他杂豆	Other Beans	0.0	0.0	0.0	0.0	0.0
(三)薯 类	Tubers	0.4	0.3	0.3	0.3	0.5
二.油料作物	**Oil-bearing Crops**	**0.3**	**0.2**	**0.2**	**0.3**	**0.3**
花 生	Peanuts	0.2	0.2	0.2	0.1	0.1
芝 麻	Sesame	0.0	0.0	0.0	0.0	0.0
葵 花 籽	Sunflower Seeds	0.1	0.0	0.0	0.1	0.0
其他油料	Other Oil-bearing Crops	0.0	0.0	0.0	0.1	0.2
三、棉 花	**Cotton**	**3.4**	**1.9**	**0.8**	**0.6**	**0.3**
四、蔬 菜(含菜用瓜)	**Vegetables (including melon-vegetable)**	**11.8**	**12.6**	**12.0**	**12.5**	**12.1**
五、瓜果类	**Melon**	**1.1**	**1.2**	**0.9**	**1.2**	**0.9**
六、其他农作物	**Other Crops**	**0.7**	**0.6**	**0.6**	**0.5**	**0.3**

4-5 农作物总产量
Yield of Farm Crops (2019-2023)

单位：万吨 (10000 tons)

项　目	Item	2019	2020	2021	2022	2023
一、粮食作物	**Grain Crops**	**223.25**	**228.18**	**249.87**	**256.21**	**255.73**
夏收粮食	Grain Harvested in Summer	60.47	62.86	72.16	72.96	74.47
秋收粮食	Grain Harvested in Autumn	162.78	165.32	177.71	183.25	181.26
(一)谷　物	Cereal	221.17	226.32	248.44	254.03	252.71
稻　谷	Rice	42.91	50.24	54.73	52.62	51.81
小　麦	Wheat	60.47	62.86	72.16	72.96	74.47
玉　米	Corn	115.18	109.70	118.28	123.82	120.68
其他谷物	Other Cereal	2.61	3.52	3.27	4.62	5.74
(二)豆类合计	Beans	1.09	0.90	0.55	1.21	1.32
大　豆	Soybean	1.04	0.85	0.51	1.18	1.30
绿　豆	Green Gram	0.02	0.02	0.01	0.01	0.00
红 小 豆	Ormosia	0.03	0.02	0.02	0.02	0.01
其他杂豆	Other Beans	0.00	0.01	0.01	0.00	0.01
(三)薯类(折粮)	Tubers (converted into grain)	0.99	0.96	0.88	0.97	1.69
二.油料作物	**Oil-bearing Crops**	**0.41**	**0.31**	**0.31**	**0.41**	**0.42**
花　生	Peanuts	0.36	0.28	0.29	0.22	0.21
芝　麻	Sesame	0.00	0.00	0.00	0.00	0.00
葵 花 籽	Sunflower Seeds	0.03	0.01	0.01	0.12	0.05
其他油料	Other Oil-bearing Crops	0.02	0.02	0.01	0.07	0.16
三、棉　花	**Cotton**	**1.81**	**1.02**	**0.40**	**0.32**	**0.15**
四、蔬　菜(含菜用瓜)	**Vegetables (including melon-vegetable)**	**242.78**	**266.47**	**238.98**	**256.44**	**253.75**
五、瓜果类	**Melon**	**21.67**	**24.67**	**19.18**	**27.49**	**20.38**

4-6 畜牧业生产情况
Production of Animal Husbandry (2019-2023)

项 目	Item	单位	Unit	2019	2020	2021	2022	2023
一、畜禽存栏	**Livestock and Poultry Stocks**							
猪	Hogs	万头	10000 heads	124.26	162.33	171.18	158.78	117.03
牛	Cattle and Buffaloes	万头	10000 heads	25.68	28.16	29.06	30.06	31.39
1.肉牛	Beef Cattle	万头	10000 heads	14.68	17.45	18.68	19.70	20.82
2.奶牛	Cows	万头	10000 heads	11.00	10.71	10.38	10.37	10.57
羊	Sheep and Goats	万只	10000 heads	39.23	45.22	49.98	50.69	51.31
活家禽	Poultry	万只	10000 heads	2432.77	2232.62	2150.90	2176.55	2182.05
其中：活鸡	Chickens	万只	10000 heads	2334.01	2171.67	2115.50	2124.09	2114.70
二、畜禽出栏	**Number of Slaughtered Livestock and Poultry**							
猪	Hogs	万头	10000 heads	197.78	193.99	203.87	200.51	205.37
牛	Cattle and Buffaloes	万头	10000 heads	14.10	14.39	14.94	15.68	16.93
羊	Sheep and Goats	万只	10000 heads	34.21	36.05	40.89	41.33	46.21
活家禽	Poultry	万只	10000 heads	6786.50	6564.50	5717.73	5475.30	6022.45
三、畜禽产品产量	**Output of Livestock and Poultry Products**							
猪肉	Pork	万吨	10000 tons	15.64	15.35	17.07	16.68	17.36
牛肉	Beef	万吨	10000 tons	2.53	2.67	2.79	2.93	3.17
羊肉	Mutton	万吨	10000 tons	0.85	0.87	1.04	1.04	1.13
禽肉	Poultry	万吨	10000 tons	11.27	10.56	9.43	8.71	9.72
禽蛋	Poultry Eggs	万吨	10000 tons	19.36	20.83	19.15	20.22	23.17
其中：鸡蛋	Hen's Eggs	万吨	10000 tons	19.03	20.47	18.70	20.11	23.05
牛奶	Cow Milk	万吨	10000 tons	47.37	50.07	51.81	51.13	54.12

主要统计指标解释

农作物总播种面积 指应该在本日历年度内收获农产品的作物播种面积之和。其计算公式为:

农作物总播种面积=上年秋冬播作物面积+本年春播作物面积+本年夏播作物面积=本年夏收作物播种面积+本年秋收作物播种面积

粮食总产量 指全社会的产量。包括国有经济经营的、集体统一经营的和农民家庭经营的粮食产量，还包括工矿企业办的农场和其他生产单位的产量。包括稻谷、小麦、玉米、高粱、谷子、其他杂粮、薯类、大豆。其计算方法，豆类按去豆荚后的干豆计算；薯类按 5 公斤鲜薯折 1 公斤粮食计算。其他粮食一律按脱粒后的原粮计算。

Explanatory Notes on Main Statistical Indicators

Sown areas of Farm Crops refer to area of land sown incurrent year. The formula is:

Sown areas of Farm Crops = area of land sown in previous autumn and winter + area of land sown in current spring + area of land sown in current summer = sown area of current summer crops + sown area of current autumn crops

Grain Output refer to the total output in the whole region including grain produced by state farms, collective units, rural households, as well as by farms affiliated to industrial and mining enterprises and other production units. Grain includes rice, wheat, corn, sorghum, millet, tubers, soybean and others. The beans are calculated according to the dried beans after the pods. Tubers are calculated according to 5 kilograms of fresh tubers folded 1 kilogram of grain. All other grains are calculated according to the original grain after threshing.